人文社会科学应用研究书系

厚德载物
——人口较少民族文化保护与发展

总主编 张海洋
总策划 郑清彦
王建民 张海洋 贾仲益 等著

中央民族大学出版社

教育部人文社会科学重点研究基地中央民族大学
中国少数民族研究中心
中央民族大学"985"工程二期建设中国当代民族问题
战略研究哲学社会科学创新基地项目
国家民族事务委员会文化宣传司调查项目组研究成果

图书在版编目（CIP）数据

厚德载物——人口较少民族文化保护与发展/王建民，张海洋，贾仲益等著.—北京：中央民族大学出版社，2010.5

ISBN 978-7-81108-696-6

Ⅰ.厚… Ⅱ.王… Ⅲ.少数民族－民族文化－研究－中国 Ⅳ.K28

中国版本图书馆 CIP 数据核字（2009）第 093290 号

厚德载物——人口较少民族文化保护与发展

作　　者	王建民　张海洋　贾仲益等
责任编辑	李苏幸
封面设计	秀琴工作室·舒刚卫
出 版 者	中央民族大学出版社
	北京市海淀区中关村南大街 27 号　邮编：100081
	电话：68472815（发行部）　传真：68932751（发行部）
	68932218（总编室）　　　68932447（办公室）
发 行 者	全国各地新华书店
印 刷 者	北京宏伟双华印刷有限公司
开　　本	787×1092（毫米）　1/16　印张：15.5
字　　数	300 千字
版　　次	2010 年 5 月第 1 版　2010 年 5 月第 1 次印刷
书　　号	ISBN 978-7-81108-696-6
定　　价	38.00 元

版权所有　翻印必究

总　序

　　书系者，围绕同一主题陆续推出的丛书系列是也。

　　中央民族大学中国少数民族研究中心推出《人文社会科学应用研究书系》，首先是向社会各界表明一种心志：我们认为人文社会科学必须学以致用并力求在实践中创新。实践创新必须正心诚意持之以恒慎终如始。其次是向学界汇报本团队前期应用研究的一些成果，旨在以文会友交流经验，凝聚中国少数民族研究参与中国和谐社会的构建，把研究范式从社会发展史转向文化生态学的社会共识。

　　本中心是教育部为推动全国哲学社会科学创新而在国内高校设立的人文社会科学重点研究基地之一。其地位相当于国家的自然科学实验室，其社会使命犹有过之。在今日中国，它与"211"和"985"两个学术工程一起，构成支撑高水平大学的三个鼎足。基地与上述两大工程的关系，犹如企业研发机构与生产部门的关系。基地与大学各院系的关系，如同村落庭院与街心广场，或城市居民区与公园的关系。

　　教育部在普通高校创建人文社会科学重点研究基地的目的，就是为了给不同学科院系的学者提供一个交流互动研讨创新的空间。广场或公园的公共性还使它能为不同院校不同国家的学者提供驻足发表言论的场所，即作为校际国际学术交流平台。迄今为止，本中心是国家民族事务委员会直属高校唯一的人文社会科学重点研究基地，也是少数民族研究领域里唯一以"中国"冠名的基地。

　　遥想当年，国家民族事务委员会、中央民族大学和民族学与社会学学院领导和校内专家曾为申办这个基地付出诸多心血。国家民族事务委员会图道多吉、吴仕民两位副主任和教科司俸兰司长为此奔走推荐协调。中央民族大学陈理和喜饶尼玛（郭卫平）两位副校长亲自出面寻觅配置资源。民族学与社会学学院的杨圣敏院长和祁庆富教授亲率团队艰难论证，以大量资料展示本校在中国少数民族研究方面的绩效、能力和潜力。上述努力最终获得教育部领导和评估专家的认可。本中心于2000年获准成立并运行至今已经8年。8年来，本中心在学校支持下完成了机构筹建、队伍组建、平台搭建并有效执行了重大科研项目的招标管理等职能，同时还充分依托学校资源，分别在基础和应用两个研究领域展开创新工作。

基础研究方面，本中心在少数民族非物质文化遗产研究领域成果突出。除了祁庆富教授在文化部专家团队中大力推介少数民族非物质文化遗产资源卓有成效，本中心还为此召开了本领域国内外学术会议6次，出版研究专著55部，《民族文化遗产》专刊2集、《中国少数民族文化遗产集萃》1集，现时委托重大研究项目17个并编辑《工作简报》31期，《成果简报》15期，会议和咨询报告7期。中心5部专著获得中国高校人文社会科学或北京市哲学社会科学奖项。

应用研究方面，本中心以民族学与社会学学院的中青年教师为中坚组成了一支有力的实践创新团队。民族学与社会学学院的前身是中央民族学院研究部。它曾是1950年代中央政府开展少数民族工作的有力臂膀，直接参与了中央访问团、中国的民族识别、中国少数民族社会历史和语言调查及中国少数民族社会形态研究，为国家的民族政策制订和民族地区建设做出直接贡献。改革开放进程中，研究部改名民族研究所并成立了民族学系，从事改革开放时期的中国少数民族研究和民族学教学。1990年后，民族研究所与民族学系合并更名为民族学研究院。2000年随着学科建设和教学需求改制成民族学与社会学学院。在此期间，中国少数民族和民族地区的需求把实践创新团队推到应用研究前沿。

1999年，中国实施西部大开发，中央民族大学各民族中青年学者出于保护生态环境和少数民族权益的责任而创办了跨学科的"西部发展研究中心"。该中心的活动宗旨与教育部在中央民族大学创办中国少数民族研究中心的动机颇多相符，因此其成员顺理成章地成为基地创新团队的骨干。

中国人对邓小平所讲"发展就是硬道理"的论断耳熟能详，甚至一提发展就会对其正面功能和积极价值充满期待。其实从人文社会科学角度做中立观察：实践中的"发展"也跟"进步"、"革命"、"科学"和"市场"一样五味杂陈，最多只能算是中性工具名称。离开人主体的选择意志和道德关怀，它的作恶潜力不低于为善的能力。本书系介绍四个领域里的应用研究案例就揭示了少数民族和民族地区在发展中遇到的诸多问题，同时也提出了相应的对策建议。笔者有幸参与了这些研究的策划实施，所以在此将向读者介绍其缘起梗概。

《发展的代价——西部少数民族地区毒品伤害与艾滋病问题调研文集》的调研始于2000年中英两国政府合作的艾滋病防治项目。在河南农村发生违规采血导致艾滋病在当地爆发引起国家重视之前，中国人文社会学界对于毒品、性病、艾滋病之间的关系及其它们与贫困和社会底边群体之间的共生关系所知甚少。中英合作项目历时两年时间揭示出两个事实：一是毒品、性病、艾滋病与贫困和社会底边阶层共生；二是除河南采血引发的感染病例之外，艾滋病和毒品大体沿着古代中国西南、西北两条贸易路线传播。由于这两条古代丝路沿线的居民多为少数民族，本中心介入这一领域的研究责无旁贷。

中国控制毒品和艾滋病的实践堪与改革开放的过程和成效相媲美。其中的最大亮点是借鉴国际先进经验，重视社会文化因素和卷入人文社会科学研究。本中心的创新团队在此过程中经受实践检验并迅速在少数民族地区创办本土NGO，服务当地社区的妇女儿童，同时借助彝族语言文化编制宣传材料和文艺节目。彝族学者侯远高十年如一日的不懈探索和凉山彝族自治州政府的大力支持，使得本中心团队在这一领域的实践具备了总结经验和概括模式的资质。这一模式的主要内容有三：一是人文社会学者深入实地为底边社区服务；二是高校师生通过团队实践参与少数民族社区发展；三是用少数民族的语言文字编排艺术作品和组织表演团体传播现代防疫理念和知识。

《和在多赢——西部民族地区发展项目的人文关怀》收集了本中心另一支创新团队配合国家利用世界银行贷款在少数民族地区实施发展项目的需求作社会评估和少数民族发展计划的案例，还有研究西部少数民地区水电移民对国家补偿补助和安置政策需求的研究成果。团队带头人贾仲益副教授与笔者分别在1998和2003年介入世界银行在中国少数民族地区开发水电和保护生态项目的社会评估工作。贾仲益副教授从为兄弟单位做少数民族社会文化顾问到带领本单位团队独立承担研究项目，其间的甘苦足以说明应用研究的难度不低于基础研究。本书收集的几篇研究报告未必能算应用研究的典范，但对有志于在这一领域一试身手的同事和同学肯定有所助益。随着科学发展观和构建和谐社会理念的深入人心，中国政府和企业会越来越注意在少数民族地区做建设项目之前，预先做好当地居民社会文化发展需求评估和少数民族社区发展计划的制订，本中心幸能在这个领域先行一步。

《厚德载物——人口较少民族文化保护与发展》是本中心第三支创新团队研究中国人口较少民族发展需求的最新成果。中国人口较少民族发展需求研究在过去8年经历两个阶段：先是费孝通教授生前建议国家民族事务委员会开展此项造福人口较少民族的研究。这一建议得到国家民族事务委员会领导的支持，于是由国家民族事务委员会民族问题研究中心牵头，联合中央民族大学和北京大学对中国人口在10万以下的民族的经济和社会发展需求做系统调查。中央民族大学杨圣敏教授和北京大学马戎教授分别担任两个学校的项目负责人。项目调查报告由国家民族事务委员会上报并引起国务院高度重视，从而给22个少数民族的经济和社会生活带来了重大转机。这一重要成果已由民族出版社先行出版。2007年，国家民族事务委员会文化宣传司又在人口较少民族经济社会发展已得到中央政府全面关注的前提下，注意到他们的文化传承仍然存在严重问题，所以委托本中心王建民教授和张海洋教授牵头开展人口较少民族文化保护与发展专项调查。调查报告曾在《中国少数民族文化发展报告》（2008）里收录，但因其中很多细节不合"蓝皮书"体例而被删减。本次重新结集以为教学案例和应用研究参考。

《持颠扶危——羌族文化灾后重建省思》是本中心青年创新团队2009年春节到汶川实地调查羌族语言文化灾后重建政策需求的应用研究案例。汶川5·12地震的核心区与中国最古老的少数民族羌族的分布区高度重合，造成羌族全民族受灾。灾害极大地唤醒了中国高等院校师生投身应用研究的意识。2008年10月，宋敏副校长根据教育部语言信息司领导指示精神，吩咐本中心履行使命，与南京大学中国语言战略研究中心、中国社会科学院民族学与人类学研究所和四川省民族研究所联合组队，调查羌族语言文化灾后重建需求问题。本中心借助学校多民族师资优势，迅速形成以羌族海归学者张曦博士为核心调查团队在当地羌族干部和学术精英的大力支持下完成了调查使命。这次行动给我们两点启示：

第一，世上没有纯粹的自然灾害，所以也没有能够单靠经济和科技就能消除的灾害后果。2003年非典、2008年初南方冰雪灾和5·12地震都是中国人道德反思、文化重建和社会创新的重要契机。在应付灾害和重建家园方面，传统人文关怀与现代科学技术一个都不能少。

第二，应用研究的时效性极强，及时地完成写作和提交成果跟保证成果质量一样重要。写作期间的任何一点松懈，都有可能失去时效断送成果，甚至影响目标社区人群福祉。

如果按照西方哲人讲的"理论是灰色的，生活之树长青"这句话，应用研究成果应该比基础研究更好看。但笔者读过的许多应用研究作品，都令人失望，感觉它们呆板。这也使学科同行形成一种成见：搞应用研究的人都是因为搞不动基础研究才降格以求。笔者不想为自己和本中心的实践创新团队争辩，也不想用中国古人"信言不美美言不信"的古训来文过饰非。但还是有两点非说不可的个人体会：

一是应用研究的价值不在作品本身可读和可欣赏，而在于它对决策和目标社区人群产生的积极影响。二是基础研究有更大的个人创作空间，而应用研究更讲究团队精神和联合协调。

中国少数民族研究中心既地处北京又贴近边疆少数民族且冠有中国名称，所以应当根据国家目标，发挥特色优势，研究包括内蒙古、新疆、西藏和港、澳、台在内的中国边疆和地方的少数民族权益及其发展需求，努力集成各界的研究成果，注意从成果中提炼理念，从理念中生成战略，把战略转化成政策，把政策凝聚成国民共识和社会行动，通过推动社会公正和维护少数民族权益来促进中国民族团结与社会和谐。

中国是统一的多民族国家。中国少数民族人口不到全国总人口的10%，民族自治地方占中国国土面积的64%，民族文化资源占到全国总量的90%以上。中国的石油、水电、林木及生态资源，多半在少数民族地区。中国西部开发主要在少数民族地区展开。中国2.8万公里陆地边界均有少数民族分布。中国的民族文化创意产业要依托少数民族文化才能取得可持续发展。中国的民族关系和少数民族事务，始终是关系全局和影响深远的国家政务，因而需要学界提供最好的智力支持。30年的改革开放已经深刻地改变了中国的经济和社会基础。民族关系领域的行为和利益主体已经由计划经济时代的简单清晰变为多元多样，但中国的民族理论政策框架和管理体制仍基本维持着1950年代计划经济时期的格局而未能与时俱进，因而导致市场经济体制里的中国公民和公务员关于少数民族的国情知识匮乏，民族平等团结相互尊重共同繁荣发展的意识削弱。中国要在社会转型关键期（人均收入1000—3000美元）重申构建民族关系、管理民族事务和保障少数民族权益的明确导向和有力规范。整个社会要注意填补少数民族地区生态环境、社会公平和文化传承方面出现的社会改革赤字。

本中心确认："三农"和"少数民族"是现代中国的两大难题，也是中国改革创新的两大动力。中共中央十七届三中全会对"三农"问题做出重大改革决定之后，少数民族事务必将凸显为中国深化改革的首要议题。中国需要系统深刻地总结民族工作经验，完善民族区域自治制度，创新民族事务管理体制，维护民族关系和民族文化延续。这些需求将使中国少数民族地区在今后几年取得像改革开放初期的沿海经济特区一样重要的地位。

中国少数民族研究中心基于这一认识，确认今后3年要配合国家提高民族工作的质量与效率的目标，锁定下列三个研究领域：

一是少数民族和民族地区重大现实问题和发展需求研究，包括完善民族理论政策体系，健全民族区域自治和少数民族（包括散杂居及流动少数民族人口）权益保护的法制体系，推动少数民族地区资源开发中的权益分配公平，借鉴周边国家和世界发达国家保护少数人权益的政策，注意少数民族地区的公共卫生和社会服务公平。

二是现代中国管理民族事务和协调民族关系的经验研究，为深化相关领域的改革提供理论依据。同时注重少数民族语言、非物质文化、艺术和文化创意产业研究，为少数民族地区发展探索新的增长点。

三是注重中国边疆边区和周边国家暨跨境民族研究，包括与中国互动密切的欧美、印度和伊斯兰教世界的民族宗教研究并从中总结经验，推动民族地区的政策创新，同时注意研究少数民族地区居民权益保护和发展需求，散杂居及流动少数民族人口和海外华人的人权保护，全面营造各民族和谐发展的社会生态。本中心为承担上述使命，就要在服务社会的前提下不断地凝聚基础研究成果并将其投入应用实践和创新活动。最后，本书系的出版资助来自中央民族大学"985工程"二期建设中国当代民族问题战略研究哲学社会科学创新基地相关项目。本人代表中国少数民族研究中心和本书系作者、编者向基地和平台的领导与同事衷心致谢，同时向各部著作的主编和作者以及参与过调查和编辑工作的同仁致谢！

高山仰止，景行行止；虽不能至，心向往之。

人心唯危，道心唯微；唯精唯一，允执厥中！

张海洋
2009-7-1

出版说明

本书是研究中国人口较少民族发展需求的最新成果。新世纪初，由国家民族事务委员会民族问题研究中心牵头，联合中央民族大学和北京大学对中国人口在10万以下的人口较少民族经济和社会发展需求进行了系统的调查。这项研究之后，人口较少民族经济社会发展得到了中央政府的高度关注。国务院安排大量资金扶植扶助人口较少民族社会经济发展。然而，人口较少民族的文化保护、传承与发展仍然面临严峻形势，存在一些亟待解决的问题。2006年初，国家民族事务委员会文化宣传司金星华司长亲自策划，由文宣司与中国社会科学院文化研究中心立项，开展中国人口较少民族文化保护与发展调查研究。中央民族大学王建民、张海洋、贾仲益和云南、广西、黑龙江、内蒙古、新疆相关研究机构研究人员参与。项目组自2006年7月至10月，在上述五省区选取赫哲、鄂伦春、鄂温克、塔塔尔、塔吉克、普米、布朗、毛南、京等九个人口较少民族，从行政村、乡镇、县市三个层次，综合运用实地考察、问卷调查、入户访谈、专家访谈、部门官员座谈、文献分析和理论研究等手段展开系统的调查研究工作。通过调查，产生了八个较为简明的分报告和一份总报告。

这次调查初步摸清了中国人口较少民族文化保护与发展的基本情况，总结了各地在人口较少民族文化保护与发展方面的经验。调查组基于实地资料深切意识到，中国人口较少民族文化保护与发展和国内国际许多重大问题密不可分，特别是与中国卷入新四化即市场化、城市化、全球化和信息化进程密切相关，所以应当将他们的文化保护与发展提到科学发展观和构建和谐社会及良好世界环境的政治高度来认识和支持。但较长一段时期以来，由于资源丧失、文化价值被忽视、社区瓦解、社会地位边缘化和管理服务机构的效能等原因，他们的文化处于濒危状态，亟待汲取各地经验采取有效措施及时加以抢救性发掘、保护和重建。

调查成果经过整理，汇编成《中国人口较少民族文化发展与保护调查报告》，由国家民族事务委员会文化宣传司于2008年5月内部印行200册，以供相关部门参考。以后，其中总报告和两篇分报告的部分内容又收录于国家民族事务委员会文化宣传司、中国社会科学院文化研究中心编辑，金星华、张晓明、兰智奇主编的《中国少数民族文化发展报告（2008）》之中，由民族出版社于2009年4月出版。由于前者印行数量较少，后者著录不全且因形式所限未能在理论上进行更多讨论，所以我们再作修订，把这次调查及研究成果呈现给各位读者，以引发更多人对中国人口较少民族文化保护与发展问题的关注和思考。

我们认为：自然生态资源是文化生存的基础，主体的发展决策参与权是人口较少民族文化保护的核心，民族聚居社区是人口较少民族文化的最终载体。要使人口较少民族文化得到合理保护和健康发展，首先各级相关职能部门乃至全社会应当更新观念，承认人口较少民族文化与自然生态和社会文化资源密不可分的联系，明确人口较少民族在其社区的资源权利，提高其经济地位和话语能力；应当用新型的民族双向互惠话语替代过时且有歧视内涵的优惠话语。其次，在民族事务管理中，应当更多地强调人文价值和对人的基本尊重，用以人为本的价值观念制衡片面强调经济和效率的工具理性；应当采取以特区保社区、以基金保队伍、以政策聚人心、以制度保公平、以礼仪倡和谐等措施，以求加强民族文化保护机制和能力建设，促进人口较少民族文化保护与发展。

王建民
2010-1-15

课题组人员名单

金星华　国家民族事务委员会文化宣传司原司长
兰智奇　国家民族事务委员会文化宣传司副司长
张晓明　中国社科院文化研究中心研究员
王建民　中央民族大学教授
张海洋　中央民族大学教授
任乌晶　国家民族事务委员会文化宣传司文艺处处长
李　民　国家民族事务委员会文化宣传司文艺处调研员
贾仲益　中央民族大学副教授
惠　鸣　中国社科院文化研究中心博士后
胡文明　云南省丽江市委党校教授
张晓琼　原云南省委党校教授
卡丽娜　中央民族大学副研究员
陈家柳　广西民族研究所副研究员
俸代瑜　广西民族研究所副研究员

撰稿人名单（按音序排列）

陈家柳　陈韦帆　俸代瑜　和一兰　胡江梅
胡文明　黄仲盈　贾仲益　卡丽娜　刘　颖
刘亚雄　罗建华　王　莉　王建民　王力赓
许江梅　杨　玲　袁丽红　张海洋　张晓琼
周晓红

目　录

厚德载物——人口较少民族文化保护与发展 …… 王建民　张海洋　贾仲益（1）
 一、对于人口较少民族文化保护与发展的认识……………………（1）
  1.1　两种不同的文化概念……………………………………………（1）
  1.2　人口较少民族文化保护与发展研究的价值和意义……………（3）
  1.3　中国人口较少民族文化保护与发展调查项目的开展…………（6）
 二、目标民族文化现状和发展需求…………………………………（6）
  2.1　目标民族的分布状况……………………………………………（6）
  2.2　目标社群的文化资源……………………………………………（8）
 三、民族文化保护的地方经验………………………………………（9）
  3.1　通过社区学校传授民族语言……………………………………（10）
  3.2　调动传统文化资源重建精神社群………………………………（10）
  3.3　各界精英积极介入民族文化保护………………………………（11）
  3.4　结合民族文化产业发展保护民族文化…………………………（12）
  3.5　各级政府高度重视是保护与发展少数民族文化的关键因素…（13）
 四、人口较少民族文化保护与发展中的主要问题…………………（14）
  4.1　自然生态资源基础和话语权丧失………………………………（14）
  4.2　民族语言文字濒临失传…………………………………………（18）
  4.3　民族聚居社群难以维系…………………………………………（19）
  4.4　权利主体决策参与机制缺失……………………………………（20）
  4.5　民族文化工作管理失调…………………………………………（21）
 五、分析和认识………………………………………………………（23）
  5.1　文化与人口较少民族的发展……………………………………（23）
  5.2　自然生态资源是文化生存的基础………………………………（24）
  5.3　主体的发展决策参与权是人口较少民族文化保护的核心……（25）
  5.4　民族社群是人口较少民族文化的最终载体……………………（25）
 六、行动的原则与方向………………………………………………（26）
  6.1　观念更新…………………………………………………………（26）

6.2　体制创新 …………………………………………………………… (27)
赫哲族文化保护与发展 ………………………………… 陈韦帆　张海洋 (30)
　一、赫哲族概况 ……………………………………………………………… (31)
　　1.1　分布 ………………………………………………………………… (31)
　　1.2　地理 ………………………………………………………………… (31)
　　1.3　人口 ………………………………………………………………… (32)
　　1.4　历史 ………………………………………………………………… (33)
　二、赫哲族文化处境 ………………………………………………………… (35)
　　2.1　生态和生计基础 …………………………………………………… (35)
　　2.2　商业交往 …………………………………………………………… (36)
　　2.3　衣食住行 …………………………………………………………… (37)
　　2.4　婚姻家庭和丧葬习俗 ……………………………………………… (38)
　　2.5　语言 ………………………………………………………………… (39)
　　2.6　宗教 ………………………………………………………………… (40)
　　2.7　氏族、社区和政治组织 …………………………………………… (41)
　　2.8　教育 ………………………………………………………………… (41)
　　2.9　民俗 ………………………………………………………………… (42)
　三、成就与问题 ……………………………………………………………… (43)
　　3.1　政府的民族文化保护 ……………………………………………… (43)
　　3.2　民族文化精英的努力 ……………………………………………… (46)
　　3.3　居民的评价 ………………………………………………………… (46)
　四、分析与建议 ……………………………………………………………… (47)
　五、结语 ……………………………………………………………………… (50)
鄂伦春族、鄂温克族文化保护与发展 ………………… 卡丽娜　王莉　张海洋 (52)
　一、历史与现状 ……………………………………………………………… (52)
　　1.1　历史文化传统 ……………………………………………………… (52)
　　1.2　社会现状 …………………………………………………………… (55)
　　1.3　基层文化变迁 ……………………………………………………… (58)
　二、问题归因分析 …………………………………………………………… (69)
　　2.1　资源丧失 …………………………………………………………… (69)
　　2.2　文化机构状况 ……………………………………………………… (78)
　　2.3　旅游业的潜力和局限 ……………………………………………… (80)
　三、行动建议 ………………………………………………………………… (81)
　　3.1　保护原住民权益，复兴狩猎业，发展驯鹿业 …………………… (81)

  3.2 建立中国人口较少民族生存和发展以及文化保护与发展基金……(85)
  3.3 打造民族传统文化旅游品牌，增强农牧猎民参与和受益…………(85)

塔吉克族文化保护与发展……………………………………杨玲 王建民(87)
 一、文化发展状况……………………………………………………………(87)
  1.1 塔吉克族族名与人口分布状况…………………………………(87)
  1.2 生态与生计…………………………………………………………(88)
  1.3 文化遗产……………………………………………………………(89)
  1.4 语言文字的使用……………………………………………………(91)
  1.5 社会组织和社会活动………………………………………………(91)
  1.6 宗教信仰……………………………………………………………(94)
  1.7 艺术…………………………………………………………………(95)
  1.8 旅游开发……………………………………………………………(96)
 二、文化保护与发展中的问题……………………………………………(97)
  2.1 资源问题……………………………………………………………(97)
  2.2 语言文字的使用和教育问题………………………………………(98)
  2.3 民间文化生存危机…………………………………………………(100)
  2.4 民族文化工作体制的问题…………………………………………(101)
  2.5 经济发展与文化保护的冲突………………………………………(101)
 三、问题分析与思考………………………………………………………(103)
  3.1 发展艰难与权益维护………………………………………………(103)
  3.2 社区凝聚力作用分析………………………………………………(104)
  3.3 认识上的不足………………………………………………………(104)
 四、政策建议………………………………………………………………(105)
  4.1 设立文化传承保护基金……………………………………………(105)
  4.2 生态—民族文化保护区建设………………………………………(106)
  4.3 塔吉克文字的创建…………………………………………………(106)
  4.4 立法保护……………………………………………………………(107)
  4.5 体制创新……………………………………………………………(107)

塔塔尔族文化保护与发展……………………………………刘颖 王建民(109)
 一、文化发展状况…………………………………………………………(109)
  1.1 塔塔尔族历史渊源…………………………………………………(109)
  1.2 塔塔尔族人口分布与变迁…………………………………………(111)
  1.3 塔塔尔族的社会经济………………………………………………(111)
  1.4 塔塔尔族的语言文字、习俗与信仰………………………………(112)

二、民族文化保护与发展所面临的问题 (112)
2.1 塔塔尔族具有历史价值和民族特色的建筑物面临消失的危险 (113)
2.2 塔塔尔族的墓地问题 (115)
2.3 塔塔尔族语言、服饰、饮食、音乐和舞蹈方面所面临的问题 (116)
2.4 塔塔尔族的传统节日问题 (117)

三、对塔塔尔族文化保护与发展的建议 (118)
3.1 保护和维修塔塔尔族具有历史价值和民族特色的建筑物 (118)
3.2 维护和保护好塔塔尔族墓地 (119)
3.3 建议修建塔塔尔族文化中心 (120)
3.4 关于塔塔尔族传统节日"撒班节"的建议 (121)

京族文化保护与发展 ············ 陈家柳 袁丽红 (122)
一、京族概况 (122)
1.1 人口分布与族源族称 (122)
1.2 居地行政辖属沿革 (122)
1.3 环境与资源条件 (123)
1.4 传统生计与文化 (124)
1.5 京族三岛社会历史变迁 (125)

二、京族文化资源现状 (126)
2.1 语言文字 (126)
2.2 传统宗教 (128)
2.3 非物质文化 (129)
2.4 文化遗产的整理 (130)
2.5 旅游与经济开发 (131)
2.6 社会文化体制和京族艺术表演团体 (133)

三、京族传统文化的变迁 (134)
3.1 环境变迁与影响 (134)
3.2 服饰的变迁 (135)
3.3 "哈节"的变迁 (136)
3.4 房屋建筑的变迁 (138)
3.5 传统社会组织的变迁 (138)

四、京族文化发展问题探析 (139)
4.1 民族文化的衰落 (140)
4.2 民族传统文化传承人老龄化问题严重 (140)
4.3 优秀的民族传统文化尚未得到开发利用 (141)

五、对策和建议 (142)
5.1 大力宣传，引起重视 (142)
5.2 把握好民族文化保护与开发的关系 (143)
5.3 抢救濒临灭绝的京族优秀传统文化 (144)
5.4 尽快建立京族生态博物馆 (144)
5.5 在民俗旅游中体现民族特色 (145)

广西毛南族文化保护与发展 ············ 黄仲盈 俸代瑜 贾仲益 (147)
一、环江毛南族自治县概况 (148)
1.1 地理环境与资源条件 (148)
1.2 人口构成 (149)
1.3 历史沿革 (149)

二、毛南族民族传统文化及其变迁 (149)
2.1 历史渊源及族名族称 (149)
2.2 传统文化及其变迁 (150)

三、民族文化发展现状及保护成果 (157)
3.1 主要文化遗迹 (157)
3.2 民间典籍、文学作品的收集、整理及出版状况 (160)
3.3 民间文艺创作成果 (160)
3.4 傩文化发展现状 (160)
3.5 花竹帽编织技艺的传承状况 (163)
3.6 雕刻艺术发展现状 (164)

四、毛南族传统文化面临的危机 (164)
4.1 民族语言日趋式微 (165)
4.2 典籍整理、文学艺术创作力量薄弱 (165)
4.3 文化遗迹损坏严重 (166)
4.4 生活习俗日趋丧失本民族的特色 (167)
4.5 傩文化传承出现断层 (167)
4.6 花竹帽工艺面临失传 (168)
4.7 雕刻艺术日渐消失 (169)

五、民族文化保护的意见和建议 (170)
5.1 一般群众的意见和建议 (170)
5.2 知识分子的意见和建议 (171)
5.3 政府部门的意见和建议 (173)
5.4 调研组的意见和建议 (175)

普米族传统文化保护与发展 …………………… 胡文明　胡江梅　和一兰 (179)
一、普米族文化保护现状评估 ……………………………………………… (179)
    1.1　普米族传统文化的保存情况 ……………………………………… (180)
    1.2　普米族文化保护与发展的综合评价 ……………………………… (183)
二、存在的主要问题 ………………………………………………………… (185)
    2.1　普米语——即将消亡 ……………………………………………… (185)
    2.2　普米族民间文化——危在旦夕 …………………………………… (187)
    2.3　韩规文化——濒临失传 …………………………………………… (187)
三、原因分析 ………………………………………………………………… (188)
    3.1　认识的误区与偏见导致普米族文化空间的缩减与
          普米族民间文化的消失 ……………………………………………… (188)
    3.2　大分散、小聚居的分布特点使普米族传统文化特色逐渐消失，
          加大了保护与发展的难度 …………………………………………… (188)
    3.3　政府资金投入严重不足，缺乏有力的扶持 ……………………… (189)
    3.4　现代技术和传媒的冲击 …………………………………………… (189)
    3.5　打工潮的影响 ……………………………………………………… (189)
    3.6　发达地区的文化冲击 ……………………………………………… (189)
    3.7　市场狭小，缺乏经济实力和现代传媒的支持 …………………… (190)
    3.8　保护和研究工作力度不够 ………………………………………… (190)
四、对策与建议 ……………………………………………………………… (190)
    4.1　营造良好的舆论氛围，在全民族中达成共识 …………………… (191)
    4.2　利用法律手段进行保护 …………………………………………… (192)
    4.3　建立经费投入机制 ………………………………………………… (192)
    4.4　建立普米文化保护协会和专门研究机构 ………………………… (193)
    4.5　对普米族文化遗产进行全面的盘查摸底和清理 ………………… (193)
    4.6　建立民族文化遗产综合评估体系 ………………………………… (194)
    4.7　把民族文化生态保护村建设与保护传承民族文化遗产
          结合起来 ……………………………………………………………… (194)
    4.8　把旅游资源开发、景点建设与保护传承民族文化遗产
          结合起来 ……………………………………………………………… (195)
    4.9　把文化的创新与保护传承民族文化遗产结合起来 ……………… (195)
    4.10　把生态环境保护与保护传承民族文化遗产结合起来 ………… (195)
    4.11　加强和重视博物馆在民族文化遗产保护过程中的特殊作用 …… (196)
    4.12　进一步提高民间艺人和文化人的地位 ………………………… (196)

云南芒景布朗族文化保护与发展调查报告 … 张晓琼　刘亚雄　许江梅等（198）
　一、芒景村自然地理概况 …………………………………………………（198）
　　　1.1　澜沧县与惠民乡概况 ……………………………………………（198）
　　　1.2　芒景布朗族村概况 ………………………………………………（201）
　二、有关芒景布朗族研究文献资料的回顾 ………………………………（201）
　三、芒景布朗族社会文化状况及其特点 …………………………………（203）
　　　3.1　芒景布朗族与茶 …………………………………………………（203）
　　　3.2　芒景布朗族茶叶生产的历史与现状 ……………………………（205）
　　　3.3　布朗族传统茶文化在当代的振兴与发展 ………………………（209）
　四、民族文化的振兴与发展过程中存在的问题 …………………………（214）
　五、对策建议 ………………………………………………………………（216）
跋：人口较少民族文化困境与中国民族文化生态建设 …………… 张海洋（219）

厚德载物——人口较少民族文化保护与发展

王建民　张海洋　贾仲益

中国自古是统一的多民族国家。保护和发展少数民族文化，始终是中国维护生态平衡、促进社会和谐的重要国策。在当今世界，这不仅具有极高的社会道德含义，而且与中国的国际形象、世道人心和长治久安休戚相关。《中共中央关于构建社会主义和谐社会若干重大问题的决定》提出"建设和谐文化，是构建社会主义和谐社会的重要任务"，将文化和谐的建设作为当前中国社会文化发展的当务之急，给予了高度重视。

然而，自中华人民共和国成立以来，中国各民族的传统文化都曾连续受到西方社会发展史、本土"左"倾意识形态和当代人以 GDP 增长为发展指标的旧发展观的冲击，片面强调社会革命，各民族传统文化则被当成经济社会发展的绊脚石和障碍，必欲除之而后快。改革开放后，传统文化不再遭人敌视，但其重要性仍不能与经济增长同日而语，有些地方政府虽然重视文化搭台经济唱戏，但其地位仍然有可能被当成"用过就扔"的垫脚石。少数民族语言文化除在年节庆典上用于粉饰太平之外，更被一部分人认为是国家政治统一、经济发展和社会稳定的异端异类，因而仍要通过改造促其消亡。这种指导思路给中国人口较少民族传统文化带来的后果尤其严重。事实上，人口较少民族的语言和传统文化在中华人民共和国成立 60 周年和改革开放 30 年之后，多半陷入濒危状态甚至面临消亡的境遇。

一、对于人口较少民族文化保护与发展的认识

1.1　两种不同的文化概念

文化作为各民族生产生活实践和认同情感的表达方式，对于维系各民族具有十分重要的作用和意义。近年来，国人通过对文化和谐与社会和谐关联性的思考，对少数民族传统文化的尊重比较以往有了很大的进步。然而，在思想纠偏之

余，中国少数民族，特别是人口较少民族文化保护与发展仍然面临双重困境：首先是人口较少民族文化面临的濒危状况，本书将通过实地调查资料呈现这种局面并在分析和阐释中找寻出路。其次是国人对于人口较少民族文化认识仍然存在着诸多误区，甚至文化的功能定位上就有诸多混乱。

文化（culture）本是19世纪中后期民族学人类学（以下简称人类学）圈定出来作为学科立身根本的重要概念，到20世纪又成为跨越东西方社会而使用非常普遍的关键词。围绕这个概念的讨论充满了权力关系，包括西方与非西方、社会权力掌握者和弱势者、主体民族和少数民族之间的交往都有这个概念蕴含其中。不过，要澄清这一问题，则需要从枯燥的概念讨论入手。人类学家对于文化的界定也一直有着两种差异很大的认识。一种是所谓现实论的（realistic），而另一种则是理念论的（idealistic）。

现实论的文化概念的拥护者认为，文化是一种自然现象，是一种具有特点和行为特征的可以区分的范畴，是可以像其他现象范畴一样，以同样的方式加以观察和检验的。在他们看来，只是在学者们使用这一概念的意义上而言，在众多个体的形貌特点抽象出典型范畴、单一形貌的意义上而言，文化才是一种抽象。于是，文化被认为是有形的、实在的，其真实性是不容怀疑的。

20世纪50年代的前苏联著作中，将文化定义为"人类在社会历史实践中所创造的物质财富和精神财富的总和"。中国学者在20世纪50年代到80年代，基本上是依照这个定义来说明文化的。这个定义因为使文化带有静止的性质，而在60年代中期受到一些前苏联学者的质疑和修正，1973年第3版《苏联大百科全书》中对文化解释为，"文化是社会和人在历史上一定的发展水平，它表现为人们进行生活和活动的种种类型和形式，以及人们所创造的物质和精神财富"。由此，文化是由各种具象化的、相互联系的物质财富以及创造和延续这些物质财富的思想观念构成的。

也有一些学者指出，人们创造的社会具体财富（物质财富和精神财富）只是文化存在的外部形式。文化是人的力量和关系发展的历史过程，是作为活动的社会主体的人发展的历史过程，这种历史过程在人们创造的物的现实的全部丰富性和多样性之中，在人的劳动和思维的成果的全部之中，获得自己的外部表现形式。将社会联系和社会关系也作为文化的内容。

理念论的文化概念通常建立在行为规范或准则的模式（pattern）或者形貌（configuration）术语之上。人们认为，文化是一种法则或行为规范的组织，这些法则或者行为规范存在于某一种文化的承载者们的心中，行为规范在文化的承载者之中世代传递。由于文化被视为人类行为的一种抽象，因此，文化并非现实存在。美国人类学家克虏伯和克拉克洪认为，文化是外显的和内隐的行为模式、价值观念及其在人工制品中的体现,通过象征来获得并传递,并构成各人类群体的独特成就。① 文化被看做是习得性的和获得性的运动神经反应、习惯、技术、观念、价值观及由此产生的行为所组成的总体。在此之前,克拉克洪和凯利也曾经提出过文化定义。他们认为文化是所有在历史进程中为生活而创造的设计,包括外显的和内隐的、理性的和非理性的、无理性的设计。在任何特定时间内,这些设计都作为人类行为的潜在指南而存在。② 一些学者明确指出,文化不是由人们能够观察、计算、度量的事物或事件组成,而是由共同的观念和意义组成的。格尔茨认为,文化是一种历代相传的、在符号（象征）中体现的意义模式,是一个承继的用符号形式表达的概念系统。人们依赖文化,传递、延续并发展他们的生活知识和对生活的态度。③

许多当代人类学家用文化来指隐藏在一个群体或民族的生活方式之下的共同的观念系统。这种定义的文化不是人们所做的事情或所制造的物品,而是指人们所习得的知识。这种知识为人们提供了行为和选择的标准。人们用它来决定是什么,可以是什么,感觉怎样,应该做什么和怎么做。文化基本上是人们使用的一套思想和意义体系,它源自过去,并在当代被重塑。根据这一观点,历史上遗传下来的意义模式以符号的形式被具体化,通过这种方式,人类交流、发展、绵延他们对于生命的知识和态度。而人类学家的使命就是抓住、理解并翻译这些思想和意义,以便于社会中其他人理解它们。

人们对于文化概念的不同认识直接与怎样才能够保护文化、如何进行文化保护、怎样看待文化发展这样的问题联系起来。从现实论的文化概念出发,应当将各种物质财富和精神财富作为文化遗产的具体存在加以保护,如果添加了动态的观念,在保护的同时还需考虑发展的问题。基于理念论的文化概念,所谓文化保护与发展关键在于使得一个族群的意义体系、概念系统和情感模式能够得到延续,并且更强调由文化实践者的主题角度出发理解和认识他们的文化。

1.2 人口较少民族文化保护与发展研究的价值和意义

中国人口较少民族多数分布在边陲要地,是长期生活在那里的世居居民。在近代以来帝国主义入侵和民族国家建构及边界划定过程中,其中一些民族又因为势单力薄,他们国家归属的政治意愿或没有得到传达,或不被重视,被地理边界

---

① Alfred L. Kroeber & Clyde Kluckhohn, Culture: A Critical Review of Concepts and Definitions, *Papers of the Peabody Museum of American Archaeology and Ethnology*, Vol. 47, No. 1, 1952.

② Clyde Kluckhohn & William H. Kelly, The Concept of Culture, in R. Linton ed., *The Science of Man in the World Crisis*, pp. 78—106, New York: Columbia University Press, 1945.

③ Clifford Geertz, The Interpretation of Cultures, p. 89, New York: Basic Books, 1973.

明确的国家边界阻隔，成为中国和周边国家之间的跨界民族。

中华人民共和国成立之后，在中央政府和全国人民的大力支持下，各少数民族地区的社会、经济、文化各方面都发生了根本性的变化。但是由于历史上造成的发展不平衡，人口较少民族多数分布在交通不便、自然条件恶劣的地区，许多人口较少民族又居住在边境地区，面对当时严峻的国际形势，边境地区建设为战备让路，基本建设严重短缺，实行改革开放政策以后，我国各地城乡社会发生了巨大变化，经济发展加快，许多人口较少民族地区与其他地区相比发展差距反而逐步拉大。随着与国外的交流日益频繁，跨界而居的人口较少民族对境外同一民族发展状况有所了解，境外不同意识形态的影响和渗透也随之而入，人口较少民族发展面临着比以往更大的挑战。

2000年春节，国家民族事务委员会领导探望中国著名社会学家、人类学家费孝通先生。费老谈到了中国几个人口较少民族的发展问题，并建议国家民族事务委员会对此进行专门研究，认为"可先易后难，将这些人口较少民族问题先解决了，脱贫一个，宣布一个"。随后，国家民委党组决定将开展中国人口较少民族调研问题纳入2000年的工作计划，并对人口在10万人以下的22个人口较少民族进行大调查，争取在最短时间内解决这些民族的发展问题。在这一背景下，成立了中国人口较少民族经济和社会发展研究课题组，由费孝通担任学术指导，北京大学、中央民族大学和国家民委民族问题研究中心为主要研究队伍，开展了对人口较少民族的经济和社会发展状况调查，经过较大规模调查撰写的调查报告为相关部门决策提供了重要的参考意见。

2001年8月，国务院办公厅在《关于扶持人口较少民族发展问题的复函》中指出：同意国家民族事务委员会扶持人口较少民族的具体意见，并就基本实现乡村通简易公路、村村通电、村村通广播电视、基本解决人畜饮水困难、解决基本的人口素质教育、建设基本医疗机构和设施、改善群众住房、增加财政投入等8个方面提出了具体政策措施。中央政府拨出专项经费，对于人口较少民族社会经济发展给予了力度很大的扶植，加之旨在促进边境地区县域经济社会发展的"兴边富民行动"的开展，人口较少民族在社会经济发展中长期存在的投入不足、基础设施建设薄弱等问题已经以极快的速度得到了较大的改善，对于人口较少民族在经济上与其他民族共同走上繁荣富裕的道路，从而巩固和发展平等、团结、互助、和谐的民族关系和全面建设小康社会都产生了积极的作用。民族团结是21世纪我国国家统一、社会稳定、经济繁荣的基础，如何在经济体制改革、经济高速发展的过程中及时对可能出现的问题和矛盾进行及时调整，是关系多民族统一国家长治久安的大事。在关注人口较少民族地区经济建设的同时，对于在发展的新形势下出现和面临的文化保护与发展中的新问题，必须给予高度的重视。

文化作为人口较少民族自信、自立和自觉的重要依托，其延续具有特殊的意义。在一定意义上说，文化延续这些民族才能够延续。否则随着经济的快速发展，很难在更加频繁的族群互动中保持文化的相对独立性，反而会加快并最终导致这些民族整体的消失。因此，重视人口较少民族文化保护与发展既是"有容乃大"的中华传统文化的延续，更是在这些民族中建立在文化多样性基础之上的社会主义新型国家认同的需要。人口较少民族文化得到高度尊重，恰恰是他们常常有可能被忽视的平等权利得到落实和得以行使的具体体现，是当代国际政治环境下中国文化边疆建设的重要措施之一。

人口较少民族所在地区的生态环境较为敏感，拥有独特的生计方式和语言文化资源，国际社会对这些民族的发展状况极为关注。由于其中很多民族没有自治县及县以上具有相对独立和完整的权能的自治地方，他们的文化处境比中国其他少数民族更为严峻，直接影响到民族聚居社区的文化价值体系的延续，甚至威胁到人口较少民族人口的再生产。他们的文化保护与发展不仅关系到国家和谐社会的建设和可持续发展，而且直接关涉中央政府的兴边富民、文化固边、生态保护等多项决策的实施，影响到国际文化交流和国家形象塑造。因此，人口较少民族的文化生存状态与国际国内许多重大问题密切相关，不容小觑。

人口较少民族因为处境特殊，文化延续面临着更为严峻的形势，对这一问题的研究具有更为显著的现实性和紧迫性，而在这项研究中本身也面临着更大的学术理论挑战，与学术界目前围绕文化保护讨论的一些焦点问题更为密切地结合在一起。我们通过实地调查，获得了新的个案材料，避免了"纯"理论的虚构，有可能以反思的立场重新检讨我们的研究，使得这项研究本身也成为一项重要的学术理论实践（theoretical practice），具有提升学术理论的意义。

为了充分了解中国人口较少民族文化的真实处境，评估政府文化保护机制的功效和各民族今后的文化发展需求，国家民族事务委员会文化宣传司与中国社会科学院文化研究中心于2006年初组织中央民族大学等教学和研究机构的民族学、人类学、社会学学者，成立"人口较少民族文化发展与保护调查研究"项目组，就上述问题开展调查研究，旨在掌握人口较少民族传统文化生存状况，找出现有问题存在的原因，提出有效的对策和可行的建议措施，为党和国家决策提供参考。

作为国家民族事务委员会文化宣传司与中国社会科学院文化研究中心合作开展的"中国少数民族文化发展战略研究"2006年年度课题之一，项目组由中央民族大学民族学与社会学学院王建民、张海洋两位教授为负责人，吸收了本学院部分教师、研究生和新疆、云南、广西、黑龙江等地科研院所专家共同参与完成。

1.3 中国人口较少民族文化保护与发展调查项目的开展

本项目组在分析中国人口较少民族情况、吸收既有研究成果的基础上，鉴于课题研究的经费投入和时间限制，从区域覆盖面和类型与问题典型性两个角度选择了东北的赫哲、鄂伦春、鄂温克族；西北的塔吉克、塔塔尔族；西南的普米、布朗族；华南的毛南、京族等9个民族的世居地区作为目标社区，从行政村、乡镇、县市三个层次，综合运用实地考察、问卷调查、入户访谈、专家访谈、部门官员座谈、文献分析和理论研究等手段展开系统的调查研究工作。本次调查的过程如下：

第一，资料收集。王建民负责西部4个民族，张海洋负责东部5个民族，于2006年7月至10月分赴各地，与当地学者携手实施和开展调查。其中，云南和广西的主要调查工作是王建民、张海洋、贾仲益联合当地学者完成的；

第二，分析比较。由王建民、张海洋、贾仲益、卡丽娜等人组成研究小组，综合各地资料和初步报告，分析带有全局性特点的关键问题，形成总报告的写作思路和提纲；

第三，报告撰写。在全组充分讨论的基础上，由贾仲益副教授形成总报告初稿，张海洋教授修改补充，王建民教授完成最后的书稿修订工作。各小组分报告则是根据项目组的总体安排和要求，由小组负责人确定具体撰写人和编写纲要，由调查者分别完成的。在本书编写出版的过程中，各分报告主持人又对报告进行了进一步的修改，以期符合出版要求。

按照上述工作机制，在深入调查和8份分民族调查报告的基础上，形成了调查的总体性综合研究报告，并在理论反思的基础上进一步发展为现在的研究成果。在调查中，我们先后得到黑龙江、内蒙古、新疆、云南、广西等地各级党委、人民政府、民族事务委员会（民族宗教局）、宣传部、相关民族文化专家和社区居民的大力支持。因此，这项研究不仅是项目组成员调查所得，更是所有支持课题开展的人们共同努力的结果，即是调查研究者与研究对象或者文化实践者们以及处在两者之间的各级干部和民族文化研究专家交流和探讨的结晶。

二、目标民族文化现状和发展需求

2.1 目标民族的分布状况

我国55个少数民族中，有22个少数民族人口在10万人以下，统称为人口较少民族，总人口约 63 万人（2000 年全国人口普查数）。这 22 个人口较少民族分别是：毛南族、撒拉族、布朗族、塔吉克族、阿昌族、普米族、鄂温克族、怒族、京族、基诺族、德昂族、保安族、俄罗斯族、裕固族、乌孜别克族、门巴族、鄂伦春族、独龙族、塔塔尔族、赫哲族、高山族、珞巴族。他们主要分布于内蒙古、黑龙江、福建、广西、贵州、云南、西藏、甘肃、青海、新疆等 10 个省区。除福建省外，其余 9 省区的人口较少民族相对聚居在西部和边疆地区的 86 个县（旗、市）、238 个乡（镇）、640 个行政村。有 16 个在边境沿线的民族与国外同一民族跨界相邻而居。

表1 本次直接调查的 9 个人口较少民族分布状况

民族	总人口	主要分布地域	民族自治地方和民族乡	是否跨国界民族
赫哲族	4640	黑龙江省	3 个民族乡	是
鄂伦春族	8196	内蒙古自治区呼伦贝尔市、黑龙江省	内蒙古鄂伦春自治旗	是
鄂温克族	30505	内蒙古自治区呼伦贝尔市、黑龙江省	1 个自治旗，8 个民族乡	是
塔塔尔族	4890	散居在新疆 11 市 40 多个县	昌吉奇台县大泉塔塔尔民族乡	是
塔吉克族	41028	新疆塔什库尔干及周边	塔什库尔干塔吉克族自治县	是
普米族	33600	云南怒江、丽江、迪庆三州、市	怒江州兰坪白族普米族自治县	否
布朗族	91882	云南西双版纳、澜沧、保山等 10 余县	西双版纳勐海县布朗山乡	是
毛南族	107166	广西壮族自治区河池地区	环江毛南族自治县	否
京族	22517	广西防城港市东兴市江平镇	自治县改市	是

表 1 所列 9 个民族的社会文化多样性表现在：

分布状态：大多地处偏僻地区，跨国界分布，生态环境敏感，其中布朗、京、塔塔尔、赫哲四个民族没有单独的民族区域自治地方，而只有民族乡镇，布朗、塔塔尔、赫哲三个民族中还有人口比例不等的人口并没有集中在这些民族乡镇之中。

生态和生计方式：与不同的生态环境相联系，这些人口较少民族的生计方式包括江海渔捞兼养殖、山林狩猎兼畜牧、高山畜牧兼农耕、山地农耕兼采集、绿洲农耕兼城乡各种产业等多种类型。其自然资源使用在传统上多属公有性质，因而易受侵夺。

语言谱系：赫哲、鄂伦春、鄂温克属阿尔泰语系满—通古斯语族；塔塔尔属突厥语族；塔吉克属印欧语系伊朗语族；布朗属南亚语系孟—高棉语族；普米属汉藏语系藏缅语族；毛南族属汉藏语系壮侗语族；京族语言谱系未定。

社会组织：各民族均曾有发达的氏族、部落或宗教组织，但人口聚居程度相对较低，许多民族与其他民族混杂居住，其内部多未形成独立的层级化权力机制，而与周边民族共享政治体系。

宗教信仰：传统信仰、萨满教与道教及佛教、伊斯兰教、天主教、基督教等外来宗教并存，其中一些分属于这些宗教的不同分支或派别。

2.2 目标社群的文化资源

由于这些民族分布地区、生态环境、生计方式、语言系属、社会组织和宗教信仰等方面的诸多差异，这些民族的文化资源呈现出了一种多样化的状态。基于项目组的实地调查并参考马戎等主编的《中国人口较少民族经济和社会发展调查报告》（打印稿）和千里原主编的《民族工作大全》（中国经济出版社，1994）等，汇总各目标民族文化资源现状如表2：

表2 目标民族文化资源现状

民族	民族语言	传统社会组织	宗教信仰	表意文化	文化遗产
赫哲族	赫哲语，有阿穆尔、古尔乌尔米、松花江方言，无文字，现通用汉语文	父系氏族"哈拉莫昆"	传统信仰萨满教，现有部分信仰基督教	伊玛堪说胡力嫁令阔	物质：鱼皮、兽皮服饰；桦皮船；用桦皮、兽皮、茅草搭的"撮罗"（尖顶）、"胡如布"（圆顶）及各种"昂库"（棚子）；艺术："空康吉"、"口弦琴"；"塔拉卡"（剎生鱼）
鄂伦春族	使用鄂伦春语，无本民族文字，一般通用汉语；一部分人使用蒙古文	父系家族公社"乌力楞"，生产资料公有，集体劳动平均分配	萨满教兼崇拜祖先	舞蹈"熊舞"、"野牛搏斗舞"、"树鸡舞"、"依哈赖舞"、"红果舞"、"转圈舞"、"假面舞"等	物质：皮毛制品、桦皮制品；桦皮船；鹿哨、狍哨；"密塔哈"（狍头帽子）；"仙人柱"；"朋奴化"（铁制的一种口琴）、"文土文"（手鼓）；古伦木沓节
鄂温克族	使用鄂温克语，牧区通用蒙古语文，农区和靠山区通用汉语文	游牧小集团"尼莫尔"，保留部落外壳的游牧封建社会	多信萨满教，牧区的居民同时信喇嘛教	舞蹈"努给勒"、"跳虎"、"猎人舞"等；祭敖包、阴历年和"米阔勒"节	"桦皮文化"；图样艺术；祭敖包、阴历年和"米阔勒"节

续表

民族	民族语言	传统社会组织	宗教信仰	表意文化	文化遗产
塔塔尔族	使用塔塔尔语，有文字，但常通用维吾尔、哈萨克语言文字		伊斯兰教	特色歌舞吸收维吾尔、俄罗斯、乌孜别克等族舞蹈，有独特风格：男子多踢蹲、跳跃，女子多手部和腰部动作	"库涅"（二孔直吹的木箫）、"科比斯"（置于唇间吹奏的口琴）、二弦小提琴；"萨班节"（犁头节）；乌鲁木齐"塔塔尔清真寺"等塔塔尔族特色建筑与民居
塔吉克族	使用塔吉克语，现普遍使用维吾尔文	父系大家庭	伊斯兰教伊斯玛仪派	鹰舞、白鹤舞、诗歌"玛卡木"、传说、歌舞剧等	特有乐器：鹰笛、巴朗孜阔木和热瓦甫；切脱卡特尔节（春节，含引水节、播种节）、巴罗提节等
普米族	普米语，曾用一种藏文拼写文字，但流行不广。现通用汉文	农村公社	韩规教，崇拜多神，祭祀祖先，亦有信仰藏传佛教和道教的	"对歌"，传统民俗歌曲丰富	"擎天柱"；大过（祭"锅庄"）；大十五节；尝新节；"给羊子"（葬礼）
布朗族	使用布朗语，分布朗、阿尔佤方言，曾用芭利文文字。部分用傣、佤或汉语文	村寨多具农村公社特点，由不同血缘家族组成。少数村寨有家族公社特点	南传上座部佛教	布朗山一带擅长跳"刀舞"、"圆圈舞"；墨江布朗族逢年过节或婚娶佳期，盛行"跳歌"；桑堪节	象脚鼓、钹和小三弦等乐器；茶魂树与茶文化；对祖先叭哎冷的祭祀过去男子有文身习俗，四肢、胸、腹皆刺染各种花纹；桑堪节
毛南族	使用毛南语，无文字。多数人能讲壮语，用汉语文		以本族巫教为基础，兼容道教佛教内容	"罗海"歌、"欢"、"排见"、"毛南戏"、"木面舞"（又称"傩戏"）	花竹帽，又叫"顶卡花"；环江南木村世传银器绝技；木面、石雕、傩文化；分龙节又称"庙节"
京族	使用京语，与越南语相同。现基本通用汉语广东方言和汉文	以"翁村"为首的社会组织	多神崇拜，敬海神；多信道教五一派，部分信天主教	京族传统戏剧"京戏"称"嘲剧"；哈节舞蹈；道场舞蹈	独弦琴；"唱哈节"

三、民族文化保护的地方经验

近年来，中国的经济实力和社会活力大大增强，这为人口较少民族文化的恢复和保护带来新的生机。由中央有关各部门、各级地方政府联合开展的人口较少民族经济与社会发展扶持工作已经全面铺开：国家发改委优先对人口较少民族聚居地区的基础设施和社会公益性项目安排国债资金和专项资金，"十一五"期间，将安排10亿元资金扶持人口较少民族聚居村的基础设施建设；财政部与国务院扶贫办、国家民族事务委员会共同安排了"扶持人口较少民族发展"专项基金，在"十一五"期间将投入5.6亿元；教育部在"中小学危房改造工程"中央专款的分配上，专门对人口较少民族聚居区予以重点倾斜，并安排经费对22个人口较少民族进行教师培训、为中小学生免费提供课本、兴建了一批寄宿制学校；交通部力争在2010年使所有具备通车条件的人口较少民族聚居乡镇和行政村通公路；卫生部的"十一五"卫生专项建设规划涉及人口较少民族聚居地区的有65个项目；国家民族事务委员会在所属高等院校举办人口较少民族预科班，举办人口较少民族干部预科班，加大少数民族人才的培养力度。尽管到目前为止并没有安排人口较少民族文化保护与发展的专项资金，但也对民族文化保护与发展提供了某些硬件方面的支持。

政府、社会各界精英和商家也主持开展了一些文化保护与恢复工作，尽管这些工作也许不一定能落实在人口较少民族社群（community）及他们相对聚居的社区这一文化根本之上，但也足以给岌岌可危的人口较少民族文化注入些许活力。更重要的是，这些努力为人口较少民族今后的文化保护与发展探索出很多可资参考的路径，并延续了执行保护项目的人才香火。为了更好地推进人口较少民族文化保护和发展，现将有关经验按照从地方社区到各级政府的顺序总结如下：

3.1　通过社区学校传授民族语言

人口较少民族多半没有本民族自治地方，有自治地方者也仅聚居于数量有限的社区，且往往有其他民族杂居其中。因此，少数民族社群是保护人口较少民族文化的中坚，而对于某一聚居社区而言又需要。与此同时，人口较少民族相对聚居的社区依然具有丰富的人脉资源，如能利用跨界而居的优势，引进境外资源传授民族语言。目前，京族已经走出国门，延请境外同一民族师资开办民族语培训班。塔吉克族也利用本土人才引进传统的波斯文字进行扫盲，并针对手工艺品保护设立了妇女刺绣培训班。赫哲等语言濒危的人口较少民族也可借鉴这些经验，但首先要恢复本民族成员对传统文化的自尊和自信。

3.2　调动传统文化资源重建精神社群

基于我们前面讨论的文化概念，在当代社会中，文化显然更重要的是作为一种共享的意义体系、符号系统和情感模式的存在。也就是说文化的保护、延续以及发展应当建立在共享文化的实践者群体的主动努力之上，而这种主动努力恰恰是靠精神存在而支撑的。我们在调查中发现，京、赫哲、普米等民族利用民族节日的凝聚力，用宗教仪式召回散落各地的族人回乡聚会。布朗族更用民族文化资源维护生态环境，开发绿色产品，表现出重建精神社群的极大能动性和潜力。

【案例1】普米族重建韩规教文化。韩规文化包括宗教经典、仪式、绘画、文学、舞蹈、工艺等。2000年初，在胡镜明、胡文明和马红升等人倡导下，云南省宁蒗县籍普米族干部与村民共同创办了韩规文化传习班，从滇川交界的木里县请来知名韩规，商定用六年的时间驻扎在牛窝子村悉心传授韩规文化。2000年清明节，韩归迪吉偏初被请到牛窝子村收徒授业，迄今已招收三期传习班学员22人。他给每期学员制订了三年的学习计划：第一年教藏文；第二年学做一般道场仪式、捏面偶、习诵经书；第三年跳神、坐经、受戒、出师（通过四十九天面壁不见天日），主持大的道场。

【案例2】2004年，云南省澜沧拉祜族自治县惠民乡芒景村布朗族干部苏国文从县教育局退休。在他的倡导下，布朗族当年首次举行茶祖节。苏国文还在县乡政府支持下建盖叭冷寺，满足村民对祖先的拜祀和缅怀之心。苏国文的动机缘于社会现实。近年随着普洱茶价格暴涨，有些村民对古茶进行掠夺性采摘。苏国文和芒景村委会据此率先恢复祖先和茶魂祭祀。2006年2月，芒景村成立古茶保护协会。苏国文等收集整理了传统茶文化，传承叭哎冷为族人留下的古训："我要是给你们留下牛马，怕遭自然灾害死光；要是给你们留下金银财宝，你们也会吃光用光；就给你们留下茶树吧！让孙后代取之不完、用之不竭。你们要像爱护自己的眼睛一样爱护茶树，不要乱砍乱摘，不要让火烧着茶树，要一代传给一代，继承发展"。布朗青年的民族文化意识与民族自信心自豪感也与日俱增。2005年，联合国教科文组织在芒景景迈开展"古茶的保护与发展"扶助项目，培训20余名妇女骨干，学习传统歌舞布朗调和布朗民族服装制作等。村委会倡导全村集会穿戴民族服饰。2006年，福特基金会在芒景景迈实施"保茶还林"项目，变台地茶为有机茶。村民的民族文化意识大为增强。调查组问村民是否要保护民族文化，答案几乎完全肯定。村民说：我对传统文化有了了解，才对民族感到自豪。村民还说：要像保护自己的母亲一样保护民族文化。没有母亲就没有孩子，没有文化就没有布朗族。

3.3 各界精英积极介入民族文化保护

社会各界精英是保护人口较少民族文化的一支生力军。我们所说的"各界精英"主要由在职和退休的各人口较少民族干部和学者组成，也包括一些有志于人口较少民族文化保护的其他民族知识分子，他们是人口较少民族社群之外保护与发展人口较少民族文化最重要的志愿力量。他们一头立足民族社群和相对聚居社区，一头关注外界社会，既有责任感，又有桥梁作用。目前普米、毛南、塔塔尔、京、鄂温克等族各界精英为抢救和发掘本民族文化资源，成立了民族文化研究会，旨在寻求资助、扩大交往、推动民族文化的保护和发展。

【案例3】音乐家陈哲先生近年发起了苦心经营数十年的"土风计划"。其中"普米族传统文化传习小组"于2004年被列为中国民族民间文化保护工程试点。"兰坪民间文化村寨传承培育项目"则得到了福特基金会的资助。这种"活化传承"的观念直接针对民族聚居社区，因而得到了高度认同。

除组织和项目之外，这些精英个人也是民族知识的宝库。

【案例4】东北赫哲族老干部亲手收集编写赫哲词汇数千条，正在争取资助出版。

【案例5】塔塔尔文化研究会全称是"新疆维吾尔自治区塔塔尔文化研究会"，于1986年5月成立。它是塔塔尔族人自发成立的学术性群众组织，由塔塔尔族干部、知识分子和民族文化爱好者组成，主要从事塔塔尔族民族文化的研究、宣传和传播，并组织塔塔尔族开展各项文化活动。这个研究会创办了《中国塔塔尔》刊物，至今已发行两期。

总之，文化精英是国家今后开展扶助项目的重要依靠力量，值得从文化保护高度给予资助。

3.4 结合民族文化产业发展保护民族文化

以经济增长为主要目标的传统发展观曾经对民族文化的发展形成很大的冲击，随着科学发展观的提出，充分吸收少数民族聚居社区成员参与的市场经济，也可成为民族文化保护和发展的重要载体。

【案例6】普米族传统文化中有很多本来就是产业，如醅酒、猪膘、纺织等。但今天要将它们转化激活，还需要有特别的经营并组织产业链条，如文化旅游等。2001年，普米族农民企业家和国生、和德贵二人合股注册了罗古箐旅游开发有限责任公司。公司加大罗古箐情人节的包装宣传力度，逐步将其提升为"东方情人节"，成为滇西北旅游地区的一个亮点和卖点。与此同时，该公司还不遗余力地推动普米文化的保护与发展。

【案例7】黑龙江省塔河县十八站鄂伦春民族乡办起桦树皮制品加工厂；鄂伦春自治旗旅游局在阿里河镇开办鄂伦春族手工艺坊，制作手机套、笔筒、茶叶筒、办公夹、书架、相框、花瓶等手工艺品。现在很多在校学生都跳鄂伦春族的传统舞蹈，如"斗熊舞"、"树鸡舞"等。黑龙江省黑河市爱辉区政府为抢救鄂伦春族文化遗产，近年整理出神话传说、故事、民歌等120万字，还计划搞民俗旅游，发展桦树皮制品、毛皮制品、山珍产品和旅游工艺品。鄂伦春族青年莫鸿苇的桦树皮画获得社会上的广泛好评。鄂伦春旗全旗20处旅游景点,包括"嘎仙洞鲜卑旧墟石室",2005年共接待国内外游客65503人次。

3.5 各级政府高度重视是保护与发展少数民族文化的关键因素

各级政府是人口较少民族文化保护的最后防线,中央政府是其最后救援力量。中国历来有保护和整理民间文化的传统。东周开始,中央王朝就组织了到民间乡野"采风"求礼的活动,且被视为德政。《诗经》就是早期文化抢救的成果。中华人民共和国成立后,这一传统得到了继承并发扬光大。1956年,全国少数民族社会历史调查是当今世界上规模最大的民族文化抢救性记录行动。尽管由于当时意识形态影响,这次行动的成果有较大局限,但还是帮助国家初步理清了少数民族的文化资源。

改革开放后,国家重视少数民族文化发展,在各民族地方恢复和建立了县一级的民族文化管理机构,建立民族语言广播、电视、电影配音以及民族文艺演出团体、民族文化馆(群艺馆)。县市以下,文化站延伸到乡镇。本次调查确认,中国目前几乎所有民族乡镇都有文化站,人口较少民族乡镇的文化站也都有一些基本设施。但乡镇文化站与民族聚居社区生活结合不够,或开放时间多与农牧民劳作时间重合,发挥作用有限。应当把文化站建在社区并交给社区组织或文艺骨干管理,以求发挥其效能。

近年来,中央和地方政府发布了一系列重要文件,强调人口较少民族文化保护的重要性,并在相关政策方面做出具体安排。2005年,中共中央、国务院颁发了《关于进一步加强民族工作,加快少数民族和民族地区经济社会发展的决定》,进一步明确了今后一个时期民族工作包括保护和发展民族传统文化工作的前进方向。国家民族事务委员会在国务院批准的《扶持人口较少民族发展规划(2005—2010年)》中提出,要把保护和尊重人口较少民族的语言文字、风俗习惯,发展少数民族文化作为扶植人口较少民族的一项重要任务。

政府文化保护的另一个重要方面是培养人才,收集民间作品整理出版。

【案例8】普米族所在的云南兰坪县发掘和抢救了许多濒临灭绝的普米族民间文艺,相继出版了《普米族民间音乐》、《普米族民间故事》、《普米族祭祀歌》、《普米族谚语》、《普米族故事集成》、《普米族歌谣集成》、《普米族歌曲集成》等10余部书籍。县文工团收集整理普米族民间舞蹈"搓搓",在云南省和怒江傈僳族自治州文艺汇演中获奖。县政府还支持三江艺术团创作普米族大型舞蹈史诗《母亲河》,获云南省2002年表演金奖,2004年又获国家级的中国舞蹈"荷花奖"银奖。

政府通过把民族传统文化列入国家保护项目,提高了人口较少民族文化的活力。

【案例9】在广西壮族自治区文化厅廖明君研究员等人的热心帮助下，京族"哈节"已在2005年被列为国家级非物质文化遗产保护对象。通过广西文化厅的努力，毛南族"木面舞"的发源地——下南乡率先获得"广西特色艺术之乡——木面舞之乡"的称号。这又为此后文化部授予下南乡"中国傩戏之乡"奠定了基础。2005年，毛南族的"还愿"仪式成为首批国家非物质文化遗产保护项目。县政府随之决定创建"下南乡南昌屯毛南族傩文化生态保护区"。

【案例10】内蒙古自治区呼伦贝尔市文化局策划指导鄂温克研究会、文学艺术研究会开发了"敖包相会"、"伊敏河之夏"、服饰表演、牧民合唱团等知名文化品牌，并以"瑟宾节"、"冬季那达慕"和"马文化"等活动为载体，挖掘民族传统体育项目。文化局还加大旅游开发力度，对巴彦呼硕旅游点、红花尔基森林公园、五泉山旅游点、晨光生态园、愉景湾观光牧场等旅游建设投入1000余万元，接待国内外游客17.6万人，收入9601.8万元。

【案例11】1990年代末，由黑龙江省同江市群众艺术馆发起，在街津口与八岔两乡民委资助下，创立赫哲少儿艺术文化培训中心，利用寒暑假开课，培训赫哲族儿童学习赫哲语、民族歌舞等，不仅培养文艺接班人，也激起了人们对赫哲文化的重视和关注。街津口赫哲族在旅游局支持下创办的"伊玛堪文化团"接收该中心培养的文艺人才，一面为旅游者演出赫哲歌舞，一面接受全国各地的演出邀请。吴保成团长认为这样"既在打工又能传承文化，两全其美"。同江市还专门建设了一座赫哲族博物馆，成立了赫哲族研究会，整理出版了一批赫哲族歌曲，通过这些途径来抢救、挖掘和弘扬赫哲族的文化。

综上所述，可见这样一个模式：人口较少民族聚居社区是民族文化保护与发展的中军，各界精英和市场是其前锋，政府是其后卫；民族文化生态保护区是重大创新点。

四、人口较少民族文化保护与发展中的主要问题

然而，目前人口较少民族文化依然处境堪忧。本次调查发现人口较少民族文化保护与发展中的关键问题如下：

4.1 自然生态资源基础和话语权丧失

人口较少民族多为原住民族，原住民族的最大特点是其传统文化与自然生态资源密不可分。其生态资源不仅是民族文化的基础，而且也是民族文化权利的物

质基础，各民族民族权利又是人口较少民族主体性的基础。没有资源就没有文化创造和延续的主体权利的保障，没有主体权利保障主体性也就无从谈起。这是中国人口较少民族文化保护面临的最大困境。中国自古以农立国，土地权利敏感也容易被认识。但人口较少民族赖以生存的空间资源却多半是未经人力开发、没有明确产权或使用权的自然山林、草原、江河。人口较少民族不能排他性地占有和使用这些资源，因而也没有发展出较强的资源私有制度。由于人口较少民族分布地区资源丰富、地广人稀，往往成为国家在发展经济过程中的开发重点，大量工矿企业相关从业者进入这些地区。在资源国有的背景下，当地少数民族不能自主地支配这些资源，少数民族群众实际上也就不能从这种开发模式中获得直接物质利益。

人口较少民族被剥夺对资源的支配权，由此产生了四个后果：

其一，人口较少民族赖以生存、发展和延续文化的资源大量被国有林场、农场、工矿和其他建设项目占用，导致资源丧失；

其二，大规模经济开发污染当地环境，导致资源条件恶化，使原住民生计艰难、人口离散、社区瓦解、文化再生产瘫痪、人口再生产萎缩，最终演变成民族发展和生存危机。如果国家不能立即采取抢救措施，我国"56个民族56朵花"的局面将于今后十年大打折扣；

其三，原住民与外来开发者的经济社会分化所导致的人口较少民族发展和生存危机，催生出一套带有民族歧视性质的潜在话语：

——在自然环境方面，认为人口较少民族生存环境恶劣，不适合人类居住，应当易地搬迁；

——在生活方式方面，认为他们生活方式落后，需要教育、彻底放弃，或改造为汉族或周围其他人口较多民族的生活方式；

——在文化价值方面，认为人口较少民族文化原始落后、封闭脆弱，是经济和社会发展的羁绊。这些文化的丧失不仅不值得惋惜，而且消失得越干净越好。人口较少民族离自己的生态环境越远，将其传统文化抛弃得越多就越能实现发展，越能共享国家和社会发展带来的利益；

——在经济生活方面，认为他们素质低，有资源不会利用，有机遇不能抓住；

——在社会生活方面，认为人口较少民族的生存和发展需要国家和主流社会对他们的帮助和照顾。

这里所说的"潜在"话语虽未直接剥夺人口较少民族资源，甚至以优势地位对人口较少民族有所给予，但它漠视少数民族文化的价值，所以其杀伤力比起前述资源剥夺和破坏有过之而无不及。自近代以来西方知识体系对于文化的意义认识是一种建构以西方为中心的权力体系的过程。在这一过程中，与审美、道德和认识论有关的"教养"（cultivations）被视为文明化个体的标志，并且赋予了那些被认为是具有能力运用理性的人一种优越性。与理性相联系的判断能力是主动参与到道德、审美和认识论共同体的产物，确定了与历史和社会情境相联系的真、善、美的分类标准。人类学家过去倾向于以一种进步等级（scale of advancement）的眼光来看待各种不同文化的实践，民族志（ethnographic artfacts）被视为"对他文化的社会－文化复杂性的物质体现"。文化被简化成了文化制品，这些文化制品依照其在种族学等级（taceological hierarchy）的位置得到理解。他们的意义通过表征系统得到固定，该表征系统提供了有关人类发展的言之凿凿、看似合理的叙述。[1]

通过对于少数民族的调查研究，在民族国家话语的作用之下，与现代化的蓝图相配合，在中国主流社会中形成了这种类型的"潜在"话语，甚至在当下依然占据着很强的优势。在这种"潜在"话语的影响下，人口较少民族生活和文化的资源基础被一步步地从文化实践者们的手中剥离，文化再生产机制日益衰退，文化保护和可持续发展的机制面临彻底丧失的危机。

以鄂伦春和鄂温克族为例，在这种话语支配和机制作用下，鄂伦春和鄂温克文化经历了两次大的变迁：20世纪50年代黑龙江省内一部分鄂伦春人下山定居并从事农业生产兼事狩猎业；《野生动物保护法》实施以后，1996年1月，鄂伦春自治旗遵照国家法令，宣布全面禁猎，并逐步迁出森林，导致鄂伦春族面临文化全面解体的濒危处境。

鄂温克族重大文化变迁始于20世纪50年代狩猎鄂温克转产农业。《野生动物保护法》实施后，敖鲁古雅驯鹿鄂温克人也于2003年8月放下猎枪。驯鹿鄂温克人还在森林中放养驯鹿，勉强保持着鄂温克文化的部分核心内容。

【案例12】内蒙古呼伦贝尔市鄂伦春自治旗始建于1951年4月，当时国家根据这一地域鄂伦春族传统游猎区域，划给鄂伦春自治旗大兴安岭东南麓的59880平方公里林地。当时全旗总人口为778人，鄂伦春族774人，占全旗总人口的99.48%。也就是说，在大兴安岭东南麓的广大地域里只有774名鄂伦春人在从事着传统而单一的狩猎业，猎业产值4.9万元，生活富足。1957年猎业产值19.8万元。1951年国家筹建森林经营局，1964年林区开发大会战，旗境内先后建立内蒙古大兴安岭林管局直辖的6个林业局，40年为国家生产木材5000多万立方米。大兴安岭东南麓的宜农荒地也开垦出百万亩耕地，分布在自治区所属大

---

[1] 参见马克·J·史密斯著：《文化——再造社会科学》，张美川译，第5—8页，长春：吉林人民出版社，2005年。

杨树农场管理局的6个国有农场以及星罗棋布的家庭农场，占用土地1500多万亩。旗内还驻有行政上归黑龙江省大兴安岭林区管辖，相当于行政专区的黑龙江省加格达奇区和松岭区。

结果，林地中属于本旗的仅为23.7万亩，占林地总面积的0.27%。国家林权证管辖范围占鄂伦春自治旗实际管辖面积的92.8%，农垦系统管辖范围又占5%，自治旗管辖面积仅为2.2%。另外，占自治旗总面积1/3的土地被黑龙江省加格达奇区和松岭区无偿占用。全旗2/3的人口依靠不到5%的资源维持生存。上世纪90年代初期，本旗已无猎物可打。鄂伦春自治旗政府被迫于1996年1月作出禁猎决定，鄂伦春族走上了以农业为主、多种经营的道路。鄂伦春族传统文化失去了根基。现在，鄂伦春社区出现很多社会问题，比如酗酒、酒后滋事、非正常死亡率过高等。

人口较少民族的成员也有其荣辱观，也懂得趋利避害。前述资源权和话语权的双重剥夺，使他们了解当今社会流行的"荣"与"耻"是什么，接受了主流社会的判断方式，并尽其所能地忍辱负重、忍痛割爱和弃旧图新，其结果是人口较少民族文化无人传承。

【案例13】南昌屯是广西壮族自治区整个环江县古建筑保存得相对完好的毛南族发祥地，现有86户，302人，新旧房屋共有59栋。在近十年中，已有23户拆掉了传统民居，新建了方盒式的水泥砖混建筑，而且80%的住户是在最近几年内拆掉古房屋建筑的，拆掉的房子占全部房子的40%。2006年10月，在调查小组调查时，只有3户房子为古房屋建筑的大致原貌。最迟到2008年，保存最完好的户主也要拆旧建新了。先前，整个下南乡活跃着十几个雕刻队伍。现在，专业从事石刻的队伍只有中南村和下南街两个，年轻人很少。会编织花竹帽的工匠仅剩下南乡古周村74岁的老人谭顺美一人。整个下南乡乃至全县能全套演绎36傩神的师公也仅有1—2人。历史上，毛南族与周边其他民族的主要区别在于语言、服饰、饮食、节日，但目前这些区别正日渐消失。

【案例14】先前金沙江北宁蒗、永胜等县的普米族村村有韩归，寨寨有经堂，村寨上方有集体活动场地"塔瓦"（天香塔），下方有嘛呢堆，家家房前有"松塔"，每天早晨烧香升空，到处念经声。每年正月（春节），户户屋顶换上新的"甲才此木"（经幡）。人人尊敬韩归，保护经堂、经书和法器。冤家复仇械斗也不能破坏神物和法器，因为这是普米族村寨的象征。20世纪50年代初，仅宁蒗县就有知名韩归60多名。民主改革之后，韩归停止传承，极"左"路线"破除迷信"，缴毁大量经书和文物。韩归经师被管制，经堂报废，"文化大革命"更毁尽了私人收藏的经书、神具、法器等宝贵文物，全民停止韩规信仰。1996年，最后的韩归经师逝世，韩归教彻底断层。

普米族50岁以下能演唱传统民歌的人寥寥无几，40岁以上能听懂古歌的人很少，年轻人只知道外来文化和生活方式，普米族服饰已从民间消失。普米族特有竹笛、葫芦笙、琴弦（口弦、三弦、四弦）、皮鼓等器乐，只有个别人会部分制作，同时消亡的还有民族舞蹈、民族纺织（如麻制品、毛制品等）、竹编（竹盒、箩筐、簸箕、筛子、衣筐等）等工艺。刺绣面临着人亡艺去的结局。普米族典型的"金妈给座"、"母屋九间"建筑仅剩3栋。

【案例15】塔吉克族传统的体育竞技活动主要有赛马、刁羊、牦牛刁羊、摔跤、马上拾物、拔河等。现在塔吉克族搬迁，许多民族特色无法保存。叼羊、赛牦牛都没有办法继续进行。塔吉克族古代还有一些游戏，比如斯塔依，现在只有老年人知道游戏的玩法和规则。

【案例16】鄂伦春和驯鹿鄂温克族社区的社会问题如酗酒、酒后滋事、非正常死亡等问题很多。年轻人对本民族传统的狩猎知识多半是一问三不知，对农耕技术没有掌握也不喜欢。鄂伦春族传统文化作为一个完整体系已不复存在。

4.2 民族语言文字濒临失传

在没有发达社会组织和强大经济产业的前提下，语言文字是人口较少民族认同最根本的基础之一。项目调查组调查发现，随着现代学校教育和通用语言文字的推广，加上各民族之间交往深化，人口较少民族的母语及文字正在被强势语言文字所替代。目标社区低龄人群中习用母语的越来越少，母语能力迅速下降，部分民族语言文字及以之为载体的口传文化已濒临失传，一些民族的古籍由于民族文字的废弃正在成为"天书"。

【案例17】20世纪80年代，在鄂伦春族聚居区托河、甘奎、古里等地，无论男女老少生活用语均以鄂伦春语为主，在猎民村里，无论在家庭内、村寨内或者召集会议，完全用鄂伦春语交谈或讨论问题，青少年中有50%经常说鄂伦春语，散居区青少年在乡村经常用本族语言，偶尔使用汉语。2000年鄂伦春民族研究会在鄂伦春自治旗4个聚居猎民乡镇对636名猎民作语言使用调查，完全掌握并且能够熟练运用民族语言的共有251人，占被调查总数的39.47%；19.02%的人本民族语言水平处于中等程度；264人完全不懂本民族语言，占41.51%。仅仅11年，掌握本民族语言的人就如此急剧减少。鄂伦春说唱艺术也将因没有载体而消亡。民间50岁以下的鄂伦春人会唱民歌的只有吴瑞兰、葛长云等几个人。

【案例18】1990年以来，外地人穿流于"京岛旅游度假区"，普通话在很多场合取代了京族语。近年大批操汉语白话的人进入京族三岛做生意并杂居。白话成为京族聚居区通行语言。京族歌圩至今在沥尾、巫头两村仍然每周举办，但歌圩日数十名参与者都已60岁以上。京族哈节从筹划、操办到参与，也都由村里的寨老组成的"翁村"组织完成，年轻人只做后勤。在哈节里唱"哈歌"的四个"哈妹"都已是年过70的"哈婆"。每次哈节只好去请越南"哈妹"助阵。喃字是京族借助汉字创造的文字，15世纪开始使用，记录京族民间的歌本、经书、族谱、乡约等。目前京族能识读喃字的人仅剩10多个古稀老者。

4.3 民族聚居社群难以维系

人口较少民族社群（community）居住地分散或者规模较小，且在规模有限的居住地内往往有其他民族混合居住。因此，在人口较少民族文化研究中，有必要将学术界对于以往作为学术概念的"社区"的反思引入讨论，重新加以界定。Community这一概念在19至20世纪意味着高度的人与人之间的亲密性、社会凝聚性、道德上的许诺以及实践上的连续性。[①] 从19世纪以来，这个概念被认为比社会与人们的关系更直接，具有直接性（immediacy）和地域性（locality）的意涵。"社群政治"不仅不同于"国家政治"，而且不同于形式上的"地方政治"。[②] 在20世纪30年代进入中国之后，被学术界前辈翻译为"社区"。这一概念显然与中国中原地区传统农业文明有更多的联系，更多地强调了地域性，并不一定适用于处于不同生计方式之下各民族分布和居住状况，对于考察已经处于全球化时代的当代少数民族问题时更是一个需要谨慎使用的概念。我们之所以修正了原有的社区概念而改用社群，主要是基于过去被人类学家强调的人们共同体在一个具体的特定区域范围内生活的状况已经被改变或切割了，或者说族群的社区聚居原本就是一种将特定人群与具体地区联系起来的想象。阿帕杜莱（Arjun Appadurai）指出，新的全球文化经济作为一种复杂的、相互重叠的、分离型的秩序，可以通过考察族群境（ethnoscapes）、媒体境（mediascapes）、技术境（technoscapes）、金融境（finanscapes）和意识形态境（ideoscapes）这样五个全球文化流动的领域之间的相互关系作为基本框架，去探求这种分离。[③] 因此，不应继续将community简单地视为与区域性更密切联系起来的概念，而将这一概念更多地与共享同一文化的群体联系起来，用"社群"替代曾经广为使用的"社区"。文中的社区概念则指已经成为国家化的区域性较小行政单位的代名词。

[①] 陈文德：《导论：'社群'研究的回顾：理论与实践》，载陈文德、黄应贵主编：《"社群"研究的省思》，台北：中央研究院民族学研究所，2002年。

[②] 雷蒙·威廉斯：《关键词：文化与社会的词汇》，刘建基译，第79—80页，北京：生活·读书·新知三联书店，2005年。

[③] Arjun Appadurai, "Disjuncture and Difference in the Global Cultural Economy", in *Public Culture*, 2 (2), 1991.

通过考察我们发现，对于一些人口较少民族来说，即便是那些在自然村规模上人口较少民族相对聚居的区域，不仅村落中也多有其他民族居住，而且周围更被其他人口更多的民族所环抱。除了个别有自治县级民族区域自治地方的人口较少民族之外，在多数人口较少民族中，在一个具有一定行政区域级别的地理区域内，仅有人口较少民族本民族聚居的状况实际上很少存在。有些人口较少民族甚至最多仅仅是存在几户相邻居住，与其他民族混杂居住；另外一些则掺杂分散地散布于汉族或者若干人口更多一些少数民族居住区之中，连以往学术界所说的"小聚居"的形式也谈不上。这种孤岛式、被切割的分布格局使得人口较少民族文化更加需要悉心维护。随着族际交往和跨民族通婚增多，加上所在村寨青壮年持续外流务工，使社群民族文化的维系、生产和传承功能持续衰减，民族传统文化危机进一步加深。

【案例19】普米族在我国境内仅有33600人，但在滇西北却横跨3个市州8个县区，零星散布在100余个自然村寨里，与其他民族交错杂居。永宁泸沽湖畔的普米族有摩梭化倾向；翠依一带的部分普米族已趋同傈僳族；战河乡的普米族有许多习俗已被彝族同化；玉龙县的普米族更多地接受了纳西文化；兰坪普米族从服饰歌舞等观察都是白族特色。许多在机关中长大的普米族新一代，已经不会讲母语，对自己民族的来龙去脉缺乏了解；口传心记是普米族文化的精髓，语言文化习俗的丧失，使文化的特色正在逐渐消失。

【案例20】奇台县塔塔尔族基本与当地哈萨克族融合。城市多数改用了新疆通用的维吾尔语和汉语。塔塔尔族与汉族、回族、哈萨克族、乌孜别克等族通婚，减少了塔塔尔语使用的机会。孩子多半就读维吾尔语学校。伊宁市20世纪30年代出生的塔塔尔族人都在塔塔尔族学校上过学，因而会塔塔尔语。但50年代，由于生源太少，塔塔尔族学校陆续终止民族语言教学。现代塔塔尔族年轻人要想学塔塔尔语就只能靠自学或向亲戚朋友学习。塔塔尔族语言面临消亡。塔塔尔族的服饰、饮食、音乐和舞蹈也有消亡的危险。

4.4 权利主体决策参与机制缺失

中国的民族文化保护与发展历来由政府主导，科层化的管理体制导致小规模聚居社区的人口较少民族成员缺乏较高层次的决策参与机会。民族区域自治制度的落实，一方面使得拥有民族区域自治地方的少数民族依照民族区域自治的层次而拥有了政治、法律地位。而另一方面，也许是制度设计没有考虑到的负面作用，却也压缩了那些分散在人口更多的民族中的人口较少民族的权利存在空间。权利主体缺失不仅体现为民意渠道不畅，没有发言权，而且表现在体制的结构性排斥，即人口较少民族干部在政府部门中的地位和处境边缘化。他们的资源基础丧失，因而得不到应有的尊重。他们的文化权利也丧失殆尽,其文化知识因此被弃置一旁,民间信仰被斥为愚昧落后封建迷信而遭禁止,基层社会组织被替代和消解,生活习俗因与商品经济观念不合而备受批评。近年来,民族传统文化尽管已经受到政府和各界的重视,但主导权把持在政府某些部门或沦落到商业投资者手里。作为人口较少民族文化主体的基层民众仍然是被动员和被教育的对象。在文化保护资源分配中,人口较少民族的需求多被忽视,有些文化遗产继续横遭破坏。

【案例21】乌鲁木齐"塔塔尔清真寺"始建于1887年,是塔塔尔族人捐款建造的土木结构建筑物,到2001年已有百余年历史。附设有学校、办公室、阅览室、图书室、铺面、仓库、浴室、理发室、象棋室等配套建筑。人们到此不但能做礼拜,还能娱乐、学习和交流知识,因而在中亚许多国家享有盛誉,也是乌鲁木齐市的一道风景。但它却在2001年一夜之间被悍然拆除。重建的清真寺是毫无塔塔尔风格的钢筋水泥结构。而且,这明明是塔塔尔族清真寺,现在却叫"洋行清真寺",非常伤害民族感情。

【案例22】人口较少民族口头及非物质文化遗产列入国家名录者极少,鄂温克、塔塔尔、乌孜别克、俄罗斯、珞巴、高山等民族一个项目都没有。新疆吐鲁番地区申报维吾尔族花毡、维吾尔族印花布织染技艺、维吾尔族桑皮纸制作技艺三项非物质文化遗产保护项目,并与英吉沙县、喀什市联合申报了维吾尔族模制法土陶烧制技艺项目。这些其实也是新疆其他少数民族的文化遗产,但其他民族没有申报,自治区政府有关部门也没有加以协调。

【案例23】1958年后,芒景布朗族传统文化遭到严重冲击,佛寺几乎全被损毁,佛爷和尚大都被迫还俗回家,民族传统节庆不再举办,对祖先和茶魂的祭祀也被禁止,佛事活动大多转为地下,村民自己在家中悄悄进行。这一时期成长或出生的布朗族,对本民族的历史与文化了解甚少,很让老人们伤感痛心。1983年,时任芒景村长的苏国梁默许村民自发地部分恢复了对祖先叭艾冷的祭祀。但因佛寺多被损毁,群众宗教活动仍缺少场所和僧侣。村民委员会也多次向有关部门反映这一问题,但一直没有明确的解决方案。

4.5 民族文化工作管理失调

民族传统文化危机不仅表现在民间社群层面,也反映在政府管理部门及其附属单位。这里的问题是资金投入不足、机构和单位人员老化、人才流失、功能萎缩和地位边缘化,机构下属的广播、演出和研究单位的生存状况越来越差。

【案例24】塔吉克族的音乐、舞蹈音像资料匮乏,很多传统舞蹈如马刀舞等不能传承。塔什库尔干塔吉克自治县文工团和乡文艺队目前没有资金来源,县文工团以前有排练厅,现在没有固定场地,缺乏专业导演筹划,排一场演出困难重重。

　　【案例25】南昌屯古建筑群是毛南族人的骄傲。但由于年久失修，古房屋损坏严重。广西环江毛南族自治县有意把南昌屯建成民俗保护村，乡党委也打算建立文物陈列室，但都因缺乏资金无法进行。毛南族2000多册传统宗教典籍仍散存民间。近年来，民族文化研究人才断层。县文化馆前几年尚有谭自安推出一些作品，但随着谭自安2003年调出，文学创作立见空白。县民族艺术团主创人员因工作环境和福利待遇等原因而改行流失。毛南族民间音乐共有30多种腔调曲子，原已收集整理10多种，但由于人员病故，收集上来的资料严重损毁，几乎归零。

　　【案例26】1880年，塔塔尔人用金子在今伊宁市第十一区买了一块墓地。按照当时政府规定，塔塔尔族人买了三次才得到了永久使用权。当时墓地有800亩，四条街，还有果园，像森林一样。1959年许多塔塔尔族人离开中国时，又给政府上交了黄金、地毯和牛羊等，希望政府把这块墓地保留好，因为这里是他们的根。"文革"时期，这块地由国家管着，也没有破坏。1985年以后，墓地归伊宁市政府管理，墓地遭到了侵占，破坏严重。1992年，墓地交给塔塔尔族自己管理，但因为没有资金也没有权力，只能奔走申诉。1998年，国家规定保护这块墓地并归还被占土地，但没落实也没人检查监督。

　　【案例27】广西壮族自治区环江毛南族自治县民族文化保护由民族与文化部门分头负责。两个部门都是没有财力和行政决策权的部门，往往把方案呈交有相应权能的部门后就没了下文。即使上级政府有专项资金拨到地方，经过层层截留，落到基层也就很少。因为文化保护是长线工程，而官员的任期有四年为限。这种政绩取向使得毛南族传统文化日渐衰退。

　　政府的民族文化管理部门及其附属单位目前存在两个主要问题：一是内部机制自身难保，二是外部工作不得要领。前者指机构自身的弱化、老化、边缘化；后者指其工作侧重于敷衍上级，向上要钱，或是只盘算用民族文化赚钱，没有开展针对人口较少民族相对聚居地区的传统文化建设项目。

　　归纳人口较少民族文化的当前处境：自然和文化资源基础丧失、语言文字淡化或濒危、社群人口流失近乎解体、宗教信仰失传。这些问题拼接成一个画面：状况尚好的人口较少民族文化已经老年迟暮，仅能勉强自理；处境较差的民族文化则已危在旦夕。

五、分析和认识

人口较少民族文化保护与发展关乎中华民族文化和谐大局。面对人口较少民族文化的危急状况,应当站在政治的高度、历史的深度和世界的广度来思考保护和发展措施。构建和谐社会正是对付中国各民族文化不健康症状的良药,是抢救人口较少民族文化发展和生存危机的急救药。

5.1 文化与人口较少民族的发展

民族文化不是人口较少民族的身外之物,它就是人口较少民族本身。国家民族事务委员会前任主任李德洙说:保护人就要保护其文化,尊重人就要尊重其文化,发展人就要发展其文化。从以人为本的文化观出发,无论民族大小、人口多少,各民族文化的价值都是平等的,差别仅仅在于特定的权力格局中各民族文化所拥有的权利不相等。讲到人口较少民族,更要指明一个被"人口较少民族经济和社会发展调查"所忽略或尚未解决的问题:民族地区经济发展不等于民族相对聚居区域和社群的经济发展,民族经济和社会发展不能代替民族文化的发展。目前全社会都承认经济对于文化保护与发展的重要作用,但也存在用经济衡量文化优劣的偏见。由于一些人口较少民族经济发展水平不高,其文化的价值也受到漠视甚至贬损。没有科学发展观的指导,在强调经济和社会发展时,就会以外来经济文化形态为标准对其进行肆意改造;漠视人口较少民族传统文化,势必出现以其他民族文化取代人口较少民族文化的现象。由于他们人口基数少,这种状况可能就会使得人口较少民族的文化面临灭顶之灾,无法延续和再生。而文化消亡之时就是这些民族在中国永远消失之日。由于民族与文化不可分离,无数经验证明,丧失文化之后,即使生活条件有了质的飞跃,人们的满意感也难以提高,甚至抱怨增加或产生酗酒、吸毒等与社会软性对抗的方式。因此只有发展民族文化才能更好地体现以人为本的宗旨。

过去,一些人类学家将文化视为一套连续的、静态的和不变的价值观念,显然没有把文化与资本主义的扩张联系起来,没有意识到少数民族的文化可能会被不同力量所操纵、借用、挪用和盗用,成为一种在当今世界文化战争中进行角逐的资本。一方面,民族国家建构中激发的民族主义可以借少数民族文化而有了支撑平台,成为民众动员的工具和符号;另一方面,少数民族文化也可以成为文化实践者进行反抗的武器,建构与资本主义和殖民主义相对抗的自我,在国际政治和国家政治背景中,发展新的多样性。中国人口较少民族生活在多民族统一国家的环境中,和殖民主义统治下生活的那些少数民族有着根本区别,但他们的文化依然是动态发展变化的,是民族自信、自立和自觉的基本资源。

在过去的研究中,人们也没有充分意识到文化和人权是密切相关的。在权力关系体系中,人口较少民族由于势单力薄,在国家政治体系中难以保障其平等权利的获得与行使。对文化权利的尊重本身就是人口较少民族权利保护的重要而具体的行动,是对人口较少民族人权尊重和保护的重要组成部分。

本项目调查组经过调查确认:中国少数民族文化与其生产方式、生态环境和自然资源相依为命、相辅相成。他们与周边民族的文化历来互动密切,因而具有更大的开放性和灵活性。他们在现代国家的权力体系中确实处于弱势地位,不是因为其文化本质使然,而是由于主流社会没有尊重他们的话语权。要保护和发展少数民族文化,就必须恢复他们作为国家主人和当地资源使用者的主体地位,保障其合法的资源和经济权益。

基于上述认识,本报告提出:人口较少民族文化保护与发展首先必须恢复资源基础,尊重文化主体性,从人口较少民族社群及相对聚居区域的传统组织和信仰体系入手。

5.2 自然生态资源是文化生存的基础

鄂伦春族林地、赫哲族的江河渔场和山林猎场、塔塔尔族的墓地和京族的哈亭等等,都是这些民族的自然资源和文化遗产,也是民族传统文化的根基。没有对这些资源的产权意识作为后盾,国家赋予人口较少民族的所有其他权力,甚至提供的所有开发项目,最终都不会有预期效益。这是当前人口较少民族文化保护必须重视的地方。

一些受到生物进化论思想影响的人类学家,从进化心理学的理念出发,提出文化是人类适应自然的方式。他们认为特定族群保留下来的文化特点,是进化选择的结果。这些被保留下来的文化特点是具有适应性的;另一方面,这些文化特点并不是永恒不变的。这一观点认为,具有适应性文化特点的个体能够成功地再现并将之发扬光大,与此同时那些不具有适应性的文化特点则逐渐消亡。这种观点强调人类普遍上具有生物性特点,人们会以各自的方式适应自己所在的环境。

但在当前中国,人口较少民族相对聚居地区的山林、渔场、土地多被政府不同部门交叉管理。在发展经济、保护环境的强势话语下,任何部门都能挤压人口较少民族的自然及文化资源和空间。此次调查中鄂伦春族等案例说明,自治地方政府对此无能为力。城市的一次拆迁,就毁掉了塔塔尔族的精神寄托和认同基础。正是因为缺乏主体参与的权力机制,人口较少民族遭受了多次资源丧失,陷入今天这种"发展的困境"。资源丧失导致人口较少民族社群人口外流、空间缩小、组织瓦解、涣散失神。年轻人优先选择与外族通婚或进入城市打工。留在相对聚居地区的人们也一心向往"先进"而逐渐把民族文化忘却。面对这种困境，主流社会往往不加反思，人口较少民族尊重自然的种种观念和行为被某些人视为"原始落后"、"不思进取"，他们的文化也遭到种种贬损，甚至错误地提出表达不同但要旨不外"少数民族要由主流社会改造才能生存"的霸权话语。

事实上，人口较少民族所承受的这些后果不仅使得民族认同难以找到依托，更质疑和挑战他们对国家的信仰和忠诚。在这种困境中，人口较少民族只能把希望寄托于国家的代表——中央政府，期待国家给予充分的关注并解决问题。国家如果能够充分体现对人口较少民族社群和相对聚居区域居民文化权益的应有留意和尊重，承认其对当地资源的象征产权，就能使人口较少民族的地位从根本上得到主流社会的重视，使人口较少民族能够更有尊严地生存下去，从而焕发出人口较少民族的文化活力。

5.3 主体的发展决策参与权是人口较少民族文化保护的核心

参与即建立让人口较少民族在文化保护中发挥作用的平等互惠机制。唯有主流社会放弃无根据的"原始—先进"两元对立假设才能实现平等。但在现实生活中，人口较少民族尚未被国家的民族文化保护项目纳入决策参与体制。政府号召旅游开发，文化搭台经济唱戏，民族文化实际上成为经济附庸。文化发展项目因而不能产生预期效果。

一项文化发展计划在没有当地人的参与、缺乏舆论共识、没有具体负责人的情形下，就可能会招致当地人的不满，或者当地人对此漠不关心，哪怕文化设施就建在村寨之中，也会被当地人视之为社群之外的东西。对有意开展或者推动计划的政府而言，如果不能重视当地人的主体性参与，也会增加文化保护和发展计划的政治和行政成本。在文化保护与发展中，必须让所有的参与者知道，无论保护的方式还是策略，乃至经费的分配和使用都需要在尊重主体性、发挥主体能动性的前提下，发挥各方面的力量，才能够获得成功。不仅制订计划是如此，同时也要有当地人参与到监督计划的实施过程中。本次调查发现，凡有人口较少民族社群居民作为主体，自主参与决策的项目或计划，就能产生真正传承民族文化的再生产模式。这些项目之所以成功，是因为它们关注到社群居民作为文化主体的需求，并建立起一个自发的可持续的文化生产机制。

5.4 民族社群是人口较少民族文化的最终载体

人口较少民族文化保护要恢复"精神社群"作为传承与创新平台。文化是支撑人口较少民族生存的生命，社群是民族文化的实现形式和客观载体。其中，社群的社会组织是心脏,民间信仰是灵魂。人口较少民族的社会组织是和其传统的精神文化相联系的,必须意识到这类社会组织在文化保护与发展中的价值。如果仅仅依托地方行政组织,而没有将保护和发展人口较少民族文化的力量落实到少数民族社群及其社会组织,主体性就只是一个口号。京族传统文化的精髓之所以能够较为完整地保存,各地京族能在"哈节"期间回村聚会,正是因为他们有民间社群组织"翁村",有民族信仰的载体"哈亭"。布朗族能重建其文化,也因为其社群的信仰系统被激活。鄂温克族对萨满教的记忆也说明了这一点。鄂伦春族青年改信基督教则是反面的例证。

【案例28】农业鄂温克老人比较长寿,年轻人经常能听老人讲起他们过去的狩猎生产生活以及萨满;牧业鄂温克人的当今社会中还活跃着一支由38名60至90岁老人组成的队伍,经常在一起完全用本民族的语言述说过去的生产生活和萨满,给小辈传授生产和兽皮加工等技能,近年已出现4位新萨满。

【案例29】1952年夏天,鄂伦春5个"部落"的萨满齐集呼玛河畔跳神3天。鄂伦春族从此放弃萨满教而改信唯物主义,现在整个鄂伦春族已经没有萨满。黑龙江省的鄂伦春相对聚居区域开始流行基督教,甚至有几个鄂伦春年轻人被送到广州一所神学院学习。

外来宗教和境外文化机构一直在人口较少民族社群周围虎视眈眈,依托于社群传统社会组织的社群精神信仰一旦缺位,外来宗教等势力就会乘虚而入,替代原有的精神信仰。没有民族文化安全就无法确保国家文化安全,这也是民族文化保护与发展的必要性所在。

六、行动的原则与方向

人口较少民族的文化危机处境是经济全球化、国家现代化、主流社会的观念和话语偏见等诸多因素共同作用的结果,因此需要综合治理。除国家政策法规和行政体制之外,还要动员全社会的共同参与才能根本改善人口较少民族文化处境。基于这一现实,本报告的行动建议提请国家参照"十一五"相关规划,从观念更新和制度创新两个角度保护和发展人口较少民族文化。

6.1 观念更新

6.1.1 从单向优惠到双向互惠

中国民族政策的根本机制从来都不是单向优惠而是双向互惠。但在当前教育和行政体系里,这一事实已经被遗忘和冲谈。因此,国家应在和谐社会目标下,从教育和传媒两个渠道入手拨乱反正，系统修改国内有关少数民族政策的话语体系，将其核心从社会发展史调整为"文化生态学"，突出少数民族地区的资源和少数民族文化对于国家的重要作用，强调少数民族对国家已经做出的贡献和今后的文化回报能力，探求将单项政策优惠转换为少数民族所具有的独特能力及其贡献为基础的报偿，以此纠正在少数民族优惠政策方面的流行偏见和误解。对单向优惠思路的纠正也有望改变以往对少数民族，特别是人口较少民族的优惠仅仅落实于个别领袖人物或代表人物的状况，使得更多人口较少民族成员都能够从党和国家的民族政策中获取利益，从而真正恢复少数民族作为文化保护与发展的主体的地位。

6.1.2 中国民族事务管理必须更多地强调人文价值和对人的基本尊重

民族文化价值平等，大小民族一律平等是中国和世界共同承认的基本人权规范，也是中国政府历来遵循的行政实践。历史上，中国历代朝廷一直有着以平等礼节怀柔少数民族首领的传统，中国共产党更将民族无论大小一律平等作为处理民族关系的基本准则。因此，中国的民族关系才比世界上很多国家，特别是比西方现代国家更为祥和。

但"文革"以后，包括自改革开放以来，现代国家的意识形态和经济发展的工具理性蔓延滋长，民族事务管理部门沦于边缘化。政府部门条块分割导致民族事务管理实际权力旁落。层级化的管理机制在片面追求效率的理念作用下，也严重地侵蚀到民族事务管理体制。各民族一律平等的原则按照各级民族区域自治机构的行政级别出现了等级化的异化。由于人口较少民族的人口少，相对聚居区域的行政级别低而受害更深。改革开放数十年来，除了中央领导亲临视察，人口较少民族缺乏反映情况和说明发展需求的渠道，没有机会或少有机会向党和国家最高领导机构直接表达本民族意愿。本报告认为，这是导致人口较少民族文化陷入今日困境的关键原因之一。针对这种情况，民族事务管理也要从观念上认识到民族无论大小一律平等，在体制上考虑给予人口较少民族以应有的平等地位，吸收国际社会的人权理念和规范，恢复中国历代贤明之君以礼治处理边疆问题的传统，以求构建和谐文化，促进社会和谐。

6.2 体制创新

6.2.1 以特区保社群

本措施包括三项内容：

一是以人口较少民族社群作为文化实践主体，以相对聚居的区域作为文化保护与发展的区域基础，明确保护人口较少民族的生态和文化资源权益，对不合理侵占加以清退赔付。在今后遇到资源利用问题时，首先考虑人口较少民族的需求，征求他们的意见；

二是在由社群居民当家作主并取得共识的前提下，保护传统的民居建筑、生计方式、生活习俗和自然环境原貌，并结合社群组织，在人口较少民族相对聚居地区设立民族博物馆，在人口较少民族社群普遍建立所在相对聚居区域的文化活动站，并从人口较少民族社群的需求出发，开展文化重建工作；

三是围绕生计方式特殊的人口较少民族社群所在的相对聚居地区，建立生态文化综合保护区，或称民族文化特区，对人口较少民族的生态资源、语言文化加以整体保护。

6.2.2 以基金保队伍

由国务院联合企业和地方政府，协调国际基金组织，以专项经费为基础，设立面向人口较少民族社群和相对聚居地区的人口较少民族文化保护和发展基金，供人口较少民族社群的文化传承人或文化研究组织及民族文化传播和演出单位申请使用。基金采用文化保护项目管理制度，人口较少民族社群民众必须介入项目申请、执行和评价过程。基金可以资助政府附设的对人口较少民族文化保护与发展有所裨益的民族文化单位、人口较少民族相对聚居区域和社群的传统组织和民族文化传承人及其他非政府组织。基金可用于传承人口较少民族的濒危语言文字，实施濒危民族文化抢救和研究，建立民族社群和相对聚居区域的文化活动站，创建民族文化传承中心、民族博物馆暨广电站等。

6.2.3 以政策聚人心

本措施内容可以分为三项：

一是将民族语言和包括传统民族宗教知识和仪式组织技能在内的文化专长作为人口较少民族升学、就业和职务晋升的考核要素并给予较大幅度的加权鼓励；

二是将民族民间文化知识编制到乡土教材之中，并列入相对聚居区域学校的教学计划，邀请民间杰出文化传承人在人口较少民族相对聚居区域学校传承民间文化；

三是组织专家队伍，认定人口较少民族的文化和工艺传承人，颁发证书，根据传承状况发放补贴。

6.2.4 以制度保公平

在各地设立人口较少民族社群代表参与决策的机制，在中央立法和行政体系建立体现和维护人口较少民族文化权益的机制及"民族文化委员会"，并赋予这两个机制下的相应机构以否决权。在此之前，应特别加强人大和政协的相应功能，强化"两会"委员对人口较少民族权益和文化保护的审查评估，并将地方民族文化保护与发展纳入政绩考察指标，实行文化保护问责制度。

6.2.5 以礼仪倡和谐

考虑建立特殊渠道和进行制度安排,保证人口较少民族社群代表能够有机会定期面见党和国家领导人,反映人口较少民族的实际情况。确保人口较少民族在国家体制中的平等地位,并抵消"干部比例"政策对人口较少民族权益的消解作用。保护和发展人口较少民族文化,促进和谐社会建设,慎终追远民德归厚,兴灭继绝元亨利贞,此其时也,此天下大势也。

赫哲族文化保护与发展

陈韦帆　张海洋

2006年7月27日至8月21日,国家民族事务委员会文化宣传司"人口较少民族的文化保护与发展"东北调研组一行6人,由张海洋、卡丽娜两位老师带队,率硕士研究生陈韦帆、高鑫、王莉、葛春梅4人,实地调查了在黑龙江佳木斯市、同江市、抚远县等赫哲族聚居社区和内蒙古呼伦贝尔市的鄂伦春、鄂温克族主要集聚社区。本次调查旨在摸清中国东北人口较少民族的文化现实处境和发展中遇到的问题,为国家针对人口较少民族的文化保护和发展出台有针对性的政策措施提供论证和决策参考。

本次调查基于民族学、人类学和社会学方法,主要采取了焦点群体座谈会、实地考察和资料收集三个步骤。第一步是与各级政府或民族宗教局干部或目标少数民族精英座谈讨论。讨论会一般分为三类:一是在当地民委协调下,听取政府四大班子及外围机构的情况介绍;二是听取民族、宗教和语言文化机构介绍自身的工作和发展计划;三是与少数民族专家学者共同座谈讨论本民族文化的处境和发展设想。第二步是在开会的同时,收集各机构部门的地图、方志、工作报告、统计资料和调研报告等。第三步是在地方民委建议下,确定目标民族2—4个社区(乡镇村)作为考察点,到点上同当地干部、专家和居民群体座谈,辅以入户访谈和参与观察。本组调查结束后,做出如下分类和分工:

第一,本次调查的赫哲、鄂伦春和鄂温克三个人口较少民族均属于阿尔泰语系满—通古斯语族中的通古斯语支,在语言文化上存在共性。但三者有两点不同:一是赫哲族主要分布在黑龙江东北角的江河沿岸,传统生计以渔捞为主;鄂伦春和鄂温克族主要分布在内蒙古自治区与黑龙江省交界的大小兴安岭山林,传统生计以狩猎采集为主。二是赫哲族主体分布在黑龙江省,不是少数民族自治地方。鄂伦春族和鄂温克族的主体则分布在内蒙古自治区。因此本组决定将上述三个民族分成两个类型并形成两个分报告。

第二,在调查中,使用了问卷、官员座谈、专家座谈、入居民户访谈等方法,辅以记录、文献资料收集和照片拍摄等手段,每个民族至少调查了两个聚居社区,并在此基础上形成两个局部报告,为整个项目的总报告提供资料支持,并对目标民族发展提出政策建议。

第三，赫哲族分报告由硕士研究生陈韦帆执笔。鄂伦春和鄂温克两个民族的分报告由卡丽娜老师执笔。其他组员负责提供基本资料和案例报告。张海洋负责两个分报告的定稿。

本报告集中反映赫哲族的文化状况。本报告有两个研究重点：一是赫哲族本身的文化状况及保护需求，二是政府部门的文化保护工作和需求。前者论述得较详细而后者论述得较简略。

一、赫哲族概况

1.1 分布

中国赫哲族属阿尔泰语系满—通古斯语族通古斯语支，与鄂伦春、鄂温克两族渊源密切，与锡伯族交往频繁，与俄罗斯族、朝鲜族、汉族、满族、回族和蒙古族为邻并紧密互动。目前中国赫哲族在黑龙江、松花江和乌苏里江交汇处附近的三江流域跨中国、俄罗斯边境沿江而居。国境线外的赫哲族称那乃人，也有民族自治地方。

中国的赫哲族人口虽少，但在国家民族史上地位突出。历史上，赫哲族主要以渔猎采集为业，兼事边疆守卫。近代国内外文献对赫哲族的情况多有图文记载，但没有系统的民族志资料。1932年，中国著名民族学家凌纯声来此做实地调查，写下中国第一部现代民族志《松花江下游的赫哲族》。新中国民族识别后，赫哲成为中国一个单一民族。1956—1959年中国少数民族社会历史调查中，赫哲族的社会组织和生计方式等民族志材料又被完整收集。50多年来，赫哲族仍然以人口极少的渔业少数民族形象深入人心。目前中国赫哲族主要以捕鱼为生计，兼事农业、手工业和第三产业。赫哲族的5个聚居社区毗邻汉、满、朝鲜、回等民族，处于大型农场包围之中。

1.2 地理

黑龙江、松花江和乌苏里江流域属于中温带气候区，冬季漫长寒冷，最低气温可达零下30℃以下，夏季短促温暖湿润，雨热同期，降水量大，可保农业一年一熟。三江下游地形兼有山脉、江河、湿地和平原。其中湿地原称北大荒，有

500万公顷沼泽湿地,是近291种脊椎动物、近500种高等植物的家园。① 当地主要水生动物有大马哈鱼、鳇鱼、鲟鱼和"三花"(鳌花、鳊花、鲫花)"五罗"(哲罗、发罗、雅罗、胡罗、同罗),陆上动物有紫貂、东北虎、水獭、猞猁、熊、狴、狍子、野猪。空中的飞禽以猎鹰海东青最为著名。② 赫哲族聚居的地区适合采集渔猎业的发展,赫哲族所在的三江平原富有林业和矿产资源。

清代人描述当时的黑龙江宁古塔森林区曾经"万木苍天,排比联络,间不容尺"③,但如今我们看到的是无边田野间以次生林。三江上游密布的工业区河水污染严重,鱼量大减,已经直接威胁到赫哲族的传统生计。

1.3 人口

赫哲族一直因人口极少而备受关注。本报告也把聚居社区内的赫哲族人口作为文化传承的希望所在,因此列出300年来赫哲族的人口变化情况。

表1 赫哲族人口历史简表

项目 时间	人口数(人)	男女比例	资料出处
1700s 初	仅三姓城内约 12000	—	《赫哲族简史》④
1856—1857 年	5016		西伯利亚人口统计表⑤
1911 年	1600		《赫哲族简史》
1930 年	1200 以上		凌纯声调查估计⑥
1949 年	约 300		《黑龙江省志·民族志资料编》(上)
1953 年	450		第一次人口普查数据
1964 年	718		第二次人口普查数据
1982 年	1489	762:727	第三次人口普查数据
1990 年	4254	2115:2139	第四次人口普查数据
2000 年	4640	2289:2351	第五次人口普查数据

表1显示以下三个特点:

---

① 庄艳平:《三江平原湿地残存的壮美》,载《中国国家地理》2005年增刊。
② 张嘉宾著:《黑龙江赫哲族》,哈尔滨:哈尔滨出版社,2003年。
③ [清]杨宾:《柳边纪略》卷1,转引自邹逸麟编著:《中国历史地理概述》,上海:上海教育出版社,2006年。
④ 编写组:《赫哲族简史》,哈尔滨:黑龙江人民出版社,1984年。
⑤ "奴儿干都司考",《燕京学报》第33期,1937年。转引自编写组:《赫哲族简史》,哈尔滨:黑龙江人民出版社,1984年。
⑥ 凌纯声:《松花江下游的赫哲族》,国立中央研究院历史语言所单刊甲种之十四,1934年。

第一，中国赫哲族人口在近代曾经锐减，其原因有天气寒冷缺医少药，鸦片烟酒泛滥，本族女子外嫁，人口繁衍率低和高死亡率等。[1] 日本占领中国东北期间，赫哲族人口降至最低点。1949年后，赫哲族人口逐渐回升。

第二，虽然媒体多把赫哲族描绘成简单原始的渔猎民族形象，但真正在民族聚居社区从事渔业的赫哲人口始终不足全民族的1/3，而且自1950年代以来，跨民族通婚而登记为赫哲族的人口一直是该民族人口增长的关键部分。换言之，赫哲族具有比其他民族更大的开放性和更高的现代性。

第三，今日赫哲族人口分布的重点地域是佳木斯和双鸭山两市。其中佳木斯市敖奇镇的敖奇村（赫哲族286人）、街津口镇1村（赫哲族389人）、八岔乡1村（赫哲族324人）、双鸭山市的四排乡1村（赫哲族248人）、抓吉镇1村（赫哲族146人）为全国仅有的赫哲族5个聚居社区。其余66%的赫哲族散居附近各大城市乃至全国。散居的赫哲族无法承担传承本民族传统文化的使命，这构成该民族文化保护的一大难题。[2]

1.4 历史

现有资料多讲赫哲族历史上与肃慎、勿吉、黑水靺鞨、生女真等古代民族有关。两千年来，赫哲族曾分别在唐代渤海国—辽朝五国部—金朝胡里改路—元代水达达路——明朝奴尔干都司等治下为民。清代，部分赫哲族被编入八旗，称"伊彻（新）满洲"，居三姓城（今伊兰），但也有一部分人留居原地承担贡貂，是为今日赫哲族主体。

但著名的通古斯研究学者史禄国、凌纯声等则注重赫哲族源的多元性。[3]《松花江下游的赫哲族》强调通古斯族系与中国"东胡"、"东夷"的关系。[4] 史禄国认为整个通古斯语族都是一个相当开放、对外文化交融能力较强的群体。[5] 赫哲作为特定族群在清朝康熙年间被列入官方史册。[6] 此后，它经过两次重要分化：先是三姓、四姓的部分赫哲族被多次征调入关。例如，康熙五十三年（1714

---

[1] 凌纯声：《松花江下游的赫哲族》，国立中央研究院历史语言所单刊甲种之十四，1934年。
[2] 舒景祥主编：《黑龙江省志·民族志资料编》（上），哈尔滨：哈尔滨出版社，2005年。
[3] 参见编写组：《赫哲族简史》，哈尔滨：黑龙江人民出版社，1984年。
[4] 凌纯声：《松花江下游的赫哲族》，国立中央研究院历史语言所单刊甲种之十四，1934年。
[5] 史禄国将世居于中国东北与俄罗斯西伯利亚的通古斯民族分为南方通古斯与北方通古斯。《满洲的社会组织》（北京：商务印书馆，1997年）与《北方通古斯的社会组织》（呼和浩特：内蒙古人民出版社，1984年）认为：原先的"果尔特人"（赫哲、那乃人或其部分）根源于北方通古斯，后迁入满洲即南方通古斯集团地域遂被编入"伊彻满洲"。
[6] 见《清圣祖实录》、《皇清职贡图》，转引自舒景祥主编：《黑龙江省志·民族资料编》，哈尔滨：哈尔滨出版社，2005年。

年）时，部分赫哲族被编入八旗称"伊车（彻）满洲"。其成员上到额驸，下到地方长官，使赫哲族在清政府中占有重要地位。随后，清朝又曾从八姓地区调出部分渔猎赫哲族改务农业，充实三姓城边地。但清朝有意留下八姓等氏族的部分人口在松花江流域从事农业或作为贡貂人群。这些人不改族名，也不作为八旗子弟。① 基于上述基础，《皇清职贡图》曾描述"赫哲"偏重渔业、"奇楞"偏重狩猎、"七姓"偏重捕貂。

汉人零星进入此地的历史可以追溯到东汉末年的流民和明初政府的强制移民。② 1878 年清政府取消移民东北禁令后，汉人向东北移民形成高潮。③ 移入三江流域的汉人很快形成网络，从事农耕兼事贸易，并与当地赫哲族和鄂伦春族建立密切关系：赫哲族的服装材料、厨房用具、渔猎工具、婚嫁习俗乃至龛中神祇，都有了汉人影响痕迹。由于汉人流民多为青壮年男子，因此也一直有人通过婚姻进入赫哲族群并获得土地。④ 今天，很多汉人也跟赫哲一样，在江边从事渔捞生计。

1860 年，中俄签订《瑷辉条约》、《北京条约》，赫哲族成为跨境民族。东扩的俄罗斯商人将他们称为戈尔德人并作为贸易貂皮和大马哈鱼的对象。1884 年，俄国军官纳达罗夫在《北乌苏里边区现状概要》中，称戈尔德人（果尔特）共有三支："马姆古人（或称曼古人）、奇楞人（麒麟人）、赫哲人（黑斤人）。"这三个族群穿着略有不同，方言差别很大。⑤ 我们调查时，当地老人们也说赫哲族分为东部的黑斤（赫哲）和西部奇楞两支，彼此有方言差距。

日本侵略者占领东北时期，赫哲族被强迫集家并屯，人口损失严重。1949 年后才得以重建居民点，并逐渐成立了 7 个民族乡村。⑥

综上所述，赫哲族很早就由原先的氏族社会被纳入到多民族统一国家乃至全球化的影响中，并由单一的渔猎经济变为多元生计方式。1950 年后，它又被重新定义为"原始渔猎民族"。事实上，赫哲族作为通古斯语族的成员，一直具有多元性、开放性和进行民族文化保护与发展的能动性。正因为如此，他们才能在近代风云激荡中保持了自己的社会组织和文化体系。只是由于 20 世纪 50 年代以来，国家的现代化和市场经济进程加速，当地的自然资源基础发生剧烈变化，他们的民族文化才成为需要由国家从中华民族共同繁荣发展的高度来加以特别重视和扶持的文化。

---

① 赵正明：《试论清代赫哲族的社会分化与进步》，载《民族研究》1994 年第 4 期。
② 邹逸麟编著：《中国历史地理概述》，第 221 页，上海：上海教育出版社，2006 年。
③ 同上，第 231 页。
④⑤ 参见上文中对赫哲族人口变化所引用的凌纯声的分析。
⑥ 伊凡·纳达罗夫：《北乌苏里江地区现状概要及其他》，上海：上海人民出版社，1975 年。

二、赫哲族文化处境

2.1 生态和生计基础

赫哲族的传统经济以渔业为主，狩猎采集为辅。赫哲族捕鱼的资源有江、海两种。江鱼无论冬夏都可捕，海鱼则要待其入江产卵才能定时捕捞。① 例如著名的大马哈鱼就主要在立夏后才能捕捞。赫哲族捕鱼的工具有船、网（由网、漂子和沉网砖等组成）、渔叉（连柄与脱柄两种）等。当年，"渔户用此种网时，可捕百五十斤的大鱼，下网一小时后即可起出；一网最多时可得三千余斤，最少亦可七八十斤。最小之鱼重斤余，再小者则漏网而逃"。②

狩猎也是赫哲族的重要生计。传统上，赫哲族每年有四个猎期：农历正月初五至二月中为春季，猎火狐、獾、黄鼠狼等；夏季为四月初至六月底，取鹿茸、黑熊、野猪等；秋季自八月半至九月中，猎鹿、熊、野猪等；冬季十月初至腊月底，打貂、獾、火狐等。鹿茸和貂是最重要的猎物。一人行动为流猎，多人则为团猎（20—30 多人）。打猎工具有网、伏弩、陷阱、"激达"（扎枪）、弓箭、大刀等。③ 狩猎所得部分自用，部分用于交换日常用品。

部分赫哲族在 20 世纪 40 年代末前已从事农业。④ 但由于对农业生产的不熟悉，很多人转产失败后仍然回到渔猎生计。《松花江下游的赫哲族》指出，20 世纪 30 年代赫哲族的传统狩猎规则已被破坏，滥猎情况严重。鹿茸和貂已很稀少。⑤ 日本学者也曾描述赫哲族周边动物资源的迅速减少。⑥

20 世纪 50 年代以后，赫哲族多被称为渔业民族。但渔业生产在 80 年代也开始出现危机。70 年代，我们还能看到赫哲族打鱼归来的丰收场景，但此后的渔捞业持续衰败。调查组夏天看到的渔船很少有一天能打到几十斤的。当地人认为，环境污染和俄中两国的过度捕捞是渔业资源枯竭的两大原因。

---

① 详见《赫哲族简史》（编写组，黑龙江人民出版社，1984 年）、《黑龙江省志·民族资料编》（舒景祥主编，哈尔滨：哈尔滨出版社，2005 年）等资料。
② 凌纯声：《松花江下游的赫哲族》，第 82 页，国立中央研究院历史语言所单刊甲种之十四，1934 年。
③ 同上，第 83 页。
④ 凌纯声：《松花江下游的赫哲族》，国立中央研究院历史语言所单刊甲种之十四，1934 年。
⑤ 赵正明：《试论清代赫哲族的社会分化与进步》，载《民族研究》1994 年第 4 期。
⑥ 《苏苏屯赫哲族踏查报告》，李伟佳译，载《民族学研究》，1938 年第四卷第三号。

自 80 年代起，赫哲族开始整体转向渔农兼营。① 中国各级政府面对渔业资源匮乏与经济发展的矛盾，多方鼓励赫哲族转事农耕或养殖。尽管政府多年提倡，赫哲人不善农耕在当地已经成为一种有力的话语。跟清代的情况依稀相似的是，今天有地的赫哲人仍然愿意把耕地向汉族移民转租。② 由于赫哲族周围的土地资源已经多被国有农场开发，所以很多赫哲人现在开始从事旅游服务和养殖业。

2.2 商业交往

赫哲族与东北其他土著民族一样，历史上曾经通过贡物制度与中央王朝和外界发生联系。清朝时，通过进贡貂皮、鹿茸、鱼干等特产，赫哲族得到中央政府下发衣物和负担路费、开设筵席等回馈。③ "贡貂与赏乌林"制度自清初延续 200 多年，其生命力不仅在于政治意义，也在于其考虑到赫哲族和中央政府双方的需求。这种制度也促进了赫哲族在上贡之后的集市交易。宁古塔（今牡丹江辖区内）、三姓城（今依兰）等地在当时是赫哲族及其周边民族贸易的重要集散地。贸易内容包括当地的貂皮、熊皮、鹿茸、人参和外地甚至是俄国的布匹、盐、小米等赫哲族生活必需品。"夏捕鱼作粮，冬捕貂易货为生计"④ 是其基本生产模式。19 世纪 80 年代，乌苏里江流域的赫哲族曾在交换中使用卢布。一些汉族商人还在当地定居下来，和赫哲族建立了固定的贸易往来。⑤ 清末，由于中央政府无力支付贡貂回报，赫哲等狩猎行为逐渐完全归于市场控制，中原和俄罗斯的热切需求导致了当地可持续性狩猎传统的毁灭乃至珍贵动物的消失。民国初年，赫哲族的鱼产品也逐渐商品化。⑥ 自 20 世纪 80 年代起，当地渔产品全面进入自由交换市场。总之，商业是赫哲族生计方式变动的一大动因。也就是说，赫哲族的经济一直与外界有着密切和长久的互动关系。

---

① 我们走访的南岗村、抓吉村，由于农业土地缺乏，当地居民无论是赫哲族还是汉族，大多是渔民。抓吉村中，开发北大荒时移入的山东老人告诉我们关于军团到此转为渔业时，赫哲族在技术上对他们的帮助巨大。
② 赵正明：《试论清代赫哲族的社会分化与进步》，载《民族研究》1994 年第 4 期。
③ 张嘉宾著：《黑龙江赫哲族》，第 19—28 页，哈尔滨：哈尔滨出版社，2003 年。
④ 曹廷杰：《辽海丛书·西伯利东偏纪要》，第 2284 页，转引自张嘉宾著：《黑龙江赫哲族》，第 41 页，哈尔滨：哈尔滨出版社，2003 年。
⑤ 伊凡·纳达罗夫著："北乌苏里江地区现状概要"，《北乌苏里江地区现状概要及其他》，上海：上海人民出版社，1975 年。
⑥ 编写组：《赫哲族简史》，哈尔滨：黑龙江人民出版社，1984 年。

2.3 衣食住行

传统上，赫哲族因善用鱼皮和兽皮制作衣物，曾被称为"鱼皮部"或"狍皮部"。乌苏里江流域和松花江中游到勤得利等地，主要以狍、鹿皮作衣料；勤得利至黑龙江下游的赫哲族则多用鱼皮。① 夏穿鱼皮，冬着兽皮，衣服袖口和下摆用天然染料绘出云纹、波浪纹和鱼形纹。但 1930 年代的松花江下游赫哲族已经渐渐不穿着鱼皮衣，但仍盛行用鱼皮包。② 今天，我们只能在当地的博物馆、舞台、工艺品店和个别居民的家庭副业中看到鱼皮衣。赫哲族节日时的穿着主要是从清代满族样式服装演变而来。

饮食方面，赫哲族偏重鱼类和兽类，辅以山中采集来的野菜鲜菌，但也喜食米面。今天，拌生鱼和炒鱼毛仍是赫哲族名菜，但米面作为主食已属寻常。赫哲族对酒的依赖较大。120 年前，"中国烧酒"就已经在西伯利亚流行并引起沙俄探险者恐慌，建议政府设法扶植俄罗斯伏特加在当地生产以增加居民对俄国的向心力。③ 今天，年轻人酗酒仍是当地隐患。

居住。"赫哲族居住的房屋，可分为临时的与永久的两种。临时的又有打围与捕鱼居屋的分别。'冬夏所止之处，取树皮或草为小屋有安口（桦皮为之，捕牲住），搓罗（草盖用棚，夏捕鱼住），麻依夏（不剃发黑斤，捕鱼小棚），刀伦阿吉囔莽（行船时晚岸上小布棚）等'"。④ 定居房屋为泥墙草顶，一般有正屋一间，灶屋、厕所等在外。受满族文化影响，正房内，南、北和西三面皆为炕。"赫哲族室内生活，如饮食起居大都在炕上行之"。⑤ 西炕最尊贵，为招待宾客，供神祭祖之处；南炕为主，北炕为奴。此外，穷困人家也有住半地下式的"地窨子"者。如今，泥墙草顶的传统住房在赫哲社区正在迅速消失。取而代之的是政府为了体现对少数民族的特殊关怀而扶助修建的砖墙铁皮顶的两层两户连排别墅式新村。

交通。旧日冬季用雪橇，夏天水上行舟陆上用车，狗拉爬犁和木马（即雪上踏板，板中段有皮圈，套于足上；手撑仗，行于冰雪之上）是冰上行驶利器。1930 年代开始，赫哲族已经很少用爬犁，而桦树皮船也被木船替代。⑥ 今天，机动车机动船已经普及。

从物质文化角度观察，赫哲族传统文化除饮食外，标志所剩无多而且流失仍在加速。

---

①② 张嘉宾著：《黑龙江赫哲族》，哈尔滨：哈尔滨出版社，2003 年。
③ 凌纯声：《松花江下游的赫哲族》，国立中央研究院历史语言所单刊甲种之十四，1934 年。
④ 伊凡·纳达罗夫：《北乌苏里江地区现状概要及其他》，上海：上海人民出版社，1975 年。
⑤⑥ 凌纯声：《松花江下游的赫哲族》，第 78 页，国立中央研究院历史语言所单刊甲种之十四，1934 年。

2.4 婚姻家庭和丧葬习俗

亲属制度。赫哲族早年的亲属制度与阿尔泰语系中的一些民族一样为分类式，即按辈分、性别分类唤以固定的称呼。清初以来，受满、汉文化影响，赫哲人大量使用满人的亲属称谓，如阿玛（父）、阿哥（兄）、格格（姐）等，并借用汉人的描述式亲属称谓来区别同类亲属。赫哲族现在的亲属制度，可谓赫哲、满、汉的结合体。

婚育。赫哲族传统上婚姻不苛求门当户对，只要男子有德有能，妇女勤劳能干。清代至民国期间，赫哲族通行氏族外婚，一夫一妻小家庭制最为普遍。亦有指腹婚、童婚、换亲和转房婚等。男子约在18—19岁，女子约在15—16岁就可论及婚嫁。此外，赫哲族对从外民族招赘并不排斥。19世纪后，汉人男子入赘赫哲家庭逐渐增多。中华人民共和国成立后，汉族女子嫁给赫哲男子的情况开始出现。[①] 今天，赫哲族严格遵守国家婚姻法，毫无芥蒂地与汉族、满族、鄂温克族等其他民族通婚，甚至把跨民族通婚作为优先选择。有赫哲老人对我们说，混血儿更聪明漂亮。跨民族通婚的汉人则深深感受到民族政策对家庭和子女带来的好处。上述因素的综合，使得赫哲族的婚姻家庭系统中充满本族文化与外族结合的特点。但同时也带来一些困惑：一般认为，血统不是民族的必要条件，文化活力才是问题的焦点。今天的当地赫哲人（包括外族人）多以父母的族籍判断某人是否真正的赫哲族，是否有资格得到政策照顾和社会关注。与此同时，跟汉人等外族通婚又成为个体赫哲人的某种优先选择。这种矛盾心态反映出赫哲族既追求现代化，又对自身文化特殊性丧失深感焦虑的心境。

赫哲妇女在渔业、采集、手工编织等生产活动中贡献颇大，当地社会性别地位差距不大，今天的赫哲妇女享受与男子平等的权利。然而自清朝以后，女子晨起操劳家务，食不与男子同桌，嫁不能自行做主，生孩子时避于主屋之外等满族习俗已经在赫哲族地区普遍流行。

现在聚居社区内的赫哲族都有非常入时的生育观念，多数人家只生一个孩子，而且并不计较是儿是女。

丧葬。赫哲族认为死亡是进入与人世相似的另一世界，萨满就是沟通两界的媒介。传统的葬俗有风葬、火葬和土葬等。风葬即树葬，如狩猎者意外死于山中，即用桦皮或树枝裹尸置于树上，两三年后再收尸入葬。婴儿夭折亦为风葬。土葬先将老死者移放于停尸板上，两头垫起与炕平，头西足东在家中停放三天后入殓埋葬。死于非命者隔日下葬，死于流行病者当日火葬。流行病死者适用火

---

① 凌纯声：《松花江下游的赫哲族》，第81页，国立中央研究院历史语言所单刊甲种之十四，1934年。

葬。从前土葬只挖一个长方形的坑以原木摆成槽状再盖木板掩土成坟。满、汉习俗传入后，开始用棺木土葬。[①]

2.5 语言

赫哲语源于满—通古斯语族满语支的古女真语，但受到满语、汉语、俄罗斯语和蒙古语影响一直较大，含有很多借词。赫哲—那乃语方言有：阿穆尔方言（包括那兴次方言、萨卡奇阿良次方言和嘎林次方言）；古尔乌尔米方言、松花江即奇楞方言。中国赫哲族有两个方言区：富锦与同江交界至勤得利为奇楞方言（为赫哲语基础方言），八岔往下及乌苏里江流域为松花江方言。[②]

以前，满语和俄罗斯语曾是通古斯集团中的普通话。近代以后，受民族交往和学校教育等影响，汉语成为当地的主导语言，也是赫哲族的第二语言（今天几乎成为唯一语言）。赫哲语自1980年代开始濒危。学界虽然长期讨论，民族精英也多方设法，但因无适当文字作为载体，所以苦无良策。表2是黑龙江民族研究所2002—2004年调查赫哲语现状的结果，我们从中可见赫哲语濒危的严重性（表中值得注意的一个情况是：同江市街津口和八岔两村还有5个1951—1971年出生的年轻人能勉强讲赫哲语，因而可作为语言传承的根苗）：[③]

表2　赫哲语掌握者主要分布区1971年前出生人口
掌握赫哲语的情况

行政区	出生年	掌握2000个以上赫哲语单词	掌握300—1999个赫哲语单词	掌握1—299个赫哲语单词	掌握0个单词	合计
街津口	1941年前出生	9	6	2	1	18
	1942—1952年	7	4	4	0	15
	1953—1971年	2	2	23	17	44
八岔村	1941年前出生	5	2	0	0	7
	1942—1952年	8	1	0	0	9
	1953—1971年	3	2	24	4	33
四排村	1941年前出生	1	0	3	1	5
	1942—1952年	0	0	17	1	18
	1953—1971年	0	0	33	0	33

---

① 张嘉宾著：《黑龙江赫哲族》，第122页，哈尔滨：哈尔滨出版社，2003年。
② 同上，第36页。
③ 何学娟：《濒危状态的赫哲语》，载《中央民族大学学报》（哲学社会科学版）2005年第3期。

续表

行政区	出生年	掌握2000个以上赫哲语单词	掌握300—1999个赫哲语单词	掌握1—299个赫哲语单词	掌握0个单词	合计
佳木斯市区	1941年前出生	0	3	0	5	8
	1942—1952年	0	2	0	14	16
	1953—1971年	0	0	2	17	19
同江市（镇）	1941年前出生	0	1	0	1	2
	1942—1952年	1	0	0	0	1
	1953—1971年	0	1	2	6	9
饶何镇	1941年前出生	3	2	1	0	7
	1942—1952年	3	1	3	0	7
	1953—1971年	0	2	23	2	27
合计		42	29	137	69	277

史禄国在《北方通古斯的社会组织》中断言：通古斯作为一个民族单位能保存下来的唯一途径，是不与其他任何民族集团通婚，并保持其……语言的纯洁性。[①] 但时代发展到今天，赫哲族的语言确实到了存亡绝续的最后关头。

2.6 宗教

赫哲族所在的通古斯语族是萨满教的发祥群体。萨满是能沟通天人的巫师。人做萨满需要先获得一定的"神力"。但赫哲族萨满多半是自然被发现的大病得愈或大难不死者，而非世袭。萨满的穿戴和道具充满象征。例如，神帽就不仅代表品级也代表派别。凌纯声指出：神帽鹿角上的叉数越多，品级就越高。至十五叉，则此萨满已有四五十年的功夫。当时赫哲萨满以帽上鹿角为标志分为三派，左右各一为河神派；左右各二为独角龙派；左右各三为江神派。"所以我们见了萨满神帽上鹿角支数的多少，就知道他的派别；见了枝上叉数的多少，就知道他的品级"。[②] 其余穿戴，还包括神衣、神裙、神手套、神鞋和金属铃等。道具中，神鼓最为重要。赫哲族家家有鼓以祭祀，而萨满神鼓更大且装饰有蛇、四足蛇等图案。此外还有神刀、神杖、铜镜等辅助用具。上述服装道具披挂整齐，重量可达15—20公斤。一般跳神法事要进行数个小时，口中还要念念有词，可见萨满活动也是一项极其艰苦的体力和智力劳动，并需要知识、意志和体力的三重支

[①] 史禄国：《北方通古斯的社会组织》，呼和浩特：内蒙古人民出版社，1984年。
[②] 凌纯声：《松花江下游的赫哲族》，第105—106页，国立中央研究院历史语言所单刊甲种之十四，1934年。

撑。中华人民共和国成立后的历次政治运动中，萨满教都被认为是迷信而遭到系统的、成效显著的清洗。现在的赫哲老人对萨满多半只有很浅的记忆。① 伴随社区神明的失落，外来的基督教逐渐传入。

2.7 氏族、社区和政治组织

赫哲族的政治生活分为内外两个方面，一是其内部的氏族和社区组织；二是其与国家的互动，如朝贡、编户、入旗和民族识别等。前者是赫哲族认同的原生资源，后者是赫哲族保持其地位的功能机制。只要这两者并行不悖，赫哲族的文化再生产就能持续。失去任何一端，赫哲民族和赫哲文化就会陷入危机。

此外，国家的编户与赫哲内部的氏族组织也是相辅相成的。赫哲族的"哈拉莫昆"制度和习惯法是赫哲社区融合到清代社会而产生的特点。② 天命二年（1617 年），努尔哈赤征讨东海窝集部，"俘获万人，收抚其民，编户五百，乃班师"。③ 自此，清朝将赫哲族纳入管辖，称为边民，设姓长（哈拉达、氏族长）、乡长（嘎珊达、村屯长）从事管理。赫哲氏族实行外婚，追溯并崇拜同一祖先，又有互助及血亲复仇的责任。内部通行习惯法。

中华人民共和国成立后，赫哲族聚居地区逐渐建立起民族乡村，除乡长、村长必须为本民族外，当地政府领导班子也为赫哲族保留一定比例。

2.8 教育

赫哲族原先主要依靠家庭对子女进行教育。男子 6—7 岁以后就跟随父亲学习干杂活和狩猎捕鱼。十几岁时就可以正式参加劳动。女子 6—7 岁时则随母亲学习女红等家务，很早就参与到家务劳动中，一边帮助大人，一边向周围女性亲属学习其性别规则。清雍正年间，官府设学堂于三姓地方，教育赫哲族上层子弟学习满文满语。光绪三十三年（1907 年），苏苏屯经过政府批准，设立了第一所面向赫哲族的现代小学。1912、1936 年，街津口、八岔等赫哲社区也先后设立一批学校。但赫哲学生一直不占多数，且当时所教多为外来知识。中华人民共和国成立后，中小学校普及到所有赫哲社区，但教育内容则多半忽视民族文化传承。现在，家境好的人家多半送子女去社区外的学校以求更好的考试成绩。社区学校则坚持每周为赫哲孩子开设 2 个小时的民族语言文化课程，其中一半时间自

---

① 在调查中，一般赫哲族说到萨满时，都斩钉截铁地说已经消失。至少是专职巫师已不再存在。我们今天能够看到的"萨满"，多半是旅游业催生的舞台表演，少量（八岔）是民族文化精英刻意模仿以求保持。
② 张嘉宾：《黑龙江赫哲族》，第 13 页，哈尔滨：哈尔滨出版社，2003 年。
③ 《清朝文献通考》卷二十七，转引自张嘉宾著：《黑龙江赫哲族》，第 12 页，哈尔滨：哈尔滨出版社，2003 年。

由活动。

2.9 民俗

赫哲族传统民族体育有叉草球、曲棍球等，均与其生产活动息息相关。现在，篮球等各种球类活动更得人心。传统体育运动只出现在学校体育课（每周1小时）和民族节日上。

歌舞。赫哲族原有"嫁令阔"（说唱艺术）和"伊玛堪"（口传史诗文学）。现在两者都随着语言消亡而逐渐失去传人。整套的"伊玛堪"词曲已经失传。"嫁令阔"还有一些人能唱"文革"前后赞颂毛主席和新中国的歌曲。"伊玛堪"则仅剩一位有责任感的传承人吴保成靠着父辈留下的一盘录音带苦苦撑持。在旅游业的推动下，新创的"萨满舞"流传略广。

赫哲族原来没有特定的节日。1965年中国赫哲族召开首届"乌日贡"文体大会。此后，"乌日贡"大会就成为赫哲族三年一次、进行民族体育比赛和民间文艺会演的盛大节日。近年来，俄罗斯那乃聚居村也派代表前来参与，从而成为边境民间交流的重要渠道。

历法。赫哲族按照大马哈鱼每年来一次的特点来记录自己年龄；用四时自然物候记录年内时间；用特制的日历记录月日。[①] 现在，赫哲族已经改用中国普遍的计时方法。

赫哲人的地理基础和历史经历，清楚地说明了这个民族本身具有的生命力。赫哲人生活的地区，并无人类长期努力都无法克服的天然屏障阻隔，因此其不会是开放于封闭温室中的花朵。历经数千年的民族交流共处，赫哲人不断适应着新权力体系的兴起和自身生存环境变化的挑战。按照功能主义的定义，文化是人们适应其所生活环境的样法。换言之，人们可以利用文化应对周遭的变化，只要让一个群体能够持续地生存下去，其文化系统就是具有适应性和张力的。如前所述，可以说赫哲人自形成一个自认与他认的群体后，就一直处于多族群、多变化的环境中。在其漫长的历史经历中，异族的影响可说是无时不有。在通古斯集团、哥萨克人、满人乃至汉人的强大影响甚至是有意同化下，赫哲文化生存至今。并且现在我们可以肯定，赫哲人接触和接受每个时代的"现代化"并不比其他民族晚，否则他们无法在清朝的统治中进入上层；在俄罗斯、日本等帝国主义的侵入下存活并在中华人民共和国成立后迅速适应、内化国家的话语。不论人口增减（或者是划分标准改变），赫哲文化仍犹如一叶桦皮小舟，并未在历史难以

[①] 《清朝文献通考》卷二十七，转引自张嘉宾著：《黑龙江赫哲族》，第12页，哈尔滨：哈尔滨出版社，2003年。

预料的浪涛中沉没。在如此背景中能够持续下来，赫哲文化必定并非如主流社会所认为的，是一个简单的、弱小的、被动的、落后的复合体。强调这一点，当然不是说文化保护多此一举，而是希望能够传达一种角度，即赫哲文化乃至其人群，从历史上就带有很强的能动性和适应力量。在讨论对文化的保护中，承认主体的思考与行动能力是至关重要的。

然而，赫哲文化在 21 世纪似乎陷入了困境。史禄国在《北方通古斯的社会组织》中所言："通古斯作为一个民族单位能保存下来的唯一途径，是不与其他任何民族集团通婚，并保持其民族志学复合和语言的纯洁性。但从民族变动过程看，可以推断通古斯人所占有的地域，或迟或早，总会有一天被他们的邻族占领，而这一过程是无法阻止的。通古斯人绝灭的过程远非单纯经济的、不卫生或其他原因，也不是作为民族活动作用的出生率和死亡率问题，而仅仅是在邻近民族的压力下，一个民族或一组民族衰微过程的外部形式。"在近代经历过狩猎业衰退的赫哲人，现在又因为多种原因面临着渔业的衰退。由于其文化对生计方式的高度依赖，一些学者认为赫哲文化已经不再具有生命力，三江鱼尽，就是其消亡之前奏。经济领域优势逐渐变为劣势，生活琐事"与汉族没有什么两样"，语言流失，宗教替代，再到教育民族化的困难，赫哲文化如何延续？然而，正如我们在赫哲历史中学到的，这一文化不会如此脆弱。下一部分，我们可以看到不同群体保护文化的努力。同时，也有助于我们将问题转到可操作的层面上来进行讨论。

三、成就与问题

赫哲族的文化处境已如上述。但我们还没有叙述国家和当地人维护赫哲文化的双重努力。事实上，从中华人民共和国成立初期的人口濒危到后来的渔业生产危机，再到今天的文化危亡，赫哲族一直都是国家关注的重点。本报告从以下两个角度分述之：

3.1 政府的民族文化保护

政府针对赫哲族发展及其文化保护所作的投入略可分为政策与行动两类。

政策方面。中华人民共和国成立后，就将少数民族作为政策倾斜的重点。近年，中共"十六"大更提出了"扶持体现民族特色和国家水准的重大文化项目"、"扶持对重要文化遗产和优秀民间艺术的保护工作"的口号。在此背景下，赫哲族所在的黑龙江省也形成了一个促进赫哲族全面发展的政策体系，包括《黑龙江省民族乡条例》、《黑龙江省城市民族工作条例》等。

佳木斯市先后制定了《佳木斯市关于贯彻省委、省政府〈关于进一步加强民族工作的决定〉的实施意见》、《佳木斯市实施〈黑龙江省城市民族工作条例〉办法》、《中共佳木斯市委、佳木斯人民政府关于贯彻执行省委、省政府〈关于贯彻落实中共中央、国务院关于进一步加强民族工作加快少数民族和民族地区经济社会发展的决定的实施意见〉的若干意见》等具体的实施意见或细则。

直接辖有2个赫哲族乡的同江市制定了《黑龙江省民族乡条例》实施细则。这些法律法规体系可算是赫哲族发展规划、策略制定的重要依据，也是保障其得到国家、地方持续性关注的可靠依据。[1]

近年来，随着国家对非物质文化、民间文化日益增长的关注，"赫哲族传统渔猎文化"已经被列入"中国民族民间文化保护工程"第二批试点名单。佳木斯市民委为保障赫哲族文化保护发展，将成立保护发展赫哲族文化领导小组。[2] "充分发挥我市赫哲文化的资源优势、地缘优势和生态环境优势，以保护和发展赫哲族优秀传统文化为方向，努力实现赫哲族文明历史的传承和促进赫哲族经济社会事业的全面发展与进步。"[3] 各个赫哲族村也开始开展文化保护，并将文化建设纳入了村镇发展规划。

政府保护赫哲族的行动体现在经济发展投资、文化设施建设与文化活动管理三个方面。

综合各地政府材料，近年来政府对赫哲族及其地区投入最多的有如下几项工程：

一是投资转产。随着渔业资源基础削弱，各地政府加大了赫哲族转产的力度。街津口、四排等地较为成功。前者努力发展旅游业，后者转向人工养鱼。[4] 与此同时，还有铺设公路、修筑沿江堤防洪保护农田、资助农机农具更新换代、发放牛羊畜种促进家庭养殖等行动。

二是资助建房。政府近年多次出资为赫哲族修建房屋。如八岔乡第一个赫哲新村修建于1986年，为两层四户连排砖瓦房。2004年政府又投资兴建了第二座赫哲新村。现在同江市赫哲族村自来水、有线电视入户率达100%，电话入户率

---

[1] 佳木斯民委：《关于佳木斯市赫哲族工作情况的汇报》，2006年全国人大视察汇报稿。
[2] 按此方案，文化保护工作领导小组分为六组：语言组（含语言和民间文学）、音乐体育组（音乐、乐器、舞蹈、体育）、图案艺术组、习俗组（节庆、礼仪、婚姻、丧葬）、服饰、饮食组（服饰、饮食、住房）和宗教信仰组。
[3] 佳木斯民委：《佳木斯市保护和发展赫哲族文化工作方案》。
[4] 于长江：《现代化过程中的赫哲族："文化"还是"生产方式"？》，载《广西民族学院学报》（哲学社会科学版）2003年第2期。

达60%。政府还投放扶贫专项资金210万元，为两个赫哲族村新建了10栋标准化牛舍，铺筑了2300延长米的白色路面，安装了路灯，挖设了排水槽等。①

三是文化设施建设。虽然政府理解的文化多侧重在教育配件、乡村文化站、卫生站建设、博物馆等，但这毕竟是体现国家民族政策的一大亮点。例如卫生方面，同江市两个赫哲族乡都建有一座两层楼的卫生院，总面积674平方米，医护人员18名，达到初级医疗保健水平。

同江市近年来也积极改善赫哲民族乡镇的办学条件。两个乡镇的中心校总建筑面积达到3877平方米，配有实验室、微机室、图书室等，同时提出免除赫哲族等七个少数民族义务教育阶段的杂费并增加在校生的补助费。中学生由每年70元增加到120元，小学生由每年的10元增加到60元。同时还为两个赫哲乡中心校每年各增拨教育事业费1万元，用于补贴教育经费，促进赫哲族乡村社会事业与经济协调发展。

目前每乡各建有一个200平方米的文化站，专款购置音响、乐器、图书，并有专人管理。

博物馆。佳木斯博物馆专设有赫哲族展厅；1990年同江市文物管理所辟建了"同江市赫哲族博物馆"；2000年，又新建了面积为1470平方米的"中国赫哲族博物馆"，意在全面收藏、展览、介绍赫哲族历史文化。

旅游业的兴起也促进了政府对赫哲族文化的重视和投资领域创新。街津口赫哲族乡为发展旅游而突出赫哲族文化，建设了街津口赫哲族风情村。村内有赫哲族博物馆、赫哲风情餐饮住宿、赫哲歌舞表演等，力图展示赫哲族"原生态"文化。此外，同江市文工团等文艺单位也得到了大力扶持。

四是文化管理部门建设。当地少数民族文化活动（如语言、宗教、文化娱乐等）归两个部门分别管理。文化局系统管理各民族的文体活动及其发展；民族宗教局管理经济发展、语言、宗教等少数民族事务。各级党委的宣传部门在文化发展上也有较大的发言权。近年上述部门开展的活动主要有：

文化局的"非物质文化遗产"保护名单中包括了赫哲族口头文化。

同江市举办了三届"中国赫哲族旅游节"，其影响已达到全国和俄罗斯远东地区。

2005年6月21日，抚远县举办了每四年一届的第七届赫哲族"乌日贡"大会，邀请了俄罗斯那乃村代表赴会。

第七届全国民运会上，赫哲族代表黑龙江省参赛的《叉草球》、《杜列其》等表演项目获一等奖。历届全国和省民运会上，赫哲族还有冰磨、角力、骑马、滑

---

① 中共同江市委、同江市人民政府：《2006年5月工作汇报》，内部资料。

冰、摔跤射箭等活动。

在北京召开的世界旅游组织第 15 次全体大会上，同江市赫哲族旅游度假村依玛堪艺术团的赫哲族节目《神杖舞》获得圆满成功。

翻译出版了一批优秀的"伊玛堪"作品。"特伦固"和"说胡力"也先后结集出版。

调查组观察，政府文化工作的薄弱环节在于民族文化社区的建设，即民族文化没有在社区扎根。

3.2 民族文化精英的努力

我们在调查中征集到赫哲族文化精英的一些成果和意见，其中多数人或是在职的公务员或是退休的政府官员。他们对赫哲文化保护做出的努力虽常借助政府力量，但原创性和民族性含量更高。

1987 年，研究赫哲文化的学者发起成立了"同江市赫哲民族研究会"。该学会至今仍在积极活动，培养了一批赫哲研究的专家。其中有人积极整理赫哲语语法词汇编辑字典；有人搜集编录赫哲历史文化，写出日益详尽的民族志；亦有人深入各个聚居地进行调查分析，为政府决策收集资料……

20 世纪 90 年代末，同江市群众艺术馆在街津口与八岔两乡民委资助下，发起创立赫哲少儿艺术文化培训中心。该中心利用寒暑假开课，培训赫哲族儿童集体学习赫哲语、民族歌舞、乐理知识等。不仅培养了一批年轻的文艺接班人，也引起了大家对赫哲文化的重视和关注。

街津口"伊玛堪文化团"接受很多该中心培养的赫哲族文艺人才。这个由旅游局组织的文化团依靠街津口赫哲风情村，一方面在村中为旅游者演出赫哲歌舞，另一方面接受全国各地的邀请巡回演出。

3.3 居民的评价

有社会学者在调查报告中认为，赫哲民众对民族文化保护的态度更多的是出于经济利益的考虑，即文化繁荣有利于旅游业的发展。但在我们的调查中，赫哲民众对民族文化的逐渐消失并非只有冷漠感。最明显的是老人们感慨自己原来常用的语言成为年轻人遗忘和放弃的"废品"时，满脸的落寞。当年轻的渔人拿出父辈留下的渔叉展示时，我们分明看到他自豪的表情。八岔乡赫哲村的男子们聚集于道旁的八角亭中，听一位老人为我们讲述他知晓的赫哲历史。开始时的凑热闹变为好奇发问，年轻人也主动指点我们应该找谁家才能完成调查。曾经到北京为毛主席唱过歌的两位老太太对我们说，赫哲语现在大家都不学了，文字创出来也没意思，丢了就丢了吧！结合她们脸上的神情，我们不敢说这是冷漠的旁观，而更愿意猜想为无力的认命。

也许赫哲民众对自身文化的兴趣是在旅游业利益和各色调查追问中被"催生"而出，但换个角度想，如果赫哲民众发现依靠其传统能得到主体自身原有价值的再实现，文化恢复哪怕再造都有可能吧？就赫哲民众对文化保护的有心无力的处境看，他们的态度也就不会令人奇怪了。

文化保护与发展，可算是当前政府、学术界、媒体等各方热炒的话题。然而，在共同的口号下，大家的角度和以此形成的措施与建议不尽相同。前些年曾经时兴过一个叫遍南北乡村的口号"文化搭台，经济唱戏"，正是当前政府强调文化保护的主要意图。自命为主导者的当地政府，也许并没有太多考虑过，文化这一面具之下的人及其对文化保护与发展的看法和感受。当地精英认为自己是民族文化传承的命脉，却忘记脱离生活的文化不过是舞台作秀，久而久之必定落于空泛。普通民众的"无畏"并非出于无知，而更可能是知晓自己早已被置于真空中，声音无法传播后的无奈。

以上对于各方成就和民众评价的简要叙述不过是我们浮光掠影中收集、听到和记录下来的片断。但其中仍然可以看出他们对文化保护的态度和视角。正如上文"文化"部分所提出，当前赫哲族在环境变迁、现代化洗刷中，生计、语言、风俗习惯等都面临挑战。赫哲文化如何保护进而发展？想要解决这个问题，就不能将讨论停留在就事论事的表面。

四、分析与建议

赫哲文化能在复杂的社会环境中存留至今，这本身就说明它不仅是单一的渔猎民族，也不是排外的小农社会，而是一个多元的社会关系价值体系。这个体系是中华民族和谐社会建设至关重要的资源。赫哲文化所面对的挑战，是对中国政府的挑战，也是对中国社会主义制度的考验。作为人口较少民族，同时是一个对国家权力和决策十分信赖的赫哲族，替国家把守民族文化保护底线的时间已经足够长，现在已到了中央政府带领整个中华民族接过这副重担的时候。在此认识前提下，我们还要特别提出，今日赫哲族文化遭受危机的最根本性原因是聚居区居民的文化主体性一直没有受到足够的重视。换言之，在赫哲族文化保护与发展的新模式中，政府、精英和社区居民应该形成权利平等、相互配合的铁三角关系。

当前的国家政策和行动，大多没有将民众意见或民众能力考虑在内。政府一再"引导"、"启发"赫哲民众的文化觉悟和危机意识，精英们总是强调自己的先见之明和不可或缺。但问题是，为什么至今收效甚微？为什么我们今天能看到的赫哲文化不是活在社区民众里，而只是展现在博物馆和游客面前的那些内容？归根到底，赫哲族民众必须参与到文化保护和发展的过程中来。要做到这一点，就必须首先找出赫哲族在民族文化保护中主体缺位的根源。

当前中国人口较少民族的文化保护牵涉两个被人故意回避的关键点：一是生计资源权利。中国人口较少民族多半是当地的原住民族，其祖居地自然资源也是该民族文化的组成部分。对于从事渔猎采集的民族，例如赫哲而言，这个问题更为复杂和重要。山林江河的使用权从来无法专有，也难以排他，这就意味着人口较少的采集渔猎民族必须承受着其他民族利用山林江河方式的后果。地区和部门的管理界限、短期利益和GDP崇拜、部门利益冲突等问题更影响了国家对山林江河的系统管理和保护。例如工业污染水源的最终受害者往往就是居住在江河边并靠江河生活的人们。赫哲族作为三江平原的世居民族，可以说是尽其所有地为国家的发展建设贡献了他们生存地区的江河和山林土地的使用权，乃至他们今天成了只能领证捕鱼或无地转产的少数民族。如果说国家在建设初期，依靠林业、渔业等各种资源消耗型产业发展至今天的强盛，是否应该在此时想到曾经作出巨大贡献的各地原住群体的资源权利？这种权利不仅代表着赫哲族作为群体应该可以参与到对其生活相关各种决策过程中，更显示着这些群体不是可以被地方政府和企业漠视的权力主体。可以说，在今天自然环境已沧海桑田之时，承认这种权力也许是象征多于实际，但在一个"有产"才能被尊重的市场经济社会中，这种承认至少能确保当地居民作为文化主体能够参与博弈，甚至否定过于不公平的经济规则。

二是国家优惠少数民族的政策话语。这些政策在主流社会看来，其本质就是照顾。今天，政府和主流社会，甚至少数民族自己，都把这种基于"关怀"的政策理解为"免费的礼物"。这种看似豪迈的话语其实掩盖了很多问题。"免费的礼物"意味着"无需回报"，无需回报就是否定互惠。而终止对方的回报举动其实正是等级权力的象征。[①] 也就是说，在这种话语下，国家作为主流社会代表，实际上在剥夺少数民族回报照顾权力的同时，也掩盖了他们之前为国家做出奉献的事实。这不仅弱化了少数民族作为国家公民的价值，即他们的资源、劳动和文化对国家的贡献，也造成主流社会民众对少数民族地位和意义的怀疑。

主体地位的缺失导致了赫哲族文化保护与发展中的特殊困境，但也提供了我们转换角度看待问题的新视角。如果将主体性问题提升到分析赫哲文化困境和构思未来策略的关键地位上，我们就能在悲观的文化处境中看到新的希望和起点。

让我们在此重温本文强调的观点：赫哲族曾经是在给国家交税的前提下，

---

① （法）毛斯著：《礼物》，载《人类学与社会学》，上海：上海译文出版社，2003年。

有权充分使用当地山林江河资源的原住民，是当地发展的主体力量。赫哲族文化是一个经历过历史风雨考验的复合整体。它曾经为赫哲族赢得过生存权利和生活的尊严。在此前提下，我们先提出少数民族文化保护与发展的两条抽象原则，目的是把人口较少民族的主体性嵌入到当前正在改善的发展政策体系和话语中：

第一，在和谐社会目标下，系统修改中国少数民族政策的话语体系，即突出少数民族文化的重要性，指出少数民族资源对国家经济的贡献，少数民族文化对中华民族文化的贡献，那就是他们对主流社会民族优惠政策的前期付出。而且，这些民族文化的保持和发展，将关系到中国和谐社会的大局和根本。既然国家肯对人口较少民族的经济安排"经济社会发展项目"，就说明国家对少数民族的高度重视。那么，丰富中国应对生态危机、社会失范与人心失衡的文化资源，将是少数民族对主流社会的更大回馈。只有国家承认少数民族及其文化对主流社会的生存具有跟经济发展同等重要的价值，才能根本克服主流社会的偏见，进而恢复主体间的互惠和平等。

第二，吸收国际社会的人权理念和规范，将原住民资源权益纳入人口较少民族文化保护与发展政策规划。对于人口较少民族来说，尊重其资源优先使用权或者使用否决权，方能为其提供平等博弈的坚强保证。

第三，积极探讨和建立人口较少民族文化保护与发展运作模型，即包括政府、当地精英与民众三方互动的模式。政府出资支持，聘请中立专家评估；由当地少数民族文化精英充当组织与管理者，听取民众文化需求并上报政府诉诸实行；民众按其文化需求提供可行意见，参与文化活动，并监督精英管理行为。

为在短期内扼制赫哲族文化流失的势头并徐图恢复，我们建议采取下列具体行动：

首先，参照上述第三点，建立赫哲族文化保护与发展基金，供民族文化传承人或赫哲文化研究组织和当地政府附设的民族文化传播和演出单位申请，用于文化保护与发展项目。中央政府在国家民族事务委员会设立基金管理处，人口较少民族中经过审定的文化传承人或成立两年以上的文化民间组织可申请小额资金用于相关项目。项目结果和资金使用情况由国家民族事务委员会聘请的外地专家收集民众意见进行审核。

其次，综合比较满文、朝鲜文、俄文和汉文，为记录和传承濒危的赫哲语而设计抢救性的文字。当地人提议将赫哲语用文字或国际音标记录下来。我们认为可以借此编出赫哲语教材，加入当地的中小学课本，考核成绩记入升学考试的评价机制中，促进赫哲语复兴。同时为东北亚地区保护和传承通古斯语族和语言开创国际先例。

第三，利用旅游业的吸引力和影响力，优先聘用社区赫哲族人在当地文化产业建设中发挥作用，展示赫哲族对本地经济和社会发展的作用，以期恢复民族互惠机制。

第四，用以人为本的礼性平衡以经济和机构效率为本的理性，中央政府为赫哲族设立可以直接上报需求和发展意见的渠道；地方层面设立社区代表参与当地决策过程的机制。

第五，政府在为赫哲族建设房屋、转产等扶贫行动时，应综合考虑赫哲文化形貌和民众生活条件提高的双重要求，避免崇洋媚外，尽量采用传统材料，将房屋外观表现为传统样式，而内部采用现代环保设施，使之有利于旅游业发展并体现民族主体性要求。

五、结　　语

赫哲族虽然是我国人口最少的少数民族，但其文化也在中华民族文化中占有一席之地。就赫哲文化的历史来看，我们完全有理由对其复兴寄予厚望。在今天现代化的挑战中，只要国家能摆正人口较少民族及其文化的位置，用全局、战略眼光看待其重要性，从以人为本和人权保护的角度深思其主体的要求，就能在与赫哲族精英和民俗的协作中恢复赫哲民族的尊严和文化。

史禄国在80年前曾经预言："从民族变动过程看，可以推断通古斯人所占有的地域，或迟或早总有一天会被他们的邻族占领，而这一过程是无法阻止的。通古斯人绝灭的过程远非单纯经济的、不卫生或其他原因，也不是作为民族活动作用的出生率和死亡率问题，而仅仅是在邻近民族的压力下，一个民族或一组民族衰微过程的外部形式。"[①] 如果中国不是社会主义国家，史禄国的预言早已应验。但史禄国描述了通古斯民族的末日，却忽视了这个开放文化体系与生俱来的能动性。

但即使今日在中国这个社会主义国家，赫哲文化延续也构成了对我们的重大挑战。这一挑战不仅关系到赫哲族的存亡继绝，而且检验着中国在全球化压力下构建和谐社会的能力。我们期待赫哲族的文化能够经受这次考验，也期待中国的和谐社会建设能为中国与生俱来的多元文化资源增添光彩。

---

① 史禄国：《北方通古斯的社会组织》，呼和浩特：内蒙古人民出版社，1984年。

附录：佳木斯市赫哲乡镇民族文化设施[①]

文化馆（站）情况

所在乡镇	馆（站）建筑面积（平方米）	房屋结构	在职少数民族人数（人）	年活动次数	活动内容
街津口乡	150	砖瓦	2	10	元旦警民联欢；"三八"秧歌会演；"乌日贡"表演；"8月8日"游街；"十一"篝火晚会；"伊玛堪"演唱会等
八岔乡	200	砖瓦	2	5	"三八"文艺演出；青年歌手大赛；农民歌手大奖赛；"八一"警民联欢；教师节文艺演出

中小学情况

学校名称	学校类别	学校等级	总建筑面积（m²）	少数民族学生占总数比例（%）	少数民族教师数（人）	微机数量	图书馆（室）藏书数量（册）
敖其村赫哲族小学	赫哲	合格	1170	31	3	35	—
街津口赫哲族小学	赫哲	标准	1000	30	5	—	1400
八岔乡小学	赫哲	标准	1390	22	11	—	3600
街津口中学	赫哲	标准	900	14	3	16	1600
八岔中学	赫哲	标准	860	24	2	16	1700

赫哲族博物馆情况

名　称	在职人员数	建筑面积（m²）	展厅面积（m²）	馆藏文物件数
（同江市）中国赫哲族博物馆	6	1470	1100	800

另有佳木斯市民族文化展览馆、街津口民族风情园和个体办的民俗博物馆3处，内情未调查。

[①] 参见《关于佳木斯市少数民族社会事业基本情况的调查报告》。

鄂伦春族、鄂温克族文化保护与发展

卡丽娜（执笔）王莉 张海洋

一、历史与现状

鄂伦春族和鄂温克族同属于满—通古斯语族通古斯语支，有语言无文字，现在主要学习和使用汉文或蒙古文。据第五次全国人口普查统计，鄂伦春族有8196人，鄂温克族30505人。他们主要分布在内蒙古自治区东北部呼伦贝尔市的鄂伦春自治旗、鄂温克族自治旗以及扎兰屯市鄂伦春民族乡、萨马街鄂温克民族乡，根河市敖鲁古雅鄂温克民族乡，阿荣旗查巴奇鄂温克民族乡、音河达斡尔鄂温克民族乡、得力契尔鄂温克民族乡，莫力达瓦达斡尔族自治旗巴彦鄂温克民族乡、杜拉尔鄂温克民族乡，陈巴尔虎旗鄂温克民族乡等9个民族乡。此外，鄂伦春族在黑龙江省还有5个民族乡：黑河市逊克县有新鄂、新兴2乡；爱辉区有新生1乡；大兴安岭市呼玛县有白银纳1乡，塔河县有十八站1乡。

以上合计，鄂伦春族有1个自治旗和6个民族乡，鄂温克族有1个自治旗和8个民族乡。

由于自然环境和社会历史因素，这两个民族目前从事农业、畜牧业以及半野生放养驯鹿业。其中的鄂温克族又细分为农业、牧业和驯鹿三支。本报告基于内蒙古鄂伦春自治旗、鄂温克族自治旗、根河市敖鲁古雅鄂温克民族乡的材料以及本调查组成员的调查研究，本报告所用的黑龙江省鄂伦春族资料主要借助卡丽娜本人先前的调查研究，其中也包含其他学者的一些调查成果，在此一并致谢。

1.1 历史文化传统

鄂伦春人和鄂温克人主要分布在内蒙古与黑龙江交界的大小兴安岭山林，主要从事狩猎采集。历史上，鄂伦春和鄂温克的祖先曾在贝加尔湖、外兴安岭黑龙江流域直至库页岛的广大地区生活。17—18世纪初，由于所居地区猎物减少沙皇俄国东向扩张，鄂伦春人和鄂温克人逐渐迁移到大小兴安岭及其附近地区。大小兴安岭丰富的动植物成为他们的衣食之源。在山高林密的特殊地理环境和自然条件下，他们以氏族为单位从事狩猎、养驯鹿和采集捕鱼等生计，并发展出具有浓厚民族特点的驯鹿、狩猎、桦树皮、兽皮、熊崇拜、萨满教等文化特质。清代皇家称他们为"使鹿部"、"使马部"、"索伦部"、"通古斯"、"雅库特"等。中华人民共和国成立后，中国政府在民族识别中根据本民族意愿，分别识别出鄂伦春族和鄂温克族。

清代中央政府为巩固东北边防，曾把当时3796名鄂伦春人和鄂温克的索伦部连同达斡尔人和巴尔虎部蒙古人共同编入布特哈八旗，即所谓"打牲部落"，也叫"索伦部"，其领袖人物被授予佐领或骁骑校官职，并派往呼伦贝尔的海拉尔、辉河、伊敏河一带长期驻防。[①] 不久又把家属迁来。为减少军费开支，清朝还按等级发给他们部分牲畜。鄂温克索伦部主体从此分成三部分：一部分畜牧。这是鄂温克人第一次从狩猎业转向畜牧业。此即今日鄂温克族自治旗内的鄂温克人。一部分继续从事山林狩猎，同时在周围民族的影响下稍事农耕。第三部分在嫩江流域的索伦鄂温克人受达斡尔等民族影响，主要从事农耕稍事狩猎。此外，还有未编入清朝八旗的另一支使鹿鄂温克人仍在大兴安岭山林从事狩猎业和驯鹿饲养。在此期间，被编入清朝布特哈八旗的鄂伦春人则在狩猎的同时开始用马。

清后期实行路佐制后，鄂伦春和鄂温克的传统氏族制度开始瓦解，但作为社会基本细胞的家族"乌力楞"继续存在。茫茫林海都是他们的族人繁衍生息的地方，家族间从未因土地问题发生过纠纷。他们占有土地的观念也一直淡薄。黑龙江省逊河和兴安城附近喀尔通的几户人家在清末曾经"弃猎归农"，继而在北洋政府1914年制定的《生计地移垦章程》引导下稍事农耕，但不久又弃耕还猎。

20世纪50年代，鄂伦春、鄂温克中的一部分人陆续转产从事农业。1996年1月，鄂伦春自治旗人民政府作出禁猎决定，全体鄂伦春人彻底告别了传统的狩猎业生产生活，走上了以种植业为主的多种经营的道路。驯鹿鄂温克人也于2003年8月放下猎枪从事单一的驯鹿放养，成为中国最后一批放下猎枪的群体。

过去，大小兴安岭林海之中人烟稀少，鹿、驼鹿、狍子、野猪、熊、灰鼠、飞龙、棒鸡和水中鱼类繁多。鄂伦春人和鄂温克人养成了以吃野生动物为主、山林野菜野果为辅，饮用奶茶、树汁和树浆的传统，并在此基础上形成了以游猎经济为主的生计方式。

早期为方便狩猎和饲养驯鹿、牛、羊、马，山林鄂伦春人和鄂温克人曾居住

---

① 《民族问题五种丛书》内蒙古自治区编委会编：《鄂伦春族社会历史调查》第一集、第二集，呼和浩特：内蒙古人民出版社，1984年；内蒙古自治区编辑组：《鄂温克族社会历史调查》，呼和浩特：内蒙古人民出版社，1986年。

一种易于拆迁的帐篷式的"撮罗子"。这种"撮罗子"高约1丈，直径1.2丈，用25—30根落叶松杆搭成伞形。夏季用松树皮围盖，冬季用鹿皮等遮蔽。游牧鄂温克人住蒙古包。

早期，鄂伦春人和鄂温克人狩猎工具有扎枪、弓箭和燧石枪、猎刀、砍树刀、鹿狍哨等。桦树皮船、滑雪板等也必不可少。20世纪初始，他们开始使用俄式"别力弹克"快枪，后又陆续使用"七·九"、"七·六二"和小口径步枪，从而大大提高了狩猎能力。俄式枪支和弹药是猎民用昂贵猎物如鹿茸等，从俄商手里直接交换而来。

鄂伦春人和鄂温克人的早期衣着、铺盖和多数盛器都用马鹿、驼鹿、狍等野生兽皮制成。他们的兽皮加工手艺及服饰工艺均极为古老。各种制品用兽筋制成细线缝成，可做四季用的皮帽、皮衣、皮裤、皮鞋、皮被褥、皮包及其他制品，并有纹样古朴的装饰。桦树皮容器也很普及。人们还用桦树皮剪出惟妙惟肖的动物形象，也善于雕刻木质、骨质、鹿角质的动物造型。

社会组织方面，鄂伦春人和鄂温克人直到1940年代末，仍流行父系氏族组织。鄂伦春人的氏族叫"莫昆"，族长称"莫昆达"。鄂温克人辉河支系把氏族叫做"哈拉"，族长称"哈拉达"。敖鲁古雅支系称氏族为"基那"，族长称"基那斯"。两个民族各氏族都有氏族长并有氏族长会议来协商解决氏族间的问题。氏族之下的家族称"乌力楞"。"乌力楞"之下分化出来的小家庭"柱"是两个民族的基本社区细胞，他们猎获的马鹿、驼鹿、狍等野生动物的肉要按家族"乌力楞"内的各个小家庭"柱"为单位来平分。但打到熊时，则由乌力楞统一消费。家族"乌力楞"对于鳏、寡、孤、老弱病残者实行无偿抚养。老年人有很高权威，是维护猎物分配规则的支柱。两个民族都实行一夫一妻氏族外婚制度。丧葬多为树葬或风葬。

宗教方面，鄂伦春和鄂温克两族跟阿尔泰语系的其他民族一样，早期都信奉萨满教，并且有动物—图腾—祖先为核心的萨满教信仰体系。家族"乌力楞"崇拜的对象是"玛鲁"神。它能影响狩猎、畜牧和驯鹿业的效益。"玛鲁"神玛鲁之外，两个民族对于熊都有既崇拜又恐惧的心理。他们猎到熊时，要将熊骨熊头风葬，并且禁食熊身上的某些部位。他们对火的崇拜也特别普遍。鄂伦春人和鄂温克人的每个氏族都有萨满。氏族长一般由萨满担任。氏族社会中出现的一切矛盾或生老病死等事，都由萨满出面解释或解决。近代以来，受周围民族宗教信仰的影响，他们也在一定程度上接受了东正教、佛教、基督教等信仰。

鄂伦春人和鄂温克人的民间传说、神话、故事、谚语、谜语十分丰富。鄂伦春人的说唱文学有"摩苏昆"和"坚珠恩"，说唱故事有《英雄格帕欠》，神话有《"恩都力"造人》；鄂温克人的神话有《拉玛湖》、《熊》、《驯鹿神话》、《尼桑萨满》、《伊达康萨满》、《火神"瑟伦达"》，故事有《巴特日桑》等等。鄂伦春人和鄂温克人还能歌善舞。"篝火舞"、"阿罕伯舞"以及公野猪搏斗舞即"爱达哈喜楞舞"等都反映了鄂伦春人和鄂温克人同自然界相处中的复杂而丰富的关系。

鄂伦春人和鄂温克人的传统节日主要有"奥米那"、"扭木捏克"、"米阔鲁"节、瑟宾节、敖包会、阿涅（春节）、正月十六（抹黑灰日）、二月初二、罕希（清明）、祭火日（腊月二十三）等。① 这些节日都要祭神、祭祖，吉庆、祥和、祝福并举行歌舞娱乐活动。节日期间，鄂伦春人和鄂温克人缔结婚姻，交流狩猎和养畜经验，重新划定氏族间的狩猎和放牧场所和界线。他们还各自拿着最好的猎获物或精心加工的皮毛制品或手工艺品相互交换。上述活动基本上都以家族"乌力楞"为单位进行。

1.2 社会现状

内蒙古自治区呼伦贝尔市鄂伦春自治旗始建于 1951 年 4 月。它位于呼伦贝尔市东北部大兴安岭东南坡的嫩江西岸。其北部与黑龙江呼玛县的伊勒呼里山为界，东南与黑龙江省嫩江县隔江相望，南与莫力达瓦达斡尔族自治旗和阿荣旗接壤，西与根河市、牙克石市为邻。旗境南北长 261 公里，东西宽 280 公里，总面积 59880 平方公里，在呼伦贝尔市各旗市区中面积最大。它有林地 8730 万亩，占全旗面积 97.2%。但林地中属于本旗的施业面积仅 23.7 万亩，占林地面积 0.27%。其他林地都为内蒙古大兴安岭林管局所属 6 个林业局和农场局所属 6 个国有农场占用。这些国家林场的林权证管辖范围占鄂伦春自治旗实际管辖面积的 92.8%，农场局管辖范围占鄂伦春自治旗实际管辖面积的 5%。结果，自治旗的实际管辖面积仅为旗境的 2.2%。② 其中又有 1/3 即 18910 平方公里的土地被黑龙江省加格达奇区和松岭区无偿占用。③ 随着国家"天然林保护工程"的实施，天然林限伐，旗林业收入由原来占财政收入的 80% 下降为 18%。④

旗内 2006 年 6 月的行政区划为 6 镇 1 乡，总人口 279718 人。其中鄂伦春族 2436 人，占总人口 0.87%，汉族 247422 人，占总人口的 88.45%，其他 15 个少数民族 29860 人，占总人口的 10.68%。农业人口 64018 人，非农业人口 215700 人，各占 22.89% 和 77.11%。

2005 年，全旗有乌兰牧骑、文化馆、博物馆、档案馆、公共图书馆、体育

---

① "扭木捏克"是鄂温克语，表示"欢聚在丰收的时刻"之意。
② 鄂伦春自治旗旗委副书记、旗长莫日根布库：《参加全区民族工作会议讨论提纲》，2005 年 9 月 21 日。
③ 中共鄂伦春自治旗委员会、鄂伦春自治旗人民政府：《向全国人大民族委员会调研组汇报提纲》，2006 年 6 月 17 日。
④ 鄂伦春自治旗旗委副书记、旗长莫日根布库：《参加全区民族工作会议讨论提纲》，2005 年 9 月 21 日。

馆、电影院、广播电视台各1座，文化站10个。全年发行旗县级报刊《鄂伦春报》4.6万份，《鄂伦春研究》2000册，《鄂伦春》4000册。文化站全年辅导单位和社区人员6200人次，推广了"五少民族广场舞"活动。旗乒乓球俱乐部会员由15个单位发展到35个。电影院全年放映698场，观众达10万人次。旗博物馆全年接待游客10713人。乌兰牧骑先后创作音乐、舞蹈、歌曲等作品600余个，获盟级以上表彰奖励的作品和曲目470余次。"文化先进旗"创建活动推进了"彩虹文化计划"、"边疆文化长廊规划"、"农村牧区电影'2131'工程"。

教科文卫方面，全旗现有中小学110所。其中民族小学8所，民族中学3所。中学在校生17969人，比上年下降3.1%；小学在校生20022人，比上年下降11.4%；学龄儿童入学率100%。鄂伦春学生全部免费入学并享受助学金。2005年，全旗拥有卫生机构98个，床位975张，比上年下降3.1%；专业技术人员1617人，比上年增长2.5%，其中医生765人，注册护士441人。全旗有旅游景点"嘎仙洞鲜卑旧墟石室"等近20处，年接待国内外游客65503人次。

鄂温克族自治旗成立于1958年。它位于大兴安岭西麓的呼伦贝尔草原东南部（东经118°48′02″—121°09′25″，北纬47°32′50″—49°15′37″）。全旗总面积18726.85平方公里，其中草原11900平方公里，占全旗总面积62.5%；林地6462平方公里，占全旗总面积33%。森林覆盖率30%。旗内长度在20公里以上的河流有31条，各种湖泊600多个，有著名的维纳河阿尔善矿泉。2006年，全旗行政区划为4镇1乡2苏木44嘎查和14个社区，居民生产生活以畜牧业为主。所以，人们也把旗内鄂温克人称为牧业鄂温克。牧民人均年纯收入4781元，年度牲畜总头数1028232头（只）。旗内有2个省区级开发区——巴彦托海经济技术开发区和呼伦贝尔能源重化工工业园区。2个国家级自然保护区——辉河湿地自然保护区和红花尔基樟子松林自然保护区。旗境还驻有华能伊敏煤电有限责任公司、大雁矿业集团公司和红花尔基林业局三个大企业。2006年全旗人口为21个民族142791人。其中鄂温克10234人，占总人口7.17%；蒙古族26638人，占总人口18.66%；汉族86229人，占总人口60.39%；其他少数民族19690人，占总人口13.78%。

文化设施方面：自治旗于1997年投资1100万元建成占地面积4200平方米，集鄂温克博物馆、文化馆和少年宫为一体的文化综合楼。2004年又投入220万元新建了1700平方米的图书馆，1个925平方米的乌兰牧骑，1个影剧院，1座电视台和广播电视网络系统等文化职能单位。90%以上的苏木乡镇区建有250—800平方米的砖瓦结构文体站舍，44个嘎查中有40个嘎查建有100平方米以上的文化活动室。2003年以后，建起了锡尼河东苏木布里亚特博物馆、锡尼河西苏木博物馆、巴彦塔拉达斡尔民族乡博物馆、巴彦嵯岗人物陈列馆。辉河苏木自然生态馆正在筹建。

民族文化活动方面：基础设施的日趋完善，为开展基层文化事业提供了条件，奠定了良好的基础。在注重社会公益事业单位文化队伍建设的同时，积极发展民族民间文艺队伍，积极鼓励民办社会文化团体，支持他们采取多种方式拓宽文化服务渠道，开展健康向上的文化生活。旗内鄂温克服饰表演队、布利亚特蒙古族服饰表演队、锡尼河牧民合唱团就是由民间发起，由市、旗、苏木政府予以扶植，广大青年牧民广泛参与的民间文艺团体。在呼伦贝尔市文化局的策划和指导下，旗、乡镇、苏木都有一支稳定的业余演出队伍。其中的敖包情艺术团、苍松艺术团、社区艺术团、乌切尔少儿艺术团、城建局文艺队、卫生系统文艺队等十几支业余文艺演出队伍都有排演一整台反映当代文化特点文艺节目的能力。在呼伦贝尔市文化局策划指导下，已形成"敖包相会"、"伊敏河之夏"、服饰表演、牧民合唱团等知名文化品牌。民族传统体育项目围绕"瑟宾节"、"冬季那达慕"和"马文化"等活动为载体展开。民族民间文化研究以及抢救和保护方面，鄂温克研究会、文学艺术研究会等发挥了重要的作用。

教育、科学、卫生方面：2005年全旗有小学20所、普通中学14所（其中初中11所、高中3所），另有九年制学校5所。全旗中小学生享受"两免一补"的人数达52813人次，补助资金208万元。全旗有卫生机构76个，床位697张，执业医师299人，平均每千人拥有医护人员5名。三级医疗预防保健网络基本完善，新型牧区合作医疗正在进展中。全旗参与合作医疗牧民13386人，参合率81.46%。旅游局对巴彦呼硕旅游点、红花尔基森林公园、五泉山旅游点、晨光生态园、愉景湾观光牧场等旅游景区建设投入1000余万元，共接待国内外游客17.6万人，旅游总收入9601.8万元，发展势头良好。[①]

现在，自治旗正在积极实施"牧业立旗、工业强旗、生态兴旗、文化名旗、商旅活旗"的战略，为实现"打造实力鄂温克，发展活力鄂温克，建设生态鄂温克，创建平安鄂温克，构建和谐鄂温克"的目标而努力。

根河市敖鲁古雅鄂温克民族乡位于市西南4公里处，成立于1957年，总面积1767.2平方公里，占根河市总面积8.83%，其中森林面积251277公顷。2002年，全乡投资1300多万元实施生态移民，把散居山林的鄂温克人集中到新兴民族乡镇。镇内现有1座集广播站、综合文体游艺室、图书阅览室、博物馆于一体、占地737.04平方米的多功能文化中心站，1所702平方米的民族小学、108平方米的"结核病防治院"、147平方米有5人的敬老院以及419.9平方米的鹿产品加工厂和总面积为3104.6平方米的62户人均居住面积17平方米的猎民住

[①] 徐占江主编：《2006年呼伦贝尔市要览》，第481—506页，海拉尔：内蒙古文化出版社，2006年。

宅区。民族乡街区道路硬化，电网、给排水网、有线电视网全部入户。2004年，全乡445户1390人中有鄂温克人234名，占全乡人口的16.8%。他们仍主要靠饲养800多头驯鹿为生。驯鹿产品有皮、肉、奶、茸等。有时也把活体卖给外地动物园。由于驯鹿要吃新鲜苔藓，不适合圈养，所以一些人家虽然在新村有房，但还是要返回山林跟随鹿群。目前鄂温克人均年纯收入较低，约为1500—2000元。在山林放养驯鹿的鄂温克人有时能靠接待外来参观有些实物礼品收入。由于山林权属在国家林场，所以从长远看，他们这种生计也会受到林权证的困扰。

1.3　基层文化变迁

鄂伦春人和鄂温克人的传统文化在20世纪经历两次重大变迁。鄂伦春文化第一次重大变迁发生在1950年代。当时，黑龙江省动员部分鄂伦春人下山定居从事农业生产兼事狩猎业，但没有撼动根本。第二次是改革开放后，国家《野生动物保护法》的颁布并于1996年1月宣布禁猎。全体鄂伦春人从此完全放弃狩猎业，从而使传统狩猎文化发生根本变化。

鄂温克族的文化变迁共有三次：第一次是1732年清朝命1363名鄂温克官兵带家属到呼伦贝尔草原戍边。一大部分人从此开始了从狩猎为主到畜牧业为主兼营狩猎的生活。但仍有一部分鄂温克人继续从事狩猎稍事农业，还有一小部分人延续驯鹿兼狩猎的生活。

第二次变迁发生在1950年代以后，情形与黑龙江鄂伦春人相似，部分山林鄂温克人走上以农为主兼营狩猎的道路。第三次是《野生动物保护法》颁布实施，终于使那些农猎兼营的鄂温克人全部转产于农业。2003年8月，敖鲁古雅驯鹿鄂温克人也因为集中定居而放下了猎枪。从此，全体鄂温克人彻底告别了几千年的狩猎业。但因为放养半野生驯鹿的鄂温克人仍不能离开森林，所以他们人数虽少，却勉强延续着鄂温克人的核心传统文化。如果说畜牧业已成为大部分鄂温克人新的生计，那么鄂温克族传统文化的处境就略好于鄂伦春族。

鄂伦春人传统文化面临解体，主要是因为狩猎被禁。鄂伦春人过去食兽肉衣兽皮，住在用兽皮围盖的"撮罗子"内，社会组织、物质和精神生活处处离不开狩猎业。狩猎构造了鄂伦春人包括制度文化、物质文化和精神文化在内的完整的传统文化体系。近几十年来，由于森林过度开发，野生动物被外来人乱捕乱杀，鄂伦春人的狩猎即使不被禁止，也在客观上难以为继。生态危机导致生计危机，生计危机导致鄂伦春族的传统文化濒危。

(1) 传统组织变迁

清代"路佐制"在鄂伦春人和索伦鄂温克人中实行，动摇了两个民族的传统哈拉、莫昆氏族制度。但家族"乌力楞"得到保存并继续发挥功能。1950年代鄂伦春人定居时，以几个"乌力楞"为单位建立一个村庄。"乌力楞"之间的界线被打破。家族长和传统习惯法被政府选派的村长取代。村长之上是乡长县长，一切都是现代制度。过去，鄂伦春人出猎，要在"乌力楞"之下组成临时狩猎小组"阿那格"。但1950年代到1990年代中期，这种狩猎组织不复存在，鄂伦春人养成了一人出猎的新习惯。

敖鲁古雅驯鹿鄂温克人的"乌力楞"集体也已基本消失。个体小家庭"柱"成了独立经济单位。家族"乌力楞"多半转成地域性社区组织。但以血缘关系为中心的氏族组织目前还有个别存在。例如，2002年夏秋季卡丽娜调查的四个猎业点中，玛利娅·布与阿力克谢依·古的两个女儿达玛拉·古和中妮浩就住在同一个猎业点的两个帐篷中。另一个猎业点上住的两个帐篷：葛秀兰的丈夫肖良柱跟冬霞的丈夫肖良库就是兄弟俩。但玛利娅·索、安道、巴拉杰依和阿龙山的达瓦、格拉、格力士克这两个点上的人就没有太直接的血缘关系。他们只是由于合得来及饲养驯鹿的天然牧场相接而走到一起，从而组成了特定的地域组织。

迄今为止，驯鹿鄂温克人和牧业鄂温克人由于传统生计方式仍在延续，因此50岁以上的人都还能记得"乌力楞"的组织形式。60岁以上的人至今还常说本"乌力楞"的人过去如何生活。小辈儿人也能听懂和接受。过去，年轻人都听老年人的话。老年人是维护部族秩序的力量。现在，鄂伦春和驯鹿鄂温克人社区都有很多社会问题，比如酗酒、酒后滋事、非正常死亡率过高等。这些情况多少跟传统制度文化丧失不无关系。

（2）物质文化变迁

清代鄂伦春人和鄂温克人的索伦部、达斡尔族等曾有3796人在清朝被编入布特哈八旗"打牲部落"。领袖人物被授予佐领或骁骑校官职。[①] 他们当时共有3796人，在戍边的同时，分别以鄂伦春人的狩猎养马（鄂伦春）、鄂温克索伦部人畜牧兼狩猎（鄂温克索伦部人）、达斡尔族的农业兼畜牧（达斡尔）等方式生活。

清末民初，国家推行"弃猎归农"政策，带有指导鄂伦春社会变迁的含义。当时的地方当局曾制定了鄂伦春官兵生计地放垦章程，并在奇克特东方、逊河、黑龙江沿岸等地区划给鄂伦春人生计地22906.9垧。[②] 此后几十年，鄂伦春人没有表现出经营农业的兴趣，多半采用雇工耕种，自己则继续从事狩猎。这种政策

[①] 《民族问题五种丛书》内蒙古自治区编委会编：《鄂伦春人社会历史调查》第一集、第二集，呼和浩特：内蒙古人民出版社，1984年；内蒙古自治区编辑组：《鄂温克人社会历史调查》，呼和浩特：内蒙古人民出版社，1986年。

[②] 《民族问题五种丛书》内蒙古自治区编委会编：《鄂伦春人社会历史调查》第二集，第48—57页，呼和浩特：内蒙古人民出版社，1984年。

没能持续多久就被放弃。鄂伦春人也没有发展出很强的土地私有观念。

1996年1月，鄂伦春自治旗人民政府作出禁猎决定并收缴猎枪后，鄂伦春人才完全放弃了传统狩猎业。时至今日，鄂伦春熟练掌握狩猎技能的多是60岁以上的老人。据唐戈调查，塔河县十八站1997年还有几户常年在野外打猎的家庭。① 但从主体上看，鄂伦春多数年轻人对传统狩猎一问三不知，对农耕技术也没有兴趣掌握。失去了传统生计的鄂伦春人陷于困境当中，只想当公务员或外出打工，这是鄂伦春人的生存现状。

鄂温克人处境稍好。畜牧鄂温克已形成较完整的牧业传统习俗。40岁的人已对狩猎技能感到很陌生。驯鹿鄂温克人由于2003年8月才上缴猎枪，所以30岁以上者仍知道打猎技能并以成为好猎手而自豪。他们当中仍有33人至今在山上猎业点以古老方式饲养驯鹿。男人们能熟练地找驯鹿、狩猎、围建鹿圈、锯鹿茸、打制铁具、制作桦树皮船、挑水劈柴。女人挤鹿奶、喂鹿盐、烤列巴、洗衣做饭、用兽筋缝制皮具、采红豆"亚格达"作酱、采集自用或给驯鹿用的草药等。但年轻人多半不会制作生产工具，而要去买。例如，打制铁具只能由1937年出生的安道来完成，桦树皮船只能由安道和1945年出生的格力什克来做。

衣着上，聚居地的部分鄂伦春人和鄂温克人在节假日和重要活动时都会穿上用现代工具缝制的本民族服饰，但由于气候变暖和禁猎等原因，穿兽皮服饰的人已经很少。只有驯鹿鄂温克人当中有极少数妇女还在以兽筋线缝制皮包和桦树皮制品。1921年出生在猎业点的玛利娅·索老人和她1975年出生的儿媳王英，1944年出生的安塔老人和她1972年出生的女儿张晓丽就有这种能力。玛利娅·索和安塔两位老人极力想保存传统文化。她们经常手把手地传授给自己的儿媳或女儿传统的缝制技巧和制作工艺，令人极受感动。

在饮食上，鄂伦春人和鄂温克人仍保持着爱食肉饮酪的传统，也增加了很多米、面、蔬菜成分。食物烹饪方法与东北汉族相同。驯鹿鄂温克人在山林中很少吃上新鲜蔬菜。老人仍用传统方式烤制列巴和做手把肉。玛利娅·索老人除了每天喝驯鹿奶茶、吃列巴外，还爱吃骨髓油、面条。我们从未见她吃米饭、喝酒。她也很少吃蔬菜，但身体很壮。2006年，她已85岁高龄。2003年前，驯鹿鄂温克人只有在供给车无法及时提供食品时才打猎，够吃即可。鄂伦春人和驯鹿鄂温克人懂得爱护山林、爱护野生动物，这也是千百年来驯鹿鄂温克人与周围环境和野生动物同呼吸共命运，相互之间没有造成深度伤害的重要原因。

居住上，鄂伦春人和部分鄂温克人现都已住上国家为他们盖的统一砖瓦房。

---

① 唐戈：《如何从文化变迁的角度把握鄂伦春人的现状》，载《鄂伦春研究》1999年（总第九期）。

敖鲁古雅驯鹿鄂温克人中的一部分仍随驯鹿群住在山林中猎业点上的现代帐篷里。帐篷要每五年更换一次。购买帐篷用自筹资金和国家补贴的办法。2002年，只在玛利娅·索猎业点上能见到孤零零的一个传统"撮罗子"。这是乡政府在她老人家一再要求下才给搭建的样品。老人对调查者说，我不这么做，年轻人会更快忘了这些！2006年，乡政府要求每个猎业点都象征性地搭建"撮罗子"。安塔家甚至在定居点门口也搭建了一个。猎业点上，有老人和有打铁工具的"撮罗子"内，席位仍有严格规定，不可乱坐。其他居住习俗也在沿用。每个帐篷周围都有用树搭建放杂物的树上仓库"靠老宝"。敖鲁古雅驯鹿鄂温克人在猎业点上的基本情况见表1至6。①

表1 玛利娅·索猎业点

姓名	性别	出生年月	民族	文化程度	婚姻状况	拥有枪支数	拥有驯鹿头数
玛利娅·索	女	1921.10	鄂温克	无	寡妇	5.6毫米小口径运动步枪一支	驯鹿37雄73雌
王英	女	1975.10	鄂温克	初中	寡妇	无	驯鹿10雄13雌
罗力克	女	1962.10	鄂温克	初中	已婚	无	驯鹿16雄27雌
索国光	男	1981.8	鄂温克	初中	未婚	无	驯鹿5雄1雌

基本情况	玛利娅·索：丈夫拉吉米去世。本人热衷用传统方法制作桦树皮、兽皮工艺品并对年轻人言传身教。记忆力好身体健康，能讲很多神话传说、民间故事。民歌唱得也很地道；她是现在驯鹿鄂温克人当中对传统文化懂得最多的人，且很有思想并受重视。有很多中外著名学者朋友。 王英：玛利娅·索的儿媳妇，母亲为驯鹿鄂温克人玛妮古，父亲为汉族。丈夫何英刚2000年溺水身亡。她是点上的重要劳力；也热衷搜集传统文化资料并爱好写作。 罗力克：配偶是马林东，汉族，猎业队队长；玛利娅·索的女儿。 索国光：孤儿，玛利娅·索的侄子；驯鹿由玛利娅·索赠与。 玛利娅·索、王英、罗力克、索国光住同一个帐篷并有1个"仙人柱"。 玛利娅·索住帐篷进门右侧地面兽皮褥子上。王英和罗力克住左侧木板床上。 索国光和何协住帐篷对门处的"玛鲁"神位地面兽皮褥子上。 玛利娅·索平时有儿子何协、何兴军帮忙。何兴军是根河市兽医站兽医，何协是乡猎业助理。何协有新口径枪一支，热衷打猎，是好猎人。卡丽娜调查时，何协打到一只狍子、三只榛鸡、一只飞龙。 玛利娅·索的帐篷在点上的最东侧，稍稍靠前。

---

① 卡丽娜著：《驯鹿鄂温克人文化研究》，第36—42页，沈阳：辽宁民族出版社，2006年。

表2 安道·古猎业点

姓名	性别	出生年月	民族	文化程度	婚姻状况	拥有枪支数	拥有驯鹿头数
安道·古	男	1937.5	鄂温克	小学	已婚	新口径枪一支	驯鹿5雄8雌
毛下	男	1967.5	鄂温克	小学	未婚	半自动步枪、新口径枪各一支	驯鹿3雄4雌
索热	男	1968	鄂温克	初中	未婚	新口径枪一支	驯鹿2雄4雌
索峰	男	1979.2	鄂温克	初中	未婚	半自动步枪一支	驯鹿2雄1雌
索斌	男	1981.6	鄂温克	初中	未婚	半自动步枪一支	驯鹿2雄5雌
杨双虎	男	1960	蒙古	初中	已婚	半自动步枪和5.6毫米小口径运动步枪各一支	驯鹿1雄20雌

基本情况
安道·古：配偶是敖包，鄂温克族；掌握桦树皮船工艺和打铁技能。
毛下：安道·古的儿子；驯鹿业生产能手。
索热：孤儿，巴拉杰依侄子；其驯鹿由玛利娅·索赠与，是驯鹿能手。
索斌：刊达的儿子。
杨双虎：玛利娅·索女儿莲娜的丈夫。
安道、毛下、索热、索峰、索斌、杨双虎均为男性住点上一个居中的帐篷。安道的打制铁器工具都包好放在床下。他们认为妇女接触工具打不好铁，因而不让妇女进入。就是王英有事儿也只能站在门口说。

表3 巴拉杰依猎业点

姓名	性别	出生年月	民族	文化程度	婚姻状况	拥有枪支数	拥有驯鹿头数
巴拉杰依	女	1942.4	鄂温克	小学	寡妇	新口径枪一支	驯鹿6雄14雌
留霞	女	1959.9	鄂温克	初中	寡妇	无	驯鹿2雄5雌
维佳	男	1965.4	鄂温克	中专	未婚	半自动步枪一支	驯鹿2雄5雌

基本情况
巴拉杰依：医院退休职工。
留霞：配偶是杨广忠，汉族，现已去世；巴拉杰依的女儿。
维佳：巴拉杰依的儿子，猎业干事；有很好的写作、绘画、制作手工艺品天赋；爱听、爱搜集民间神话故事；爱读书，经常看报纸、听收音机。
巴拉杰依、留霞、维佳住一个帐篷，巴拉杰依的妹妹有时来帮忙。她原有一个毕业于中央民族大学美术系的女儿柳芭，是极有天赋的画家，其作品广为中外人士收藏。不幸于2002年8月15日溺水身亡，令人痛惜。
卡丽娜调查时，巴拉杰依在外地住院治病。其帐篷在最西侧靠后。

表4 达瓦猎业点

姓名	性别	出生年月	民族	文化程度	婚姻状况	拥有枪支数	拥有驯鹿头数
达瓦	男	1965.10	鄂温克	小学	已婚	半自动步枪、5.6毫米小口径运动步枪和新口径枪各一支	驯鹿25雄38雌
郭芳	女	1971.11	达斡尔	初中	达瓦妻	无	无
安塔	女	1944	鄂温克	小学	已婚	无	无

续表

姓名	性别	出生年月	民族	文化程度	婚姻状况	拥有枪支数	拥有驯鹿头数
格力士克	男	1945	鄂温克	无	未婚	半自动步枪和新口径枪各一支	无
高山	男	1975	鄂温克	小学	未婚	无	驯鹿8雄3雌
玛茹霞	女	1956	鄂温克	初中	已婚	无	驯鹿9雄20雌
索军	男	1970	鄂温克	初中	未婚	半自动步枪一支	无
巴莎	女	1919.5	鄂温克	无	未婚	无	驯鹿9雄26雌
格拉	女	1931	鄂温克	小学	寡妇	无	驯鹿9雄22雌
托娅	女	1977.12	鄂温克	初中	离婚	无	无
古文强	男	1978	鄂温克	初中	未婚	无	驯鹿2雄2雌
达西	男	1972.4	鄂温克	初中	未婚	无	驯鹿3雄6雌
基本情况	\multicolumn{7}{l}{达瓦：驯鹿和狩猎能手；笔者做调查时，他正打着一头狍。 安塔：配偶是汉族张景涛，医院退休职工。本人热衷制作桦树皮、兽皮工艺品。热爱民族传统文化，熟悉一些风俗习惯；对年轻人言传身教，在乡里有自家的小民俗博物馆。 格力士克：安塔的弟弟，熟练掌握传统的桦树皮船制作工艺和其他手工艺技能；热衷于打猎，是打猎能手；笔者调查时，他打着一只狍子和数只棒鸡。 索军：玛茹霞和阿荣布的儿子。常留心观察传统手工艺制作过程，擅长做桦树皮工艺品，惟妙惟肖，独具匠心。 高山：安塔哥哥安德烈的儿子，孤儿；复员后还无工作。 玛茹霞：丈夫阿荣布为鄂温克旗的鄂温克族，家在鄂温克旗。 格拉：配偶是蒙古族孙根权，现已去世。 托娅：格拉的女儿。 古文强：格拉亲属。 达西：驯鹿鄂温克人大瓦罗吉和汉族李桂花的儿子。 达瓦和郭芳跟两个孩子住一个帐篷。安塔和玛茹霞2人不常住。巴莎、格力士克、高山、索军、达西（不常住）住一个帐篷。格拉、托娅、古文强住一个帐篷。 三个帐篷一字排开，达瓦在最南面，格力士克最北面，格拉居中。}

表5 达玛拉猎业点

姓名	性别	出生年月	民族	文化程度	婚姻状况	拥有枪支数	拥有驯鹿头数
达玛拉	女	1948.1	鄂温克	小学	寡妇	无	驯鹿43雄33雌
金波涛	男	1970.6	鄂温克	初中	已婚	半自动步枪和新口径枪各一支	无
杜静	女	1980	鄂伦春	初中	金波涛妻	无	无
金雪峰	女	1975.1	鄂温克	初中	已婚	无	无
吴旭升	男	1974.12	鄂温克	初中	已婚	新口径枪一支	无

续表

姓名	性别	出生年月	民族	文化程度	婚姻状况	拥有枪支数	拥有驯鹿头数
中妮浩	女	1941.8	鄂温克	小学	寡妇	新口径枪一支	驯鹿23雄17雌
何强	男	1981.	鄂温克	初中	未婚	无	无
何丽梅	女	1966.7	鄂温克	初中	已婚	无	驯鹿5雄11雌
田秀坤	男	1965	汉	初中	何丽梅夫	新口径枪一支	无

基本情况：
达玛拉：原配达斡尔族金方，丧偶后嫁给驯鹿鄂温克人哈协·索，也已去世。她爱读书，熟悉秋浦对本民族的描述。烟酒不沾。
中妮浩：乡妇联退休职工；爱读书，关心时事，熟悉秋浦著作。
金波涛：达玛拉和金方的儿子。
金雪峰：达玛拉和金方的女儿，配偶为阿荣旗鄂温克人吴旭升。
吴旭升：阿荣旗鄂温克人，金雪峰丈夫，猎业队卡车司机。
何强：沃克·何与丛金芳的儿子。
达玛拉、金波涛、杜静、金雪峰、吴旭升住一个帐篷。中妮浩、何强住一个帐篷。田秀坤和何丽梅因不常住，没有帐篷，他们的驯鹿由达玛拉和中妮浩免费看管。达玛拉的帐篷与中妮浩的帐篷相隔10米，东西对门。
卡丽娜调查时，金波涛正打着了6只棒鸡和1只飞龙。

表6 葛秀兰猎业点

姓名	性别	出生年月	民族	文化程度	婚姻状况	拥有枪支数	拥有驯鹿头数
葛秀兰	女	1952.9	鄂温克	小学	已婚	无	驯鹿31雄54雌
肖良柱	男	1955	汉	初中	葛秀兰夫	半自动步枪和新口径枪各一支	无
冬霞	女	1975	鄂温克	初中	已婚	新口径枪一支	驯鹿3雄7雌
肖良库	男	1968	汉	初中	冬霞夫	无	无

（3）语言和精神文化

鄂伦春民族研究会于2000年在鄂伦春自治旗四个鄂伦春猎民乡镇对636名猎民做过"关于鄂伦春民族语言使用情况的调查"。我们通过表7和表8可以看出，其中仍有251人能够完全掌握和熟练使用本民族语言，占总数的39.47%。这些人多为中老年人。完全不懂本民族语言的有264人，占总数的41.51%，多为30岁以下的年轻人。由此可见，50岁以上的鄂伦春人是使用民族语言的主力。如果不能及时传承，鄂伦春语将迅速消亡，这是鄂伦春自治旗的语言使用情况。非聚居区的鄂伦春人丧失民族语言的情况就更为严重，就连听得懂鄂伦春语的人也在迅速减少。1980年代调查时，鄂伦春人聚居区托河、甘奎、古里等地的情况还是"无论男女老少生活用语均以鄂伦春语为主"，"在猎民村里，无论在家庭内、村寨内或者召集会议，完全用鄂伦春语交谈或讨论问题"，"青少年中有50％的人经常说鄂伦春语"，即使在散居区，"16岁以下的少年或幼儿中，懂鄂伦春语的也占40％"，"中年人或青少年在乡村里经常使用本民族语言，偶尔使用汉语"。① 但11年后笔者调查时，偏远聚居乡村掌握民族语言的人数急剧减少，令人痛心。敖鲁古雅鄂温克民族乡政府曾于1998—2001年安排鄂温克小学每周上2次传授鄂温克语的课，现因没有语言环境而停办。

表7　2000年鄂伦春自治旗鄂伦春各年龄段掌握本民族语言不同程度情况②

	完全掌握并熟练运用		部分掌握和运用		能听懂但不能运用		只有部分听懂		完全不懂	
	人数	百分比	人数	百分比	人数	百分比	人数	百分比	人数	百分比
61岁以上	14	100.00								
51—60岁	21	91.29					2	8.69		
41—50岁	33	86.85			1		3	7.89	1	5.26
31—40岁	59	75.27	3	3.85	4	5.13	5	6.41	7	9.15
21—30岁	104	57.46	17	9.29	16	8.74	18	9.84	28	14.87
11—20岁	19	11.01	10	5.85	22	12.87	14	8.19	106	62.14
3—10岁	1	0.76					6	4.65	122	94.41
合计	251	39.47	30	4.72	43	6.76	48	7.55	264	41.51

文学艺术上，随着鄂伦春语衰退，民间50岁以下会唱民歌的鄂伦春人只剩下吴瑞兰、葛长云等几人。口弦琴是过去鄂伦春和鄂温克青年男女恋爱和娱乐时必用的传统乐器，现在会演奏的人已是微乎其微。早年鄂伦春人用桦树皮制作桦皮盒、碗、篓、桶、船等多种制品，现在鄂伦春年轻人几乎没人愿意学习这门技艺。只有在黑龙江省大兴安岭呼玛县十八站乡还能找到制作桦皮船的鄂伦春人。呼玛县白银纳鄂伦春民族乡鄂伦春族村有鄂伦春妇女55名，但会桦树皮手工艺的只有9名，年龄都在40—72岁之间。③ 我们现在只有在博物馆还能看到做工精致、造型美观的桦树皮器皿。由于禁猎断了原料，同时因为老人减少，当地很难再找到有加工兽皮和桦树皮手艺的鄂伦春人。

鄂温克人的情况略好。驯鹿鄂温克人有1921年出生的玛利娅·索、1944年

---

①②　徐世璇、关红英：《鄂伦春语使用现状分析》，载《鄂伦春研究》2001年（总第十三期）。
③　关金红：《浅谈鄂伦春民族如何发展桦树皮文化》，载《鄂伦春研究》1997年（总第六期）。

出生的安塔、1942年出生的巴拉杰依以及1937年出生的安道、1945年出生的格力什克手把手地带出了像王英、张晓丽、索军、维佳等中年手工艺者。由于牧业鄂温克人还在从事着传统的畜牧业生产生活，因此他们中懂得兽皮工艺的人仍不在少数。

宗教信仰方面，原生态的鄂伦春萨满教仪式一直保持到1950年代。呼玛河流域5个"部落"的鄂伦春人在定居前的1952年夏天举行了最后一次送神仪式。全体萨满齐聚呼玛河畔，跳了整整3天的送神舞以示当地鄂伦春人放弃萨满而改信唯物主义。但猎民对萨满的信仰其实没有间断。许多中年人现在还记得小时候萨满跳神的盛大场景。70岁以上的鄂伦春老人仍是万物有灵论者，保持着鄂伦春人信仰的主体内容。50—70岁受过学校教育的鄂伦春人身上还有传统信仰的影响，是将信将疑的一代。40—50岁的多数鄂伦春人大概知道萨满是怎么回事和怎么做法。40岁以下的鄂伦春人已经很少知道传统信仰的情况了。今天的鄂伦春人生活中已经没有萨满，能咏诵萨满长调并能主持萨满仪式的老人只剩下几人。黑龙江省鄂伦春社区基督教很流行，甚至还有几个年轻人被送到广州的一个神学院学习。

鄂温克人的传统宗教信仰情况是：农业鄂温克老人比较长寿，年轻人虽然不会说本民族语言，但能经常听到老人讲起他们过去的狩猎生产生活和萨满，因此对此不感陌生。牧业鄂温克人中还有38名60—90岁老人。他们经常聚会，用本民族语言述说过去的生活和萨满教，并给小辈传授传统技能。近几年，当地又出现4位新萨满经常举行仪式。驯鹿鄂温克人的最后一位萨满妞拉于1997年去世。她在1986年10月还穿着1924年制成的萨满服举行了一次"祭天仪式"，使得30岁以上的人还很熟知萨满活动。

婚丧习俗方面，两个民族过去都有树葬、风葬等习俗，后来实行了土葬，现在又实行火葬。葬礼与东北汉族相同。不同的是，驯鹿鄂温克人有氏族墓地，非正常死亡者另辟一处，墓地要立十字架。鄂伦春人和鄂温克人过去都实行氏族外婚的一夫一妻制，一般很少与其他民族结婚。但自20世纪50年代开始，由于大量外来民族涌入，现在的鄂伦春人和鄂温克人与外民族通婚现象十分普遍。1997年何文柱和逯广斌等人对黑龙江省5个鄂伦春民族乡调查显示，不同民族通婚占鄂伦春人总户数的70%；十八站鄂伦春民族村58户中有31户异族通婚者，占53.47%；白银纳鄂伦春民族村70户中有27户异族通婚者，占38.5%。另据2004年韩有峰调查显示[①]，在鄂伦春自治旗有鄂伦春人464户，其中男女双方均

---

① 韩有峰（鄂伦春人）：《简述中国鄂伦春人语言的保护与发展》，《鄂伦春研究》2004年第2期（总第二十期）。

由鄂伦春人组成的家庭只有131户,仅占总户数的28%;其余333户都由混合家庭组成,占72%,其所生子女虽报鄂伦春人,但所学母语已不是鄂伦春语。① 这种跨族通婚在驯鹿鄂温克人中也很普遍。1989年孔繁志调查,驯鹿鄂温克人43户当中,就有33户跨民族通婚家庭,高达77%。② 2002年卡丽娜调查,驯鹿鄂温克62户中,有38户为跨民族通婚家庭,比例高达61%。此次调查,2006年56户驯鹿鄂温克猎民家庭中,有27户跨民族通婚家庭,比例为48%。跨民族通婚对象多为来自不同地区的汉族,也有少量蒙古族、满族、达斡尔族、俄罗斯族。现在很多鄂伦春和鄂温克青年不大会讲鄂伦春语和鄂温克语。儿童更是清一色地讲汉语。长此以往,传统的民族知识和民族感情都会受到影响。

面对文化濒危流失的现状,政府和当地居民都在积极采取对策实施抢救、挖掘和整理。1980年代末开始,为了解决鄂伦春语的继承发展问题,鄂伦春聚居村屯中小学校都开设了鄂伦春语言课,要求鄂伦春学生作为必修课,并选派得力的鄂伦春教师讲授。有的小学校还结合乡村民族歌舞培训、故事会等形式讲授,使学生既学会了民族语言,又受到民族文化的熏陶。这些课程的教材多由任课教师自己编写,用国际音标或汉语拼音标注。据何文柱1997年调查,在黑龙江省瑗珲区新生鄂伦春民族乡中小学看到教师自编的鄂伦春语教材,注上了国际音标,每星期5节,汉族学生也跟着一起学鄂伦春语,还用鄂伦春语讲民间故事、做游戏等。③ 鄂伦春自治旗古里乡小学每周上2节鄂伦春语言课,乡干部也经常去听,民族语言内容随意性较强,还没有形成鄂伦春语言教材的科学性、系统性和实用性。④ 2000年3月,鄂伦春民族研究会秘书长敖长福带调查组一行5人对鄂伦春自治旗4镇2乡7个猎民村做鄂伦春民族语言使用情况调查,共录制鄂伦春语及鄂伦春民歌计1000分钟的14盘录音带。2001年9月鄂伦春自治旗开设民族语言课,聘请精通民族语言并具有教学经验的本民族人士任教,每周1节课,面对全旗鄂伦春学生,教学采取简单会话、民族歌谣、讲小故事等形式,学生上课气氛活跃,洋溢着鄂伦春文化氛围。2002年3月鄂伦春自治旗开设民歌课,聘请精通民族语言并具有民族演艺风格的本民族老师任教,本民族学生积极参与,学唱民歌的兴趣浓厚。2004年9月,鄂伦春自治旗鄂伦春中学开设了民族手工艺课,聘请通晓绘画、了解民族风情、具有剪纸技能的本民族人士任教,学生在制作民族工艺、剪纸课上积极认真,受到民族文化艺术的熏陶,增加了动手

---

① 何文柱:《赴黑龙江省鄂伦春民族乡的考察报告》,《鄂伦春研究》1997年(总第五期);逯广斌:《大兴安岭地区鄂伦春人情况调查与思考》,《鄂伦春研究》1997年(总第五期)。
② 孔繁志:《敖鲁古雅的鄂温克人》,第118页,天津:天津古籍出版社,1994年。
③ 何文柱:《赴黑龙江省鄂伦春民族乡的考察报告》,《鄂伦春研究》1997年(总第五期)。
④ 关红英:《关于鄂伦春民族语言使用情况的调查报告》,《鄂伦春研究》2000年(总第十二期)。

能力，了解了自己民族的历史文化。现在，鄂伦春自治旗的很多在校学生都会跳鄂伦春人的传统舞蹈，如"斗熊舞"、"树鸡舞"等。黑龙江省黑河市新生鄂伦春民族乡中心小学教师张玉花曾开设鄂伦春语言课，但2000年她病退以后这门课就停了。

最近黑龙江省教育厅中小学教材审查委员会为了统一规范鄂伦春语教材，并将鄂伦春语作为一门正式课程长期开设下去，通过对"鄂伦春语教材"进行审定后，已开始在全省鄂伦春小学校试用。这为鄂伦春语的保护和发展起到了重要作用。

鄂伦春语的研究也在加强。胡增益教授《鄂伦春语简志》、韩有峰研究员和孟淑贤女士合著《鄂伦春语汉语对照读本》、萨希荣教授《简明汉语鄂伦春语对照读本》、韩有峰研究员《鄂伦春语》（教材）等，为理论宣传、学习、研究和弘扬鄂伦春语起到了重要作用。

黑龙江省各级政府和相关部门为抢救鄂伦春传统文化遗产也做了很多工作。还有，黑龙江省十八站鄂伦春民族乡办起了桦树皮制品加工厂；鄂伦春自治旗旅游局在阿里河镇开办了鄂伦春手工艺作坊，制作出诸如手机套、笔筒、茶叶筒、办公夹、书架、相框、花瓶等手工艺品。现在，鄂伦春自治旗的很多在校学生都会跳鄂伦春人的传统舞蹈，如"斗熊舞"、"树鸡舞"等。黑龙江省黑河市爱辉区政府为抢救鄂伦春传统文化遗产也做了很多工作。他们近年共整理出神话传说、故事、民歌等120万字，还计划把民俗旅游搞起来，发展桦树皮制品、毛皮制品、山珍产品以及旅游工艺品等。鄂伦春青年莫鸿苇的桦树皮画使古老的桦树皮文化发扬光大起来，在社会上引起了广泛的好评。鄂温克人近几年也成立了索伦鄂温克服饰和通古斯鄂温克服饰2个表演队。

总之，鄂伦春人定居以后，经历了国家指导下的全面和整体变迁。鄂伦春人只用了短短三十几年的时间，就大体完成了从定居到文化解体的过程。但解体并不意味着传统的彻底消失。黑龙江省的情况说明，只要少数民族有愿望，非民族自治地区的政府也能在传统一息尚存时为保持人口较少民族文化做出重要贡献。黑龙江省鄂伦春族传统文化保护对于赫哲族具有重要参考价值。

鄂温克传统文化还没有出现严重断层。但由于40岁以下的鄂温克人对于自己民族文化只停留在大致了解的层面上，所以也危在旦夕。这两个民族有适应山林和草原、过迁徙生活的本领和技能，同时有保护生态环境的强烈意识。在他们的传统文化中，富含着北方山林民族古朴、纯真、与自然融为一体的思维规则和文化内涵，同时含有许许多多远古文化的成分和特征。如果这些千百年来用生命传承下来的宝贵的古老文化在现代文明社会中丧失，就不仅会影响到这两个民族本身的生存，也为人类社会留下遗憾。他们直到1980年代还能以极少的人数完好地保存和传承古老文化,这是重要的中国经验,亟须国家有关部门认真总结并努力传承。鄂伦春、鄂温克、赫哲等民族一再受到中外学术界的广泛关注,关键就在于他们比较完整地保存和延续着古老文化和古老文明。通过对鄂伦春族、鄂温克族和赫哲族传统文化的研究,求解这些独特的小民族群体的传统文化与现代文化共生的问题,这是中国和谐社会构建和文化创新的重要内容。

二、问题归因分析

2.1 资源丧失

鄂伦春人和鄂温克人早期居住在大兴安岭深山密林,依托山林资源从事狩猎、采集和捕鱼生计。部分人饲养驯鹿。史书记载,元明时期,鄂伦春人和鄂温克人主要分布在贝加尔湖沿岸、外兴安岭、黑龙江流域直至库页岛的广大地区,称"林木中百姓"。那时他们就有了几万人。鄂伦春人和鄂温克人的传统文化是一个与自然结合的自足完整体系。17世纪40年代,鄂伦春人和鄂温克人逐渐迁移到黑龙江南岸大小兴安岭地区。[①] 这一地区当时人烟稀少,动植物资源丰富,是人类小群体繁衍生息的乐园。他们以此为家,兢兢业业地守护和经营这片森林。他们取暖做饭用朽木,必要时才去打猎并且坚决不打受孕野兽和子兽。他们用野兽皮作交换生活必需品而不是为了增加财富。他们就这样与环境和谐相处,彼此留下空间。这就是他们的生存哲学。

1950年代开始,随着外来人口增加,他们的生存空间变得越来越小,被迫放弃传统的狩猎业生计,成为边缘人。内蒙古自治区鄂伦春自治旗、鄂温克族自治旗以及根河市敖鲁古雅鄂温克民族乡的鄂伦春人和鄂温克人堪称典型。

2.1.1 鄂伦春自治旗

1951年鄂伦春自治旗成立时,国家划给鄂伦春自治旗大兴安岭东南麓59880平方公里土林地。那时全旗人口778人,其中鄂伦春774人,占99.48%。当年,他们的猎业产值是4.9万元。1957年达到19.8万元。这在当时算是很富足的生活。

1951年,国家开始筹建森林经营局,1958年4月改为林业局。1964年,国

[①] 《民族问题五种丛书》内蒙古自治区编委会编:《鄂伦春人社会历史调查》第一集、第二集,呼和浩特:内蒙古人民出版社,1984年;内蒙古自治区编辑组:《鄂温克人社会历史调查》,呼和浩特:内蒙古人民出版社,1986年。

家展开林区开发大会战,先后在鄂伦春自治旗境内建成内蒙古大兴安岭林业管理局直辖的6个林业局。其中的4家林场仅在1958—1988年的30年间就生产木材2533万立方米。现在,兴安岭原始的落叶松林基本消失,依赖原始森林生存的珍稀物种大量濒危或减少。

在森林资源被大量砍伐的同时,鄂伦春自治旗还经历了三次开荒高潮[①]:第一次是20世纪50年代至60年代,军队成建制转业,建立农场。大兴安岭农场管理局在这一背景下形成。第二次是1970—1980年代,大批外来人员涌入鄂伦春自治旗开荒定居谋生。他们的垦荒是掠夺式的,机动性极强,甚至把耕地开到山头上。第三次是20世纪90年代,国家搞农业二期、三期、四期开发。大兴安岭东南麓宜农荒地又被开垦百万亩。目前,鄂伦春自治旗内分布着内蒙古自治区所属大杨树农场管理局6个国有农场和星罗棋布的家庭农场,占用土地1500多万亩。旗内还驻有现行政归属为黑龙江省大兴安岭地区管辖的加格达奇区和松岭区。国家实施天然林保护工程以后,大规模的毁林开荒被制止,但一些耕种者年年向外扩犁,森林仍被蚕食。林业专家测定:大兴安岭林缘已由嫩江边退缩到自治旗境内加格达奇区以北的阿里河、松岭一带,后退距离超过200公里。

在此过程中,鄂伦春自治旗消耗森林蓄积约1.2亿立方米。1980年以前,旗森林覆盖率约为81%,地表植被覆盖率为95%。2000年全旗森林覆盖率只有72%,地表植被覆盖率下降到93.5%。2001年,全旗森林覆盖率直线降至46.8%,从而使涵养水分能力大幅下降,调节水汽能力减弱。水汽循环失衡,导致气候异常,频繁出现灾害性天气。无雨干旱、遇雨成灾,这是生态环境逆向变化的直接后果。鄂伦春自治旗自有气象记录以来到1980年,发生春旱频率不到5%。但1980年以后,几乎是十年九旱。[②] 因此民间开始有三年灾、三年平、三年丰的说法。

森林和土地开发导致人口急剧膨胀,鄂伦春自治旗人口发展经历了几个高峰期。全旗人口,1951年仅为778人,其中鄂伦春族就有774人,占总人口的99.48%;1966年为123922人,1979年为265762人,1988年为291372人,1998年为319996人;2005年为279718人,其中鄂伦春族2436人,汉族247422

[①] 鄂伦春自治旗史志编纂委员会编:《鄂伦春自治旗志》(1951—1991),第315—362页,呼和浩特:内蒙古人民出版社,1991年;鄂伦春自治旗史志编纂委员会编:《鄂伦春自治旗志》(1989—1999),第300—350页,呼和浩特:内蒙古人民出版社,1991年8月。

[②] 鄂伦春自治旗史志编纂委员会编:《鄂伦春自治旗志》(1989—1999),第58—60页,呼和浩特:内蒙古人民出版社,1991年。

人，人口总数比1951年增长了360倍。① 2005年的人口数降低是因为随着林业的萎缩，一批无以为继的林区外来人口重新返回到了日渐发展的故土，或迁徙到其他较发达富裕地区的缘故。

人口增多导致猎取无度和猎物急剧减少。1988年，全旗狩猎产值仅2.5万元。② 20世纪90年代初期已无猎物可打。加之《野生动物保护法》的颁布实施，鄂伦春自治旗政府遂于1996年1月作出了放弃传统狩猎业的决定。

更为严重的是，由于林业企业近年垄断经营林地资源，严重侵害到《民族区域自治法》赋予鄂伦春农猎民的自治权利。1964年国家开发大兴安岭林区，将林区以施业区形式划分给国有林业企业。1990年以来，原国有林业部用施业区划代替行政区划，对鄂伦春自治旗境内6个国有林业企业和一个地方国营林场核发了《林权证》，发证面积达533.8万公顷，占全旗总面积的92.8%以上。鄂伦春自治旗所属林场面积仅占全旗林地总面积0.27%。农垦系统管辖范围又占去鄂伦春自治旗实际管辖面积5%，自治旗的管辖面积仅为全旗2.2%。③ 鄂伦春自治旗2005年有近30万人口，其中林业人口11万，占36.7%。林权证的发放导致占全旗总人口2/3的非林业人口只能依靠不到5%的土地资源生存和发展。④

另外，随着国家实施"天然林保护工程"，旗林业收入由原来占财政收入的80%下降到18%。⑤ 受"林权证"影响，旗内进行很小的基础设施建设，例如修建小型污水氧化塘、在原路基上改造公路、建移动通讯基站等等都要到林业局办理审批手续。招商引资方面，许多本应落地的项目，最终因要交纳巨额的"林地补偿费"而相继流产，严重影响投资环境。

在国家鼓励产业结构调整，鄂伦春农猎民积极畜牧养殖时，林业系统又在未与地方沟通的情况下单方宣布废止鄂伦春自治旗人民政府核发的《草原使用证》，清理鄂伦春农猎民放牧点，甚至动用警力收取资源补偿费，引起农猎民的强烈不满，严重影响了民族关系。部分林业局还以林政管理检查防火为由，对村民乱收费、乱罚款、乱摊派，增加了鄂伦春农猎民的负担，严重伤害了民族感情。

2003年10月，国家林业局驻内蒙古自治区森林资源监督专员办事处、呼伦

---

① 鄂伦春自治旗史志编纂委员会编：《鄂伦春自治旗志》(1951—1991)，第84—86页，呼和浩特：内蒙古人民出版社，1991年；鄂伦春自治旗史志编纂委员会编：《鄂伦春自治旗志》(1989—1999)，第65—66页，呼和浩特：内蒙古人民出版社，2001年；徐占江主编：《2006年呼伦贝尔市要览》，第482页，海拉尔：内蒙古文化出版社，2006年。

② 鄂伦春自治旗史志编纂委员会编：《鄂伦春自治旗志》(1951—1991)，第272页，呼和浩特：内蒙古人民出版社，1991年。

③ 鄂伦春自治旗旗委副书记、旗长莫日根布库：《参加全区民族工作会议讨论提纲》，2005年9月21日。

④ 鄂伦春自治旗人民政府：《向国家林业局调研组汇报提纲》，2005年12月。

⑤ 鄂伦春自治旗旗委副书记、旗长莫日根布库：《参加全区民族工作会议讨论提纲》，2005年9月21日。

贝尔市人民政府、内蒙古大兴安岭林业管理局联合下发《关于加强森林资源保护管理的有关问题的联席会议纪要》后，大杨树林业局从企业利益出发，于2004年1月擅自出台《大杨树林业局林权证范围内有偿使用林地发展畜牧业管理办法》和《大杨树林业局林权证范围内有偿使用林地发展畜牧业收费的通知》文件，规定对畜牧养殖户每户养牛、马5头以上或羊30只以上，按每亩1.35元收取资源补偿费。其他每户养牛、马5头或羊30头以下者，牛、马每头每年按100元，每只羊按10元收取资源补偿费。这更加重了鄂伦春农猎民的生活负担。

2.1.2 返贫致贫现象

鄂伦春自治旗气候条件属于寒温带半湿润大陆性季风型：春季风大干燥、光照充足，多发旱灾或春冻；夏季短促湿热、降水集中，易发局部洪涝灾害和雹灾；秋季气温变化无常、昼夜温差大，易发生早霜；冬季长而干燥寒冷，常有暴风雪。年平均温度-0.3℃，年平均无霜期95天。又由于全旗以山地为主，受土壤垂直分布规律控制，黑土出现较少，仅分布在东南边界一线的丘陵平原之上，面积为486万亩，仅占全旗总面积的6%。这种条件说明当地并不适合发展农业。但禁猎后的鄂伦春人却走上了以农为主、多种经营的道路，从而使鄂伦春人返贫致贫现象严重。

20世纪50年代开始，当地大量宜农荒地被自治区属农垦部门开垦。这样，留给鄂伦春猎民转产的土地多属土壤贫瘠的坡地。1998年，鄂伦春自治旗有鄂伦春猎民230户791人，其中鄂伦春630人，有耕地30005亩，人均耕地面积约40亩，没有耕地者113户（包括单身户），占总户数近50%。[①] 1999年，鄂伦春自治旗248户鄂伦春猎民住户中，仍有138户没有耕地，占总户数的55.6%。另有13户猎民住户的耕地面积在50亩以下。[②] 这些条件致使鄂伦春猎民弃猎从耕后生活贫困，致贫和返贫现象十分严重。例如，全旗1999年粮食产量曾达166307吨，2000年仅产130045吨。农民人均纯收入1999年为1771元，2000年仅为1590元。[③] 2005年鄂伦春自治旗农民人均纯收入2625元，为呼伦贝尔市农牧民平均纯收入的82%。[④] 2003年，全旗82个行政村中有贫困村52个，占总数63.4%。贫困人口36203人，占农村人口61.7%。鄂伦春猎民贫困人口385户

[①] 陈国栋：《1998年鄂伦春人猎民生产生活情况调查分析》，《鄂伦春研究》1999年（总第九期）。
[②] 陈国栋：《1999年鄂伦春人猎民生产生活基本情况调查分析》，《鄂伦春研究》2000年（总第十二期）。
[③] 王维兰、王占岭：《民族区域自治政策在鄂伦春自治旗的实践》，《鄂伦春研究》2001年第2期（总第十四期）。
[④] 中共鄂伦春自治旗委员会、鄂伦春自治旗人民政府：《向全国人大民族委员会调研组汇报提纲》。

1345 人。① 2005 年全旗 4 个猎区乡镇 7 个猎民村共有人口 2700 人，贫困人口竟达 2184 人，占总人口 80.88%。由于鄂伦春自治旗林业税收收入下降，无法帮助受困猎民。

建旗开始，鄂伦春猎民作为护林防火队员享受护林津贴，每人每月 36 元。1996 年旗政府宣布禁猎后，根据《野生动物保护法》第十四条规定，为猎民每人每月发放 70 元禁猎补助。禁猎补助款由旗内各林业局赞助。一旦林业局的补助到位不及时或不足额，猎民生活就会极度贫困。调查资料显示，鄂伦春猎民如果没有政府资金帮助，几乎无法生存。② 由于鄂伦春猎民不熟悉农耕，经常把政府支持的农机具、耕地廉价出租，仅靠微薄的租金和政府补贴勉强生活。自治旗 7 个猎民村的猎民耕地总面积为 3.5 万亩，其中出租耕地面积就达 2.1 万亩，又因撂荒或无偿让给别人耕种 0.3 万亩。③

鄂伦春猎民开始农耕时，恰逢国家实施"天然林保护工程"退耕还林，且获得的宜农耕地极少。他们开始发展多种经营时，又因资源匮乏受阻。因此，他们只能依靠政府的各类补助补贴勉强维持生活。这些猎民虽然住着国家给盖的外观漂亮的砖瓦房，室内却四壁空空，生活拮据。这部分猎民可以形象地被比喻为"四不像"。既不像商人，也不像工人，更不像农民和牧民。加之，在地方公务员考试录用、精简人员及国家入学统考中，并没有对鄂伦春人有大幅度的特殊优惠政策待遇，使得人口较少的鄂伦春人无法与庞大的外来人口竞争，从而成为边缘人。这种状况使得传统以来以不劳而获为耻的鄂伦春猎民的内心世界极度痛苦。他们中的非正常死亡人数多年居高不下。④ 究其原因，是因为生活无以为继，导致失去生存的根本，从而引起观念混乱、精神空虚和对周围环境的无所适从，都使得鄂伦春人不仅人口不能正常再生产，而且影响家庭幸福和社会稳定，更影响到文化发展。

2.1.3 鄂温克人的资源丧失情况

鄂温克族自治旗位于大兴安岭西侧，成立于 1958 年 8 月 1 日，当时总人口

---

① 赛林：《制约民族地区经济发展的因素及其对策——浅论鄂伦春自治旗发展现状》，《鄂伦春研究》2004 年第 1 期（总第十九期）。

② 王伟：《辉煌的历程——记鄂伦春自治旗建旗以来鄂伦春猎民生产生活发展变化情况》，《鄂伦春研究》2005 年第 2 期（总二十二期）；苗希雨（鄂伦春自治旗旗委政策研究室）：《关于全旗猎民增加收入情况的调研报告》，《政协文史》2005 年第 1 期；赛虎（鄂伦春人）：《实现猎区经济新发展的探索与思考》，《鄂伦春研究》2004 年第 1 期（总第十九期）。

③ 孟松林、德学英：《鄂伦春自治旗猎区进行社区管理的探讨》，《鄂伦春研究》2000 年第 2 期（总第十二期）。

④ 关小云：《鄂伦春人非正常死亡引起的思索——对十八站、白银那两乡非正常死亡的调查》，《鄂伦春人研究》1997 年第 2 期（总第六期）。

为 10612 人，其中鄂温克族 2558 人，汉族 1764 人，分别占总人口的 24% 和 17%。① 旗地在大兴安岭西侧，总面积为 18726.85 平方公里。其中草原 128.9 万公顷（可利用草场为 119.2 万公顷），林区为 110 万公顷，活立木总蓄积量 2768 万立方米。1958 年大小畜合计为 140202 头（只）。② 牧业产值为 329.8 万元。人均大小畜 13 头（只），收入 313 元。③

隶属于旗林业局的施业区面积为 469188 公顷，占全旗总土地面积的 24.6%。呼伦贝尔盟林管局属红花尔基林业局施业区 303447 公顷，占全旗总面积 15.9%。内蒙古大兴安岭林管局所属 351728 公顷，占全旗总面积的 18.4%。与鄂伦春自治旗相比，鄂温克族自治旗因森林资源少，因此大型国有森工企业进驻的也相对较少。但鄂温克族自治旗境内有丰富的煤炭资源，因此境内驻有隶属于东北内蒙古煤炭工业公司的中型规模的大雁矿务局和隶属于国家能源部的大型规模的伊敏煤电公司。大雁矿务局 1973 年开工，总面积为 320 平方公里，地质储量 35.3 亿吨。伊敏煤电公司 1984 年开工，总面积 105 平方公里，探明地质储量为 49.82 亿吨。④ 驻外企业从当地资源中得到了丰厚的利润，鄂温克族自治旗的财政收入几乎全部依赖于这两个大型国有企业支撑，当地居民也有一少部分人被安排进企业中领取工资。但随着 1990 年代企业精简机构，职工考试上岗，企业中人数本来就极少的当地居民纷纷下岗成为边缘人。同时，由于大雁煤矿、伊敏煤矿开发进驻，自治旗人口迅速膨胀导致牲畜头数膨胀和草原严重退化。建旗三年后的 1961 年，人口就比 1958 年翻了一番，牲畜数达到了 209079 头（只），人均拥有牲畜却减了 4 头（只），人均牧业产值少了 131 元。1990 年，旗内人口达到 1958 年的 12.22 倍，牲畜比 1958 年翻了 2 倍，但人均拥有牲畜头数更减少了 7 头（只），人均牧业产值减少了 127 元。这一过程说明鄂温克牧民的实际生活并没有随着当地开发而提高。

煤炭和森林资源的开发以及人口的猛增，使牧场严重退化和沙化，直接影响到鄂温克牧民传统的游牧生产生活。卡丽娜对旗内草场资源的调查⑤显示，自 1974 年开始，鄂温克族自治旗草场开始严重退化。全旗草地理论载畜量由 1980

---

① 鄂温克族自治旗志编纂委员会：《鄂温克族自治旗志》第 90 页 "鄂温克族自治旗历年民族人口统计"，北京：中国城市出版社，1997 年。
② 鄂温克族自治旗志编纂委员会：《鄂温克族自治旗志》第 408 页 "牲畜头数"，北京：中国城市出版社，1997 年。
③ 鄂温克族自治旗志编纂委员会：《鄂温克族自治旗志》第 440 页 "历年牧业产值"，北京：中国城市出版社，1997 年。
④ 鄂温克族自治旗志编纂委员会：《鄂温克族自治旗志》第 535—539 页 "历年牧业产值"，北京：中国城市出版社，1997 年。
⑤ 卡丽娜：《鄂温克族自治旗草场退化问题浅析》，《黑龙江民族丛刊》2000 年第 1 期。

年代初的 140 万羊单位下降到 1996 年的 100 万只羊单位。牧民说,二三十年前草打马蹄,牲畜一吃就饱,现在是草贴地皮牲畜老也吃不饱。1995 年内蒙古自治区实行草牧场承包到户 30 年不变的政策。按当时的户数,使用权承包给各户。这使得 1995 年以后结婚另立门户的年轻的鄂温克牧民没有牧场可分,只能仰仗父母在日益狭小的牧场中勉强求生存,生活极其困难。①

驯鹿鄂温克人的资源丧失情况更为严重。中华人民共和国成立初期,驯鹿鄂温克人的游猎区为西到额尔古纳河岸,北到恩和哈达和西林吉,东到卡玛兰河口和呼玛尔河上游,南到根河,面积约 800 公顷。1980 年游猎范围缩小到 300 公顷左右。1990 年继续缩小为西到伊克沙玛,南到汗玛,东到卡玛兰河呼玛尔河,北到敖鲁古雅河流域,面积约在 70 万公顷左右,经常活动的地方还不到 50 万公顷。2002 年,只在阿龙山一带游猎。2003 年迁到根河市附近以后,由于山林都被林管局管理,驯鹿鄂温克人在自己的家园放牧驯鹿还要经过林业部门审批后才可以进入森林。传统的驯鹿业已经难以为继。因为放下猎枪,因为驯鹿无法饲养,因为就业无望,驯鹿鄂温克人只能依靠多年未变的国家微薄的贫困补助勉强度日。2003 年,25 名男猎民接受每人每月 35 元标准的护林工资,有 275 人得到国家低保待遇,每人每月得到最低 12.5 元、最高 104 元的国家禁猎和贫困补助。② 驯鹿鄂温克人的生活处于极端贫困的境地。

300 年前初来此地时,他们有四个姓氏 75 户 700 多人。③ 后来由于日本帝国主义残酷压迫,驯鹿鄂温克人只剩下屈指可数的 136 人,驯鹿也只有 400 来头。这期间,这支鄂温克人的肺结核发病率高达 70%。④ 中华人民共和国成立后,驯鹿鄂温克人口由 50 年代初期的 136 人发展到 1960 年的 146 人。⑤ 人均收入从 1952 年的 93 元增长到 1958 年的 220 元。⑥ 驯鹿数目在 1960 年由 400 头增加到 629 头。猎民同时担任护林员、林业局营林员、养兽场工人等。这一时期,国家很好地解决了这一独特群体的生存与发展问题。

1973 年 6 月,国家为了开发当地资源,在距满归 17.5 公里处划出一部分适合于饲养驯鹿和狩猎生产的山林地带,建立敖鲁古雅鄂温克民族乡,并投入巨资陆续建立起 17 栋砖瓦结构的房屋以及一座 1017 平方米的三层教学大楼、一座二

---

① 卡丽娜:《鄂温克族自治旗草场退化问题浅析》,《黑龙江民族丛刊》2000 年第 1 期。
② 2006 年由内蒙古自治区呼伦贝尔根河市敖鲁古雅鄂温克民族乡政府提供。
③ 内蒙古自治区编辑组:《鄂温克人社会历史调查》,第 153 页,呼和浩特:内蒙古人民出版社,1986 年。
④ 斯日古楞:《敖鲁古雅鄂温克猎民的历史变迁》,第 103—121 页,内蒙古自治区鄂温克族研究会编辑出版:《鄂温克族研究文集》第二辑(上),1991 年。
⑤ 郭布库、满都尔图:《额尔古纳旗鄂温克人社会历史补充调查》,1960 年。
⑥ 《额尔古纳左旗驯鹿鄂温克人情况介绍》,敖鲁古雅乡档案。

层470平方米内有电视地面接收站的文化活动中心、一座100平方米的驯鹿鄂温克人博物馆、一座400平方米的二层楼医院、一座敬老院等文教卫生配备齐全的定居点。2003年，驯鹿鄂温克人放下猎枪后，又被搬迁到根河市郊三车间处。国家又为此投资980.4万元兴建了敖鲁古雅鄂温克民族新村。其中有猎民住宅62户，每户50.07平方米。政府办公楼793.74平方米。民族学校702.60平方米，敖乡结核病防治院106平方米。还有包括"敖鲁古雅鄂温克人驯鹿文化博物馆"在内的多功能文化教育中心占地753平方米，硬化街道3.4公里，是一处功能齐全的村舍。

过去50多年里，国家和当地政府一再投入大笔资金，为驯鹿鄂温克人建造定居点。有时新点未住热又建新点让驯鹿鄂温克人搬迁，最后搬到了根河市郊无法饲养驯鹿的低洼地带。目前，新建定居点经过三年山雪溶水，多数房屋出现裂痕，无法保证正常生活。每一次搬迁都使驯鹿鄂温克人的游猎点迅速减少。

2.1.4 资源丧失的后果

现有的鄂伦春和鄂温克青年农猎牧民当中，已有很多不能充分就业的待业青年，甚至上了大中专毕业回来的农牧猎民青年也因各部门满编而不能安排工作。

表8 鄂伦春自治旗、鄂温克族自治旗初高中毕业人数统计[①]

年份	鄂伦春自治旗升学人数					其中鄂伦春族		鄂温克族自治旗升学人数		
	小学升初中	初中升高中	高考报名	高考上线	考生	本专预科录取	年份	初中毕业人数	高中毕业人数
2005	3897	2218	2739	1990	20	18	2005	2090	863

我们从表8看出，2005年鄂温克族自治旗有1227名初中毕业生流入社会，占本旗初中毕业生的59%。鄂伦春自治旗有1679人初中毕业流入社会，占本旗当年升入初中的43%。一年当中有这么多初中生流入一个连本科毕业生都很难找到工作的竞争社会里，他们靠什么为生？当地干部考试制度和精简人员方案，并没有对本地本民族的特殊政策优惠，使得人口较少的鄂伦春和鄂温克民族干部无法与庞大的外来人口竞争，从而导致本地本民族干部越来越少。鄂温克族自治旗在未实行公务员考试的1992年有鄂温克干部495人，占当地干部总数的20%，而实行考试后的2003年只剩下128人。鄂伦春自治旗1998年有鄂伦春干部96人，占总数的9%；1999年284人，占总数的7%，一年下降2个百分点。敖鲁

[①] 徐占江主编：《2006呼伦贝尔市要览》，第491、503页，海拉尔：内蒙古文化出版社，2006年。

古雅鄂温克民族乡在未实行公务员考试制度的1982年，有鄂温克干部19人，占乡干部总数的56%。实行考试录用后的2002年，鄂温克干部29人，占乡干部总数的41%，20年下降了15个百分点。民族自治地方和民族乡的本民族干部越来越少势必影响到传统文化的保护和发展。这是因为少数民族干部有其自身的优点和特点。他们熟悉本民族的政治、经济、文化、宗教信仰、历史和现实，有民族感和责任感，做民族工作具有得天独厚的优势。

表9　鄂伦春自治旗、鄂温克族自治旗两旗一乡少数民族职工统计①

地区	年份	全体职工	主体民族	县处级	副县级	等县级	正副乡级	正副主任科员	相当乡级	科员办事员其他
鄂温克族自治旗（鄂温克族干部）	1992	2452	495		9		94			
	1995	2226	436		8		61			
	2000		145	1	2	1	36	17	4	84
	2002		117	1	3		31	22	1	59
	2003		128				32	33		59
鄂伦春自治旗（鄂伦春族干部）	1993				1		13			
	1998	1018	96					29		67
	1999	4096	284	14			66			
根河市敖鲁古雅鄂温克民族乡（鄂温克猎民职工）	1982	34	19				1			
	2002	70	29				2			27

目前鄂伦春人和鄂温克人中的劳动力闲置状态十分严重。牧区鄂温克年轻人由于没有牧场放养牲畜，很多人失去了牧业技能，而考学或考公务员又考不上，只能仰仗父母过毫无自尊的生活。驯鹿鄂温克人现在山上只有三十几人从事着驯鹿业。定居点上没有驯鹿的大多数年轻人对驯鹿业已感陌生。鄂伦春猎民问题更加突出。他们开始农耕时，恰逢国家实施"天然林保护工程"退耕还林。他们开始发展多种经营时，又因资源匮乏受阻。因此，他们只能依靠政府的各类补助补贴勉强维持生活。这些猎民虽然住着外观漂亮的砖瓦房，室内却四壁空空生活拮据。

在矛盾和困惑中，鄂伦春和鄂温克人中有不少人只能到酒精中寻求解脱。但

---

① 2006年8月由内蒙古自治区呼伦贝尔市鄂温克族自治旗组织部提供；鄂伦春自治旗史志编委会：《鄂伦春自治旗志》（1989—1999）第81—82页，呼和浩特：内蒙古人民出版社，2001年；龚春野：《鄂伦春族国家公务员统计结果分析》，《鄂伦春族研究》1998年（总第七期）；2002年9月由内蒙古自治区呼伦贝尔根河市敖鲁古雅鄂温克民族乡政府提供。

这更加消磨了他们的意志并危及他们的生存。表10-11显示：敖鲁古雅鄂温克人1965—1994年6月间出生221人，死亡143人，占出生人数的65%，其中非正常死亡74人，占死亡人数的52%。1985—1989年末出生26人，死亡26人。黑龙江省的十八站、白银那两个鄂伦春民族乡也同样有非正常死亡人数过高的问题。究其原因，都是因为资源丧失，导致失去生存的根本，从而引起观念混乱、精神空虚和对周围环境的无所适从。

表10　1965—1994年敖鲁古雅鄂温克族死亡统计表①

年份	出生人数	死亡人数	其中：非正常死亡人数
1965—1985年	166	104	
1985—1989年末	26	26	24
1990—1994年6月		15	
1965—1994年6月	221	143	男51人，女23人，共74人。其中酒害40人，自杀8人，刀棒致死16人，冻死6人，入狱4人。

表11　1980—1996年十八站、白银那乡鄂伦春族非正常死亡人数②

	刀枪致死	淹死	冻死	自杀	交通事故	失火呛死	他杀	爆炸
十八站	14	6	11	7	5	2	2	1
白银那	14	4	10	9	3		4	
合计	28	10	21	16	8	2	6	1

因此，保护大小兴安岭及其野生动物必须从根子上抓，必须与鄂伦春和鄂温克这两个民族的资源权和生存权联系起来，并赋予他们保护资源的特殊权利。同时发达国家的经验也证明，保护和恢复山林生态环境的最佳出路，就是复兴原住民的传统狩猎文化并赋予他们保护资源的特殊权利。

2.2　文化机构状况

2006年，鄂温克族自治旗全旗10个苏木乡镇区建有9个面积为250—800平方米的砖瓦结构的文体站舍，44个嘎查中的40个建有100平方米以上的嘎查综合活动室。投入260万元对影剧院进行了修缮改造，为乌兰牧骑扩建了排练厅。投资1100万元兴建了占地面积4200平方米集鄂温克博物馆、文化馆、少年宫为一体的文化综合楼，2004年投入220万元新建了1700平方米的图书馆。还于

---

① 资料来源：敖鲁古雅乡派出所"敖乡死亡人口登记薄"。
② 资料来源：关小云：《鄂伦春族非正常死亡引起的思索——对十八站、白银那两乡非正常死亡的调查》，《鄂伦春族研究》1997年第2期。

2003年以后先后建起了锡尼河东苏木布里亚特博物馆、锡尼河西苏木博物馆、巴彦塔拉达斡尔民族乡博物馆、巴彦嵯岗人物陈列馆以及正在筹建中的辉河苏木自然生态馆。广播电视网络遍布全旗。这些基础设施为开展基层文化事业奠定了良好基础。旗里每年还拨专款用于开展群众性大合唱、球类比赛等活动。

但据本次调查了解，多数乡文化站大门平日里都上锁，只在节假日对居民开放，而且活动也不过就是办交谊舞会，举办革命歌曲和祖国颂合唱，再有就是扑克、球类、棋类比赛，很少有涉及民族传统文化的内容。例如，民族传统体育活动，举办桦树皮和兽皮制作工艺、畜牧业生产技能的讲座，举办民歌和民间舞蹈比赛等。

文化馆站一般都有电子琴、音响等基本设备，但录音机、录音笔、摄像机、电脑等可用于记录行将消失的民族民间传统文化的设备几乎没有。

就文化馆站的人员构成看，虽有本民族工作人员，但所占比例较小。文化部门也没有对工作人员做过抢救、保护和发展民族传统文化的专业培训。他们虽然对民族文化都有深厚感情，但还不太知道如何利用本职工作为抢救和保护民族传统文化做行之有效的工作。

鄂伦春人和鄂温克人聚居区内近年兴办了很多民俗博物馆。但这些博物馆都只是为前来旅游观光的客人而备，当地政府很少组织中小学生前去观看学习。有的居民从未看过这些展览。这意味着博物馆还没有充分发挥宣传、展示和传承民族文化的功能。

传统的体育项目"抢枢"等也只是在那达慕或瑟宾节等民族节日上表演，没有在经常性的文化活动中开展。好多人不知道人们在"抢枢"中到底在抢什么。在乌兰牧骑演出中，人们看到的是完全变了味道的演出服、音乐和舞蹈，其内容多半没有真实反映鄂伦春人和鄂温克人过去或现在生产生活的场景，演出服也已改革成不知是哪个民族的服饰了。总之，就抢救、保护和发扬光大鄂伦春人和鄂温克人传统文化而言，文化部门的工作还有很大的改进空间。事实上，政府的文化事业单位不能发挥应有功能，不能跟地方民族的文化传统和传承有机结合，这是中国民族民间传统文化近几十年来迅速消失的重要原因之一，值得高度重视。

鄂温克族自治旗和呼伦贝尔市一些民族乡还有很活跃的民间表演团体。"鄂温克服饰表演队"、"布利亚特蒙古族服饰表演队"、"锡尼河牧民合唱团"都有青年牧民广泛参与。陈巴尔虎旗的鄂温克苏木也有一支"鄂温克服饰表演队"。这些民间表演团体经常应邀演出。他们的服饰出自于当地牧民之手或由牧民集资买料缝制，因而有因经费严重不足而无法开展活动的窘况。例如，"鄂温克服饰表演队"一直想请鄂温克服饰专家和各地鄂温克老人共同研制开发鄂温克不同支系的古老服饰，但因资金短缺，专家学者请不到，更无法到俄罗斯和新疆等地收集，影响到不同地域鄂温克人服饰文化的展现并阻碍将其推向更大的市场。民间表演队的表演一般由邀请方支付住宿费和来回车票，很少付个人演出费和服装费，因而属于尽义务的性质。政府的文化部门很少对民间文化表演团体进行资金投入，也没有给鄂温克牧民带来经济收益。

鄂伦春研究会和鄂温克研究会在抢救、保护和发展民族优秀传统文化方面发挥了重要作用。两个人口较少民族研究会聚集了一大批有热情有能力且热爱本民族传统文化的有识之士。他们不仅在民族传统文化研究方面做了很多工作，而且为抢救和保护民族传统文化开展了很多力所能及和切实有效的活动。两个研究会迄今出版了《鄂温克研究》17期、《鄂汉词典》、《鄂温克风情》、《鄂伦春研究》12期等。鄂伦春研究会还为保留和发展民族语言在旗电视台做过几期鄂伦春语授课节目。研究会还促成鄂伦春中学每周下午用一节课向在校鄂伦春学生讲授鄂伦春语。古里乡小学和托扎敏乡小学也相继开设了鄂伦春语课程；2000年3月23日—4月13日，鄂伦春研究会成员到鄂伦春自治旗7个猎民村进行调查，共录制鄂伦春语及鄂伦春民歌14盘录音带，计1000分钟。现在，两个研究会都隶属于内蒙古自治区社会科学学会联合会。研究资金的严重短缺使得学术研讨会和研究计划不能如期开展。例如，《鄂温克风俗文化》系列片、《鄂温克族传统体育》、《鄂温克族大辞典》等计划都由于资金短缺而搁浅。鄂温克研究会除了有一个办公室、一台电脑、一架破旧的照相机外，没有笔记本电脑、摄像机、照相机、录音设备、复印机、打印机、数码伴侣、越野车等常用设备。这使它无法进行抢救和保护本民族传统文化的工作。人们眼睁睁地看着自己民族的传统文化日渐衰落，大有力不从心之感。

缺乏专业培训是这些民族民间团体面对的另一个重大难题。鄂伦春和鄂温克本地本民族的基层骨干面对行将消失的本民族文化，不知从何处入手来抢救或保护。问及当地文化部门和民委，他们的回答也是没有这笔经费。在少数民族传统文化大量濒危的今日中国，培训当地文化工作者记录和传承本民族文化，是一项十分紧迫的工作。我们深感建立"中国少数民族生存与发展以及文化保护与发展基金"势在必行。

2.3 旅游业的潜力和局限

由于鄂伦春人和鄂温克人聚居的环境最适合开展以民族文化为特色的旅游业，所以近年到此旅游观光、视察考察的人数不断增多。鄂伦春自治旗开放的达尔滨湖、相思谷、北魏拓跋旧墟祖庙嘎仙洞等6个景区，2004年实现旅游接待人数58817人，旅游业收入289.17万元。2005年，全旗共接待国内外游客65503人次，旅游业收入296万元。鄂温克族自治旗的红花尔基森林公园、巴彦胡硕草原民族风情等 6 个旅游景区，2005 年共接待国内外游客 17.6 万人，旅游收入 9601.8 万元，同比增长 19.83%。旅游业有望成为这些地区的主导产业。

但从目前来看，这些旅游点多以自然风景或历史遗迹为特色，还没有把鄂伦春人和鄂温克人的文化资源融合进来，从而让从远道专为看鄂伦春人和鄂温克人独特民族风情而来的游客感到失望。例如，呼伦贝尔市最大的草原旅游景区巴彦胡硕旅游区离鄂温克旗境内最近，却也仅用蒙古风情装点而没有鄂温克民族风情。鄂伦春聚居区的旅游点也多以森林景观为特色，很少见到鄂伦春人传统文化如"撮罗子"、传统兽皮服饰和两个人口较少民族的旅游接待者，也吃不到用两个民族传统方式烹制的食物。究其原因，是这些旅游点大都由政府投巨资兴建再招商引资承包给外来的有钱人。当地政府和居民只能象征性地收取很小的利润分成。这些外来承包人对于鄂伦春人和鄂温克人的深厚文化底蕴知之甚少，因此也就打造不出民族传统文化的旅游品牌。当地的鄂伦春人和鄂温克人农牧猎民为发展旅游付出了资源代价，却多半被排除在产业之外。这是一种令人费解的经济行为。许多地区旅游业发展的成功经验告诉我们：自然风光到处都有，民族文化则为民族聚居地所特有。因此，依托当地民族文化才是旅游业的可持续之道。这个道理在鄂伦春和鄂温克这样人口较少又相对集中的民族地区体现得更为明显。

三、行动建议

3.1 保护原住民权益，复兴狩猎业，发展驯鹿业

我国的《民族区域自治法》第二十条规定："民族自治地方的自治机关依照法律规定，管理和保护本地方的自然资源。民族自治地方的自治机关根据法律规定和国家的统一规划，对可以由本地方开发的自然资源，优先合理开发利用"，第二十五条规定："民族自治地方的自治机关在国家计划的指导下，根据本地方的特点和需要，制定经济建设的方针、政策和计划，自主地安排和管理地方性的经济建设事业"。但在《国有林权证》的实际管辖范围，内蒙古的两个人口较少民族自治旗却没有开发利用本行政区域内自然资源的权利，更无法有效行使《民族区域自治法》赋予的自治权。这种格局严重影响了民族区域自治法的实施，也极大地伤害了民族感情。前述情况表明，《国有林权证》发放后，鄂伦春和鄂温克这两个人口较少民族连自己熟悉的山林家园都无权出入，传统的驯鹿业也因此受到极大阻碍。因此，保护鄂伦春和鄂温克这些人口较少民族的生存和发展的权利，首先要落实《民族区域自治法》，让他们拥有对本民族地区资源和环境的使

用权,这样才能保证他们过上有尊严的生活。鄂伦春和鄂温克两个民族文化都鄙视不劳而获,丧失资源,使他们无所事事,势必导致他们内心世界的极端痛苦。

通过前面论述事实表明,狩猎和驯鹿放养以及畜牧是鄂伦春人和鄂温克人传统文化的核心。这两个人口较少民族的未来发展和文化保护,应该在拥有充分环境资源权利的前提之下由其做出自主选择。换言之,只有先保障他们的"环境资源权利",才可能谈到他们的生存权和发展权,也才能谈到对这两个人口较少民族的文化保护。① 同理,保护大小兴安岭森林及其野生动植物资源,必须从根子上与鄂伦春人和鄂温克人的狩猎权联系起来。所有发达国家的经验都表明,这二者并不矛盾。矛盾的是,我们面对人口较少民族的基本人权即资源和文化权益时的心态。

传统的狩猎文化并没有滥捕滥杀野生动物,更没有乱砍滥伐森林。因此,只要国家真心想要抢救和保护这两个人口较少民族和保存他们的古老文化类型,就应在旗政府及有关部门的计划安排之下,按鄂伦春人和鄂温克人的人口数目,明确下达可猎捕野生动物的数量并颁发"生产加工许可证"和"原料指标许可证"等,使他们合理地取得生产原料,同时继续由他们负起保护森林资源的责任。事实证明,国家目前这种严禁当地居民狩猎采集的做法,反而给当地居民和外来人无节制地偷猎和扒桦树皮留下了可乘之机。

鄂伦春和鄂温克人猎民当然也需要一条有利于其民族生存和文化发展的道路。本次调查确认,驯鹿业是我国尚未开发的一种野生动物传统养殖业。驯鹿业适合寒冷地带山林,因而正是鄂伦春和鄂温克猎民可持续发展的优势产业。北极圈内的世界各国经验也都集中在这一行业上。驯鹿鄂温克人目前是中国境内唯一放养驯鹿的民族。但鄂伦春人也曾在历史上放养驯鹿。驯鹿既是这两个人口较少民族的衣食之源,也能作为经济基础支撑他们的猎民传统,而且作为民族特点的象征,滋润整个民族文化的传承。驯鹿浑身是宝。它可役使,可观赏,其茸、乳、肉、皮等具有很高的经济价值,市场前景广阔。大小兴安岭林区经过近年封山育林营林育林,驯鹿喜食的苔藓类地衣植被的恢复和生成条件正向良性循环方向转化。这些都为中国这两个通古斯人口较少民族发展驯鹿业提供了保证。与此同时,由于驯鹿以山林中的苔藓地衣为食,对环境十分敏感,所以发展驯鹿放养业,还能为防止生态环境继续恶化提供一个重要的预测手段和保障体系。

从国际角度看,加拿大、挪威、瑞典、芬兰甚至俄罗斯等国家,都通过制订相应的政策法规,保证了驯鹿民族萨米人、因纽特人、拉普人在保持传统生计方

---

① 参见王俊敏:《经济类型的变迁及其效应——鄂伦春人发展问题的生态——经济人类学研究之一》,《内蒙古大学学报》2002年第1期。

式的基础上实现了现代化。北欧国家的驯鹿民族萨米人早在 1984 年就已凭借驯鹿业达到了每户平均收入 1 万美元的成绩。① 鄂伦春和鄂温克猎民需要一条有利于其民族生存和文化发展的道路。驯鹿业适合寒冷地带山林。驯鹿浑身是宝。它可役使，可观赏，其茸、乳、肉、皮等具有很高的经济价值，市场前景广阔。由于驯鹿鄂温克人目前是中国境内唯一放养驯鹿的民族，鄂伦春人也曾在历史上放养过驯鹿，因而可将驯鹿业作为鄂伦春和鄂温克猎民可持续发展的优势产业。大小兴安岭林区经过近年封山育林营林育林，驯鹿喜食的苔藓类地衣植被的恢复和生成条件正向良性循环方向转化。这些都为发展驯鹿业提供了保障。

——在我国周边民族都在尝试饲养驯鹿发家致富的今天，为什么中国一定要让两个几千年来一直饲养驯鹿、掌握了传统生产技能且对驯鹿有着很深情感的驯鹿民族放弃驯鹿而转产于其他陌生的行业呢？

鉴于驯鹿业作为鄂伦春人和鄂温克人生存和繁荣发展的支柱产业十分必要且切实可行，鉴于中国有义务抢救和保护国内这一濒危的古老驯鹿文化，我们经过调查研究：

——建议国家尽快制定和完善相关法律法规，充分保障鄂伦春人和鄂温克人享有原住民族的资源权利和生存权利，在适于驯鹿生长发育的地区特别划定出由鄂伦春人和鄂温克人承包的山林，并由他们在放牧驯鹿的同时负起维护这片山林的动植物资源的责任。

——建议国家在鄂伦春和鄂温克人经常放牧驯鹿的低山林区，即根河市与鄂伦春自治旗之间的阿龙山一带，投资建立两个大本营和春、夏、秋、冬几个营地，供两个民族的妇女老少居住。所有这些，既能抢救和保存并发展传统文化，又能使鄂伦春人和鄂温克人过有尊严的幸福生活。

——建议国家参照挪威、瑞典、芬兰等国家让驯鹿民族萨阿米人走向现代化的政策法规，尽早制定出我国相应的法律条款和政策。建议我国政府及早采取有效措施保障驯鹿饲养者的利益，其中包括从国外引进大批优良驯鹿分发给每一位鄂伦春人和鄂温克人、提高鹿肉的收购价格并给予适当销售津贴、供应现代化养鹿设备设施的原材料、机械方面的特殊照顾等等。为了减少竞争，建议政府确认鄂伦春和鄂温克猎民后代的资质，承认他们是"有权养鹿的人"。由于林业等部门在鄂伦春猎民和鄂温克猎民传统游猎地区开发森林等自然资源，严重干扰了传统的驯鹿业生产生活，也让他们被迫放弃了传统的狩猎生计方式，因此林业部应给予他们一定的经济补偿，除此之外还应对鄂伦春人和鄂温克人发展其他经济

---

① 赵锦元、刘心武主编：《走向现代化——跻入现代社会的国外少数民族》，第 138 页，成都：四川民族出版社，1989 年。

（如奶牛业等）提供必要的帮助。

——建议中央政府责成地方当局对鄂伦春人和鄂温克人就业问题进行妥善安排。例如，安排在林业部门做护林防火工人和林业森林警察。在护林防火的同时，切实解决他们现在生活中的实际困难，以使他们继续从事传统的林中生产生活，保存优秀传统文化。这些劳动指标，必须保证落实到鄂伦春和鄂温克年轻人身上，以防止被其他部门或其他人挪用冒用。防止以鄂伦春人和鄂温克人名义申请的劳动就业指标落入他人之手，致使鄂伦春人和鄂温克人继续过毫无经济保障的生活。由于森林中有熊和偷捕滥杀、乱砍滥伐森林的人不在少数，从保护人身和驯鹿安全以及保护自然生态环境来讲，每一个猎业点都应配备几位有权持枪的鄂伦春和鄂温克森林警察。我们确认，惯于在深山密林生活的鄂伦春和鄂温克人，是其他民族所不能比拟的最好护林员。国家为他们安排生计，提供就业可以一举三得：一是护林防火、保护野生动物和生态环境；二是通过保护人权来体现国家民族政策的优越性，让森林中的鄂伦春人和鄂温克人过上有尊严的幸福生活；三是通过保护民族文化为人类社会和谐做出独特贡献。

从现在调查的情况来看，由于资金少、人员以及交通设备设施的缺乏和山林环境的艰苦等原因，林业职工和森林警察很少到密林深处进行巡逻，从而使保护山林和生态环境以及野生动物的重任自然而然地落到了山林鄂伦春和鄂温克猎民肩上。他们常常为保护野生动物和山林而赶走那些偷捕滥杀野生动物、乱砍滥伐树木、滥采集植物者，并且可以随时发现山林火种，避免山林火灾。但是由于猎民上缴了猎枪，使得保护森林和野生动物的工作很难进行下去。国家给这部分鄂伦春人和鄂温克人安置工作、支付工资，既可以护林防火、保护野生动物和生态环境，又可以充分体现国家的民族政策，保护我国这一珍贵的文化遗存，让森林中的鄂伦春人和鄂温克人过上有尊严的幸福生活，为人类社会的健康和谐发展作出贡献。

为达此目的，国务院即中央政府应协调国家林业部、农业部、商业部、国家民族事务委员会等部门制定出系统措施来保障驯鹿饲养者的利益，包括从国外引进优良驯鹿，提高鹿肉的收购价格并给予适当销售津贴，供应现代化养鹿设备设施及提供原材料供给方面的特殊照顾。另外，由于林业部门在鄂伦春和鄂温克猎民的传统资源地区开发森林，严重干扰了传统驯鹿业的正常进行，因此应该对原住民的驯鹿业给予经济补偿。

为便于中央政府各项法规政策的顺利实施，还应考虑由5—9位德高望重的本地本民族人士组成一个民间的"鄂伦春人或鄂温克人事务委员会"来监督地方政府的执行情况、协调处理民族内部事务、保护民族文化等。同时由有关专家组成一个熟悉民族政策法规的监督组，定期评估上述政策法规的执行情况并向中央政府报告。我们确信，这样的机制将能让人口较少民族确实体会到中央政府民族政策的温暖并看到和谐社会的前景。

3.2 建立中国人口较少民族生存和发展以及文化保护与发展基金

我们看到，鄂伦春和鄂温克两个人口较少民族的文化处境和发展需求对中国所有人口较少民族，甚至对中国所有少数民族文化都具有代表性。鉴于这些问题都是中央政府为解决民族问题在体制内采取了一切措施的情况下出现的，所以我们认为目前的民族文化保护体制也需要做一些创新。这种创新应该先从设立"中国少数民族生存和发展以及文化保护与发展基金"开始。

我们建议中国少数民族文化保护与发展基金由中央政府按照《民族区域自治法》，向在少数民族地区开采资源的部门和行业筹集。基金会总部设在北京，由国家民族事务委员会承担常务办公职能，但要由国内各少数民族代表会同民族学暨民族文化专家担任主席和委员。基金会以项目资助的形式接受来自少数民族社区的文化传承人或少数民族文化团体或机构的申请。基金设立"抢救和保护少数民族传统文化项目"、"少数民族文化传承人资助项目"、"少数民族人才培养和培训项目"、"少数民族文化发展项目"、"少数民族学术研究项目"等内容，以充分体现中央政府对于少数民族的关爱。鄂伦春人和鄂温克人生存与发展的部分费用也可以从这笔基金中下拨。基金应由在少数民族地区开采资源的部门以利润分成的方式提供。基金会的总部设立在北京，由具有很强责任心和组织协调能力的少数民族专家学者担任主席和委员。各少数民族由本民族德高望重的人组成"某某民族生存与发展基金分会"。每一笔资金必须通过前期调查研究和总部与分会的共同协商、同意之后，才可以使用。

本报告认为：抢救和保护鄂伦春、鄂温克和赫哲族的传统民族文化，最重要且最需要去做的是由国家为这几个人口较少民族赋权或者进行权力补贴，即让他们有能力和权力与在当地开发资源和赚取利润的国家或省、自治区级的行业、部门以及企业进行平等的权益博弈。其次才是组建和培训队伍，以求完整地记录、恢复和促进当地民族的文化活动。

3.3 打造民族传统文化旅游品牌，增强农牧猎民参与和受益

中国的少数民族地区都有发展旅游产业的重要文化资源，因而适合发展民族文化旅游。在发展民族文化旅游时，我们要强调的根本问题是：文化资源与人的价值密不可分。这种资源开发必须以人为本，必须突出原住民权益，必须使地区民族文化特质在旅游开发中得到保护和发展，使之永存永续。

鄂伦春、鄂温克和赫哲族的民族文化和风情旅游点，要注意融入当地原住民

族的传统文化内涵，立体和全面地展示渔猎和驯鹿生计与自然资源、民族知识和民族语言及宗教信仰的内在关联。为此，各旅游点都应注意成立由本民族社区居民组成的民间艺术表演团体，进行传统歌舞、传统体育、服饰、婚俗、生产生活习俗表演以及萨满表演等，并按月发给民间艺术表演团体内的每一位成员保底工资和演出提成工资。同时，各旅游点应注意开设传统手工艺品制作坊，向游客展示制作兽皮、桦树皮等制品的工艺和技巧，其制作者应全部为本民族猎民，以增加猎民的收入；开设传统精美工艺品小卖店，对本民族猎民不收柜台费和税费。各民族文化旅游点录用服务人员时，应优先录用本地本民族成员，并按月发放保底工资和提成工资。本民族成员的表演和服务队伍也应得到系统培训，熟知民族文化的底蕴和内涵，从而能在民族文化发掘和保护的基础上实现创新。

最后，本报告再次强调由国家的立法和行政机构采取有力措施落实《民族区域自治法》，确保当地少数民族及其自治地方在与外来企业、行业和部门进行协调时具有平等的政治、经济和社会权力，同时具有文化保护和发展上的优先权益。根据历史经验，这种优先权益最终要靠他们能够在国家的立法程序和决策机制中充分行使否决权来体现。

塔吉克族文化保护与发展

杨玲　王建民

　　扶持人口较少民族加快发展，是党中央、国务院做出的重大决策，是新世纪、新阶段我国民族工作的一项重要任务。塔吉克族作为新疆维吾尔自治区4个人口较少民族之一，主要聚居在南疆的喀什、和田、克孜勒苏柯尔克孜自治州三个地州；其中喀什地区塔吉克有34576人，和田为868人，克孜勒苏柯尔克孜自治州为5020人。塔吉克族聚居的南疆三地州是新疆的贫困地区，基础设施建设、经济发展水平非常落后，目前针对塔吉克族经济发展问题已经实施了人口较少民族发展规划，取得了一定的成效。而在关注塔吉克族经济发展的同时，我们不能忽视塔吉克族文化的保护和发展问题。作为人口较少民族，他们不仅人口少，而且居住分散，只有语言没有文字的现状使他们独有的民族传统文化受到了严峻的挑战，有被同化甚至消失的危险。因此，塔吉克族民族文化保护与发展项目的调查迫在眉睫，意义重大。

　　2006年7月至8月，我们调研小组对塔吉克族聚居的塔什库尔干县以及其辖区内移民搬迁地的塔吉克阿巴提镇进行了调查。通过问卷调查、个案访谈、部门座谈、查阅文献及收集现有政府各部门关于保护与发展措施及方案的工作报告等方式，进行了整体性的调查。共发放回收户访调查问卷50份，召开综合座谈会2次，对民间知识分子、民间宗教权威、政府官员进行了深度访谈，还走访了民间组织、宗教团体、文化机构、政府部门等，对塔吉克族的历史、政治、经济、文化、旅游等各个方面进行了全面的调查。

一、文化发展状况

1.1　塔吉克族族名与人口分布状况

　　"塔吉克"是中亚操伊朗语居民的族名。对塔吉克族名的来历与含义，学术界有不同的看法，但一般认为"塔吉克"是"王冠"之意。①

塔吉克族是一个跨界民族。除了我国新疆境内的塔吉克人之外，塔吉克斯坦、阿富汗、乌兹别克斯坦、巴基斯坦、印度、伊朗等国都有塔吉克人，总人口约1300万。

我国的塔吉克族聚居村共有64个，主要聚居在新疆维吾尔自治区喀什地区塔什库尔干塔吉克自治县，总人口为40716人。我国塔吉克族分布情况如下：喀什地区：塔什库尔干塔吉克自治县21706人，莎车县2122人（其中孜热甫夏提塔吉克族乡1418人），泽普县3385人（其中布依鲁克塔吉克族乡2042人），叶城县1345人（其中柯克亚乡、乌吉热克乡、夏合甫乡、棋盘乡共1000人）；克孜勒苏柯尔克孜自治州：阿克陶县3985人（其中塔尔塔吉克乡3458人）；和田地区：皮山县889人（其中阿巴提塔吉克族乡861人），其余的分布在乌鲁木齐市（248人）、喀什市（185人）、昌吉回族自治州（149人）、伊犁哈萨克自治州（134人）、塔城地区（24人）、石河子市（36人）、克拉玛依市（48人）、阿克苏地区（24人）和新疆的其他地方。

从总体的人口分布情况来看，塔吉克族聚居在南疆三地州的1个自治县、4个民族乡、8个散居村。塔吉克族分布的特点是大分散、大杂居、小聚居，空间分布近4万余平方公里。除塔什库尔干县以外，塔吉克族主要与维吾尔族比邻而居，在塔什库尔干柯尔克孜民族乡及邻近乡镇也有和柯尔克孜族混居的，但在塔吉克族主要聚居区，基本是以村或者村民小组为单位聚居在一起。这种聚落形式较有利于保持本民族的传统文化。

1.2 生态与生计

塔吉克族的主要聚居区——塔什库尔干塔吉克自治县位于帕米尔高原东部，其西北与塔吉克斯坦接壤，西南通过瓦罕走廊与阿富汗接壤，南部与巴基斯坦相邻。地势南高北低，并从西向东倾斜，面积宽广，总面积达67629平方公里，平均每平方公里不到3人。境内群山耸峙，南有世界第二高峰——喀喇昆仑山峰（海拔8611米），北有著名的冰山之父——慕士塔格峰（海拔7546米）。许多山峰的高度在海拔5000米以上，诸山之间的谷地一般也高达海拔3000米左右。②塔什库尔干县的气候为温寒干旱气候，四季不分明，只有冷季和温季，冬长无夏，春去秋至，无霜期短，日温差大。气压低，缺氧，空气洁净无污染，透明度好，光照充沛，但热量不足。太阳辐射量丰富，紫外线强，空气干燥，降水稀

---

① 西仁·库尔班、马达力汗·包仑：《鹰的传人》，第45页，乌鲁木齐：新疆美术摄影出版社，2004年。
② 李晓霞：《塔吉克族》，第2页，乌鲁木齐：新疆美术摄影出版社，1996年。

少。因此，这里适宜畜牧业生产，种植业的发展受到了限制。①

塔吉克族大部分居处于昆仑山、喀喇昆仑山的崇山峻岭之中。平原塔吉克主要居住在喀什地区的莎车县、泽普县以及叶城县的一部分乡村，大约有6000余人。居住在高山地区塔什库尔干塔吉克自治县（含塔吉克阿巴提镇）、皮山县垴阿巴提塔吉克族乡、阿克陶塔尔塔吉克族乡、叶城县棋盘乡许许村、柯克亚乡阿克美其特村和颜布克村的塔吉克族共有33000人，占塔吉克族总人口的83%。塔吉克族居住的高山地区平均海拔3000米以上，耕地分散，土层瘠薄，土地沙漠化危害严重，生态环境十分脆弱。

大部分生活在乡村的塔吉克族主要从事畜牧业生产，以农业为辅，很少有人经营其他产业。塔吉克族放牧的牲畜中以绵羊为主，牦牛次之，此外还有山羊、牛、马、驴和骆驼等。牛、羊、牦牛的奶和肉是牧民的主要食品。牛主要用于农耕，马、牦牛、骆驼和驴用于骑乘和驮运。羊毛、羊皮、牦牛皮又是用来做衣物的材料。可见，畜群为塔吉克族牧民提供了满足衣、食、住、行四大生活需要的大部分物质来源。牧民春季就把牲畜赶往夏牧场去放牧，夏季回村给庄稼除草和浇水，秋季回村收获成熟的庄稼。到了10月下旬，山上开始下雪，牧民就赶着羊群下山，在村子附近放牧。他们的农业生产工具较为简单，技术水平也比较低，牧业和农业基本沿袭传统方式，自然放牧，自然耕作，处于自给、半自给的经济状态。畜牧业商品率低、牲畜死亡率高；种植业耕作粗放、效益较差。近年来，塔什库尔干一些乡镇也开始种植恰玛古（蔓菁）等经济作物。在塔合曼乡种植的恰玛古长势良好，根茎茁壮，菜质鲜嫩，经济价值较高。但也存在营销途经不畅等问题。

1.3 文化遗产

塔什库尔干县境内的文化遗产主要有石头城、公主堡、古驿站等。

石头城位于县城东北角，内城地面海拔高3095—3099米，根据史料记载和考古发现，古石头城被认为是公元初期塔吉克人的先祖建立的"羯盘陀国"的都城。我国古代史书关于塔什库尔干石头城的记载最早见于《梁书》："羯盘陀国，所治在山谷中，城周回十余里，国有十二城，风俗与于阗相类，出好毡、金、玉"。《新唐书》、《往五天竺国传》等对石头城也多有记载。1980年，自治区社会科学院考古研究所有关专家集中对石头城遗址北角的20个屋舍中的4个进行调查，发掘出了陶片、唐乾元年间（公元758—760年）的铜钱以及3至8世纪在克什米尔地区广泛流传的梵语文字手抄本和一些文物，并对其中的木炭进行检

---

① 李晓霞：《塔吉克族》，第3页，乌鲁木齐：新疆美术摄影出版社，1996年。

测，确定其时间为1300年以前。因此，石头城是从汉朝的"蒲犁国"开始，经三国时期直至唐朝开元年间进行统治的"羯盘陀国"和受唐朝安息都护府管辖的"葱岭守捉"，到清朝的"色勒库尔回庄"和"蒲犁厅"，一直是这一带政治、经济、文化的中心和交通枢纽。我们现在看到的是清朝28年对旧城堡进行维修和增补后的石头城遗址。石头城是世界四大著名石头城之一。1990年被自治区人民政府列为自治区重点文物保护单位，2001年6月25日，国务院已将其列为第五批全国重点文物保护单位，现正在申请世界文化遗产。

石头城的结构大致可分为内、外两部分，内城保存完整，古代城堡的威严依稀尚存，它主要是王宫，由官府、军政官员宅第和佛庙组成。内城从石丘脚下砌成，与顶齐高，下大上小，形成壮观的城楼，城墙用泥和石块砌成，目前大部分城墙、城垛、女墙、角楼、碟孔和东北角大门尚保存完好，除内城墙兼作屋壁可见神龛、壁橱和烟囱槽道外，城中建筑物全部坍塌，地面布满石块，还存少量巨石和土墙。外城方圆1400米，部分已遭破坏，仍可见到一些露出地面的城墙、炮台和居民住宅的遗址轮廓，外城大都为居民住地，痕迹可见。① 目前已经得到一定程度的保护，也对旅游者开放，但管理和旅游开发程度不高。

公主堡位于县城南61公里处的塔什库尔干河与卡拉楚库尔河（明铁盖河）的交汇处，坐落在海拔4000米的山顶上。公主堡是为军事防务和控制交通枢纽而建的。因此，公主堡的战略地位极为重要，通过它可以控制古代葱岭丝绸之路，是一夫当道、万夫莫开之险峻。现城堡中，城垣、重门、地穴、石室皆残存，共13处遗址。古代商旅、居民遗留下来的破损器具仍历历可见。学界认为这是一座始建于公元前后的军事要塞。② 由于地势险要，交通不便，很少有旅游者前往参观。

丝绸之路上的拱拜孜——古驿站。塔什库尔干县境内主要有六处，目前保存较完善的是塔什库尔干河畔的古驿站，为一连三间的石头房子，已倾陷。有一间可见原状。此处距县城30公里，该驿站遗址是一座用卵石砌成的圆锥形小屋，有点像搭起的毡房。屋门朝东，天窗、屋顶有气孔可供通风。屋内有石砌的残龛，四壁已经熏得乌黑。驿站四周为河滩环绕，河边高地有古墓地，东侧有一小城遗址，从遗址上看，可以想象当时有多少人在这里生息，又有多少族人的足迹踏过这里，在这里栖息。北侧500米处有一排大小不一、排列整齐的唐高僧藏经洞，曾经的繁荣景象可见一斑。③ 此处尚未作为旅游点加以系统开发。

---

① 《塔什库尔干塔吉克自治县重点景区基本情况介绍》，2005年10月。
②③ 西仁·库尔班、马达力汗·包仑：《鹰的传人》，第29页，乌鲁木齐：新疆美术摄影出版社，2004年。

1.4 语言文字的使用

塔吉克族所使用的语言属印欧语系伊朗语族东帕米尔语支。塔吉克族的语言可以分为色勒库尔塔吉克语和瓦罕塔吉克语两种方言。塔什库尔干县境内除达布达尔乡居民和瓦尔西迪村、塔合曼乡的一部分居民使用瓦罕塔吉克语以外，该县其他乡、村的居民都使用色勒库尔塔吉克语。和田地区的皮山县居民使用瓦罕塔吉克语，其他地区的塔吉克居民都使用色勒库尔塔吉克语。使用色勒库尔塔吉克语的人数约 2.8 万，而使用瓦罕塔吉克语的人数有 1 万多。南疆的莎车县、叶城县、泽普县、阿克陶县及皮山县的塔吉克居民，由于民族间交往频繁，受维吾尔人的影响较大，除了老年人用塔吉克语以外，几乎都使用维吾尔语文。[1] 近年来，在新疆维吾尔自治区推广双语教育的过程中，塔什库尔干的汉语教育发展较快，许多塔吉克家长愿意让学童选择直接学习汉语，有些塔吉克孩子从幼儿园就开始学习汉语，中小学生的汉语言文字水平有了较快的提高。

塔吉克语是塔什库尔干县境内最重要的交际工具。尽管文化教育和政府的日常事务中使用的是维吾尔族语言文字和汉语言文字，但在整个塔吉克人日常生活中，塔吉克语仍占绝对优势，在家庭生活、社会交往以及民间娱乐场所都使用塔吉克语。

文字方面，塔吉克族在 20 世纪 30 年代中期以前使用塔吉克斯坦和阿富汗等国塔吉克族所使用的文字，但这种文字仅在经文学校、一些宗教活动及社交场合中使用，没有被普及。1936 年，塔什库尔干建立了第一所公办学校，由于当时塔吉克语师资缺乏，没有出版物，塔吉克语在政府工作中使用不便等原因，学校便采用维吾尔语言文字进行教学。至今，塔吉克地区的学校和政府机关仍在使用维吾尔语言文字。塔吉克学生在学校也使用维吾尔语言文字，只有少部分学生直接学习汉语言文字。部分塔吉克族知识分子在自己的学术活动和创作活动中仍在使用塔吉克文字。[2]

1.5 社会组织和社会活动

塔吉克族虽然人口较少，然而却具有很强的凝聚力，所有的塔吉克人之间都注重团结友爱，在生产和生活中，相互协作，彼此依赖。

生产上的协作 在塔吉克农村，生产上的协作不仅仅局限在大家庭或者家属

---

[1] 西仁·库尔班、马达力汗·包仑：《鹰的传人》，第 134 页，乌鲁木齐：新疆美术摄影出版社，2004 年。

[2] 李晓霞：《塔吉克族》，第 67 页，乌鲁木齐：新疆美术摄影出版社，1996 年。

之间，一家有难众人相助的风尚极为普遍。塔吉克族主要从事农牧业生产。村里各家遇到盖房屋、修水渠、搬家、春耕、秋收等大事，亲邻都来相助，不计报酬，只供饭食。塔吉克人为节省劳动力，还往往两三家或四五家将牲畜集中在一起，每年由一户负责放牧，其余人家则可以放心去耕作，特别是春耕和秋收期间，轮流代牧极为普遍。塔吉克人还有事先不规定条件的"换工"，"换工"是指事先讲定条件，以多少畜力换多少工人。而在塔吉克农村，人们事先是不讲条件的，只是在得到他人的帮助以后，以某种相同或不同方式给予回报，尽力而为，尽力而行。①

生活中的聚合——节庆活动　由于塔吉克族信仰伊斯兰教伊斯玛仪教派，因此他们同样也过古尔邦节和肉孜节，但与其他的穆斯林民族既有相同之处，又有不同。塔吉克族还过他们独具特色的皮里克节以及肖宫巴哈尔节。

古尔邦节　与其他穆斯林民族的相同之处在于古尔邦节起始的传说、节日时间、节日礼拜、用作牺牲的牛羊等。不同的是：他们是在自己的传统习俗以及物质生活和精神生活的基础上来过这一节日的。为庆祝节日，塔吉克族人早早开始做部分的准备工作：产羔时期，每户人家就挑选出黑眼睛、毛色纯白的羔羊做上标记，作为古尔邦节日的牺牲之物。节日来临，宰杀这只羊之前，要将它的眼睛涂抹得更漂亮，再抬上屋顶宰杀。宰杀后，要将羊血涂于孩子们的额头和面颊，以示吉祥。羊要整煮，然后将其原封不动地送往塔吉克族人的宗教活动场所加玛艾提哈那，交给有关人员。古尔邦节礼拜之后，众人整齐地围坐在餐布周围，分食统一分配的羊肉，边吃边回顾一年内发生过的事情，同时满怀喜悦地憧憬未来。食毕，祈祷之后，大家三五成群去拜节。依照习惯，节日期间，姑娘、媳妇们不做针线活。边远山区一般没有加玛艾提哈那，牧民们在约定的地点聚齐，做乃玛孜，同食作为牺牲的羊肉。古尔邦节第三天，每家都要带上作为祭品的肉或饮食，前往墓地祭奠亡灵。②

肉孜节　塔吉克人也过肉孜节，作节日礼拜，相互拜年，但对这一节日并不十分重视。因为塔吉克人遵循伊斯玛仪派的教义，不封斋，所以过肉孜节也就较为简单。③

皮里克节（"巴拉提节"，即灯节）　皮里克节是塔吉克族独具特色的节日，内容丰富多彩，十分隆重。由于此节恰好在回历的 8 月 14—15 日，因而又称

---

① 西仁·库尔班、马达力汗·包仑：《鹰的传人》，第 173—174 页，乌鲁木齐：新疆美术摄影出版社，2004 年。
② 西仁·库尔班、马达力汗·包仑：《鹰的传人》，第 159 页，乌鲁木齐：新疆美术摄影出版社，2004 年。
③ 李晓霞：《塔吉克族》，第 101 页，乌鲁木齐：新疆美术摄影出版社，1996 年。

"巴拉提节",而"皮里克"(直译为灯)为整个节日的中心内容,故又称做"灯节"。皮里克节要过两天。第一天晚上为"家中皮里克",先将浸过油的棉花缠在干草棍上,给家中的每个人做两支油烛,将做好的油烛插在一个盛满沙子的大盆里。夜间一家人围坐在插有油烛的大盆周围,主持人先做祈祷,而后呼唤每个人的名字,以知其是否在场。接着燃起油烛,诵读经文,祈求真主赐福,一家老小也都眼望油烛,相互祝福。仪式结束后,分食节日食物。翌日,人们相互拜节,夜间举行"墓地皮里克"仪式。各家各户都特意为亡故的亲人杀牲并准备好各种食物,以便在夜间携往墓地祭奠亲人。墓地皮里克开始后,一家人点燃油烛,蹲坐在地上祷告,大意是:"祖先们,我们不会忘记你们对这一世界的贡献,不会忘记你们伟大的亡灵,安息吧,我们不会辜负你们的遗愿,愿你们的亡灵佑助我们!"而后,各家各户的人围坐在一起,共食带来的食物。墓地皮里克仪式结束后,家家在屋顶燃起火把,祈求真主降幅。孩子们在外面燃起篝火,并围着篝火做丰富多彩的游戏,这时候,帕米尔的夜空被照耀得如同白昼。

皮里克节是塔吉克族拜火教的表现形式,对研究塔吉克族信仰伊斯兰教以前的宗教信仰提供了丰富的活材料。

肖宫巴哈尔节("诺鲁孜节",即迎春节) 是塔吉克族最古老的传统节日。包括"且得其德尔"即"洒扫庭院","祖吾尔节"即"引水节"和"铁合木祖瓦斯提节"即"播种节"。节日前夕,家家户户将里里外外打扫干净,清除一冬所积的污物,然后要在屋里的墙上画一定的花纹,并洒面粉以示祝福。另外,还要准备各种节日食品,并且一定要烤制一个过年所用的大馕。节日这天,人们在众人推举的"肖公"(率领一群人去各家拜节的首领)带领下去各家拜节,进门便道"恭贺新禧"。主人回答:"但愿如此"。接着将面粉撒在肖公及来客肩上以示祝福,而后热情款待来客。按照习俗,先由肖公亲手将大馕掰成块状,然后众人一同进食。妇女们节日在家中待客,孩子们同男人去拜节,姑娘媳妇则携带节日油馕去给父母亲友拜节,节期三天。① 紧接着就是"祖吾尔",属于农事节日,因为在塔吉克人聚居的塔什库尔干地区气候寒冷,人口稀少,冬季山水冻结,春季来临,需要砸开冰块,引水入渠,开耕播种。但一户人家单独引入开耕绝不可能,须全村人一起出动,祖吾尔节就由此产生。每当节日临近,要做一些准备工作,在主要渠道的冰面上撒土(以加快冰融速度)并准备好各种工具,还有烤制三个节日大馕(一个留在家里,两个携往引水工地)。引水这天,全村人在米拉甫(水官)的带领下骑马到引水点,参加破冰修整渠道的劳动。引入水渠之后,

---

① 西仁·库尔班、马达力汗·包仑:《鹰的传人》,第159页,乌鲁木齐:新疆美术摄影出版社,2004年。

人们聚在一起，共食带来的节日烤馕，小孩子们则相互撩水嬉闹。之后，人们共同祈祷，祈求风调雨顺，庄稼丰收。接着，人们举行隆重的叼羊、赛马等活动，庆祝祖吾尔节。紧接着就是"铁合木祖瓦斯提节"即"播种节"，是在正式播种的第一天。各家农户还是先要烤馕，还要做一种叫做"代力亚"的饭（将大麦碾碎煮熟和压碎的干酪混合在一起做成的一种饭）。邻里相互拜节，当前来拜节的人出门时，妇女跟随其后出来洒水，以祈求丰收。还将喂牛的面团捏成耕牛及犁具形状喂牛，然后象征性地在口袋里装点种子，请富有经验的老农向地里撒种，撒种时还要烧点烟火，一人撒种时，其余人都将衣襟宽宽地撩起，让种子落进怀里，并要将这种子带回去。然后请一位有福气的老婆婆坐于地中间，一个人象征性地围绕她并翻挖土地，之后，人们相互分发口袋里的种子。耕种期间，整个村子充满了互助协作的融洽气氛。[1] 近年来，因为饮水节和播种节被列为国家非物质文化遗产代表作名录，这一节日的庆祝活动得到外界关注，当地政府也参与到节日活动的组织中，甚至为了让记者和旅游者拍照而专门组织当地农牧民进行相关活动。

因此，塔吉克人的传统节日有的反映了自然、社会、人际关系的哲学观念，有的反映了塔吉克人的宗教信仰和宗教活动形式，有的反映了塔吉克人的各种生产活动。正是这些节日活动把塔吉克人的社会组织起来并形成一个有聚合力的民族。

1.6 宗教信仰

塔什库尔干县内有21座清真寺，其中居玛寺3座，节日聚礼寺18座，134名宗教人士，11名非宗教人士统战对象。[2] 塔吉克族先民除了本民族传统宗教以外，还曾经受到琐罗亚斯德教和佛教影响。民族传统信仰中，对鹰的崇拜流传至今。在他们的观念中，鹰是勇敢、正义、纯洁、忠诚的象征。塔吉克族关于鹰的神话传说有几十种之多，塔吉克人习惯将英雄比喻为雄鹰。他们最具特色的乐器鹰笛，是用鹰骨制成的，鹰笛的传说也反映了鹰与塔吉克人的关系。塔吉克族的舞蹈也多有模仿鹰的动作，故人们常常将塔吉克族称为鹰的民族。改信伊斯兰教后，他们主要信仰什叶派的重要分支——伊斯玛义派。这使塔什库尔干塔吉克族的宗教信仰不但与维吾尔、回、哈萨克、柯尔克孜、乌兹别克等民族有所区别，而且与平原塔吉克族也有所区别。塔什库尔干塔吉克族认为，做乃玛孜是天命，

---

[1] 西仁·库尔班、马达力汗·包仑：《鹰的传人》，第159页，乌鲁木齐：新疆美术摄影出版社，2004年。

[2] 塔什库尔干县宗教管理工作汇报材料，2006年。

每天的五次乃玛孜中有三次是教旨所定，其余两次为义务礼拜，可做可不做。做乃玛孜多在自己家中，群众性的乃玛孜，如库尔班节、肉孜节则在加玛艾提哈那举行。过去部分中国塔吉克民众曾经赴印度孟买朝觐阿迦汗，而不去麦加朝觐。他们并不强调宗教活动的形式，只求心存教旨教义，反对只求形式和数量，而行动上却和教旨教义背道而驰的宗教活动。同时，塔什库尔干塔吉克族中也有少数人信仰逊尼派，但内容和形式与原来的逊尼派有所不同，和伊斯玛义派有相同的地方。因此，塔吉克族信仰宗教而不狂热，宗教氛围也不是很浓厚。伊斯兰教已经融入他们的日常生活当中，融入婚丧嫁娶等礼俗之中。

1.7 艺术

音乐 我国塔吉克族属于高山塔吉克的一支，其乐器、音乐作品和音乐活动方式与平原塔吉克是有区别的。高山塔吉克的音乐保持着极其古朴独特的风格，而平原塔吉克则与乌孜别克族在音乐文化上有许多共同点。[①] 我国塔吉克族的乐曲很丰富，有歌舞曲、弹唱曲、情歌、哀悼曲、宗教歌曲、刁羊乐曲等等。莎车、泽普、叶城等地的塔吉克农民，由于通用维吾尔语，歌词使用维吾尔语，但曲调仍属于塔吉克传统的民族音乐。由于受维吾尔族音乐的影响，他们的演唱形式更加多样化，特别是伴唱，融塔吉克、维吾尔两族之所长，刚柔相济，格外婉转悠扬。[②] 著名作曲家雷振邦曾经到塔吉克聚居区采集塔吉克音乐，并为电影《冰山上的来客》创作电影音乐，由此《花儿为什么这样红》、《怀念战友》等塔吉克族民歌被全国民众传唱。塔吉克族的乐器主要有来布甫、鹰笛、巴朗孜阔木、手鼓、沙塔尔、库木孜等。最具塔吉克民族特色的是用鹰翅骨制成的鹰笛，而最普遍的是来布甫，塔吉克家庭大都有这种乐器。巴朗孜阔木是一种和来布甫很相似的一种乐器，过去一般只在葬礼中为宗教性祷祝做伴奏，由于其特殊的适用范围和性质特点，民间并不普及。现在，随着文化艺术的发展，其使用范围也在扩大，通过改进，这种琴的音域更为宽广，也开始在一般演出时使用。

舞蹈 中国塔吉克族民间舞蹈中最常见的舞蹈被称为"鹰舞"，其他民族虽然亦有模仿鹰的动作的舞蹈，但不同的是，塔吉克人将鹰的动作作为基本的舞蹈元素，以此来表现各种题材，而其他民族模仿鹰的动作的舞蹈只是纯粹的表现鹰的生活。塔吉克人能歌善舞，一般为双人舞。舞时，众人围成一圈，一对对相继到圈中舞蹈，有时也有两三对同舞。塔吉克族还有化妆表演舞。此外还有结合木

---

① 西仁·库尔班、马达力汗·包仑：《鹰的传人》，第349页，乌鲁木齐：新疆美术摄影出版社，2004年。

② 李晓霞：《塔吉克族》，第76页，乌鲁木齐：新疆美术摄影出版社，1996年。

偶表演的舞蹈。演员在左手上套一个"婴儿"木偶，一面跳舞，一面唱歌，同时使木偶做出各种婴儿的动作。这些都是塔吉克族在节日表演的传统节目。

戏剧 戏剧是流传于塔什库尔干一带塔吉克族人民当中的一种集歌、乐、舞、剧于一体的文学艺术形式，有一定的情节，常在节日和婚礼等喜庆场合演出。传统的话剧以《巴达克山商人》为代表。牧民爱看的歌舞剧《老夫少妻》，也是流传已久的保留剧目。[①]

工艺美术 塔吉克族的民间工艺美术主要由妇女制作。塔吉克妇女最擅长的是刺绣。她们绣的都是服装上的装饰品，诸如帽边、衣领边、襟边和荷包等等。女帽前沿的帽边（塔吉克语称之为"科尔塔勒克"）最为精致，一条宽不盈寸，长仅十几公分的帽边往往要绣十多天，刺绣都用丝线，以红、黄、绿、紫色为多，图案由刺绣者自行设计。受到伊斯兰教影响，图案主要是花卉和几何图形，每条帽边都绣得五彩缤纷。除此之外，妇女还从事编织、编丝穗和对布花等手工艺品的制作，织成鞍垫、马衣、毛袜、手套、腰带等。青年妇女结婚和节日系在辫梢上的长丝穗，都由自己或女友编制。

1.8　旅游开发

塔什库尔干塔吉克自治县"十一五"规划中对于旅游产业的发展有着很好的思路，即本着"大旅游、大市场"的开发原则，围绕古丝绸之路，尽快形成以石头城为中心的向南、向北、向东的三条旅游精品线路，大力引导和促进民俗旅游、特种旅游、边境旅游，不断提升旅游层次和文化内涵。一是加快旅游目的地的培育力度，全力打造旅游县的崭新形象，加大原始生态旅游风光和塔吉克民俗风情的宣传力度。二是围绕古丝绸之路中道、南道的汇聚点，积极打造丝绸古道中国终点站的历史文化品牌，以国家级文物保护单位——石头城为主线，挖掘文化潜力，展示全县众多的文物古迹风貌，再现历史风采。三是加快发展民俗旅游，特别是牧家乐和民俗旅游纪念品的开发，积极支持以特色旅游商品为主的民族特色产品和工艺美术行业的发展。目前，旅游工作主要围绕帕米尔高原风光和塔吉克民俗风情，与各乡镇场密切配合，选定落实了"牧家乐"21家，旅游定点户23家，旅游定点商店11个，发放光碟1100余盘，宣传书籍500余册。在食品开发中，充分依托高原纯净无污染的水土、独特气候资源，推进农业种植业结构调整，建设以有机食品恰玛古为主的、具有一定规模的高原有机蔬菜生产及

---

① 李晓霞：《塔吉克族》，第76页，乌鲁木齐：新疆美术摄影出版社，1996年。

加工基地，适度规模发展设施农业，满足城乡反季节蔬菜的供应需求。①

目前，旅游开发已开始重视与塔吉克民俗风情结合，但仍处在初级阶段，塔什库尔干县的旅游受到季节的强烈影响，一年中只有 6—8 月三个月的时间适合旅游业的开展，整个地区的旅游市场发育不成熟，比如在牧家乐的规范问题上和塔吉克手工艺品开发方面，都程度不同地存在问题。

二、文化保护与发展中的问题

2.1 资源问题

非物质文化遗产方面 现已申报国家非物质文化遗产的项目有：鹰笛、鹰舞、引水节和播种节、婚俗、丧俗。其中引水节和播种节是肖宫巴哈尔节（塔吉克族春节）的组成部分。肖宫巴哈尔节又被称为"切脱恰特尔节"，与柯尔克孜、哈萨克和维吾尔等民族的"诺鲁孜节"时令接近。节日活动包括"洒扫庭院"、祖吾尔节（引水节）、铁合木祖瓦斯提节（播种节），这是完整的塔吉克族"迎春节"，是反映塔吉克族迎春时节生活、生计、文娱合而为一的节日庆典。打扫庭院、烤制大馕，引水入渠，举办庆祝活动，并进行各种具有象征意义的播种活动，齐心合力开始春播，此番场景勾勒出迎春节日的基本画面。然而，现实的做法却仅仅根据并不熟悉和了解国家非物质文化遗产保护名录的精神和要旨，没有注意文化活动的内涵和意义，把其中的引水节和播种节抽离出来单独作为一个文化保护项目，破坏了传统节日的完整性，把生活、生计、庆祝融为一体且难以分割的文化要素拆分开来，使得原本聚合的文化才能达到的功能上的协调统一得不到充分发挥和体现。换句话说，就是割裂了文化的整体性。据说之所以这样做是为了能够避免和哈萨克族、维吾尔族的"诺吾鲁孜节"重复，以"成功申报"。

文化遗产方面 近年来，国家拨款 3 万元并聘请考古及文化遗产研究专家对石头城进行维护和修缮，目前外部的修复工作基本完成。石头城作为古代城堡的历史遗存，既是物态的著名古迹，又是古国、古城堡权威和威严的象征，更是古代文化的重要载体，有着丰富的历史内涵。因此，在物质文化遗产保护方面，对其作为物质遗存的修复工作首当其冲。然而如何持续性地对石头城进行维护并进一步挖掘其历史文化内涵，合理地加强旅游开发，则更应引起重视，并应将其纳

---

① 《商贸先行 旅游开路 发展特色产业用科学发展观促招商旅游工作快速发展——招商旅游工作运行分析汇报材料》，2006 年 8 月。

入文化遗产保护的规划当中。公主堡以及古驿站作为塔什库尔干县重要的物质文化遗产,它们的保护也存在类似的问题。

教育资源方面 全县有16所学校,中学1所(民汉合校,未设高中),小学15所,教学点46个,小学适龄儿童入学率86.9%,初中适龄儿童入学率52%,全县校舍建筑面积20779平方米,其中危房校舍面积5147平方米,占校舍总面积的25%。从以上数据不难看出,县内学校数量偏少,尤其是中学,仅一所且是民汉合校,还没有设立高中,适龄儿童入学率较全国平均水平低近十个百分点,校舍建筑面积相对较小,而危房比例较高。教育的硬件设施方面,不论数量还是质量,都缺乏必要的保障,学校的基础设施比较薄弱。

2.2 语言文字的使用和教育问题

语言问题 由于塔吉克族周围有维吾尔族等其他民族,塔吉克族作为人口较少民族被其他民族包围,特别受到维吾尔族的影响。现在他们主要学习维吾尔语和汉语。塔什库尔干县境内的塔吉克族尽管在文化教育和政府的日常事务中使用的是维吾尔语言文字和汉语言文字,但在整个塔吉克人日常生活中,塔吉克语仍占有绝对优势,包括在家庭生活、社会交往以及民间娱乐场所都使用塔吉克语。这是令人欣慰和庆幸的。但在南疆的其他县内,情况就不容乐观。在南疆莎车县、叶城县、泽普县、阿克陶县及皮山县的塔吉克族,由于长期与维吾尔族频繁交往,居住又相对分散,除了老年人用塔吉克语外,几乎都使用维吾尔语文。语言作为一个民族的主要特征之一,若被同化对于民族文化的保护和发展是非常不利的。

教育问题 由于塔吉克族聚居的村大都在山区,受自然条件、经济条件和办学条件等诸多因素制约,个别自然村在落实九年义务教育方面存在不同程度的困难。部分村小学由于校舍简陋、师资力量薄弱、生源少,办学条件差等多种原因,均存在教学质量不高的现象。

塔吉克族目前利用维吾尔语言文字和汉语言文字进行教学。他们从小在家里使用自己的母语——塔吉克语,从上小学开始学习维吾尔语。塔吉克语和维吾尔语差别很大,它们分属不同语系,塔吉克语属印欧语系伊朗语族,而维吾尔语属阿尔泰语系突厥语族,因此塔吉克族孩子学习起来很吃力,孩子们小学毕业或上到初中,基本上可以读诵维吾尔文报纸,但往往不知其意。这种现象不只是特例,而是普遍存在的问题。学校投入和花费了如此大量的时间、精力和师资力量,教学效果却很不理想。

从2005年起,塔什库尔干县小学从一年级起用汉语授课,其他乡镇(场)学校计划从2008年逐步过渡到"双语"教学模式。2006年起县中学由初一年级开办"双语"教学班，逐步过渡到"双语"教学模式。对搬迁区的塔吉克族适龄儿童已实施了从学前班用汉语授课的计划。"双语"教学模式的开展和实施无疑减轻了塔吉克族学生学习的负担，使他们有更多的精力投入到知识和技能的获取上，教学成效得到了较大的提高。因此，塔吉克族的"双语"教学模式一定要循序渐进地实施并推广下去。

目前，政府对塔吉克族的双语教育非常支持，对上学的孩子一切都实行免费，不但如此，国家还发补助给学生们。然而，即使这样，还是有住得远的人家不送他们的孩子去上学。问题在于塔吉克族居住分散，办学成本高，教学质量难于保证；而集中办学就需实行寄宿制，但相应资金又难于落实，并且远离学校的家庭送子女上学有许多实际困难。

例如，达布达尔乡的热斯卡木村，到乡里的路途遥远且交通不便，没有便捷的交通工具，只能骑马过去，即使货物也需绕行到叶城，运费昂贵，因此物价也很高。村里教学环境较差，通讯设施、用电极不方便，甚至没有正规的老师从事教学工作。在民委的帮助下，村里的学校改成寄宿制学校，便于教学管理，但是这些孩子出来之后，又面临家庭供养困难的问题。2003年，建了一个达布达尔小学的分校，由于资金不到位，只开办了一年，又分散回到教学点进行教学了。达布达尔乡小学的老师告诉我们，若在本地办寄宿制学校分校，每个学生每月至少需要90元的补贴。因此，资金匮乏是目前面临的主要问题。

其次，达布达尔乡小学放假时间太长而且过于集中，也影响了孩子的学习进程。由于从五月份到九月份乡里的农事较为繁重，因此学校每年五月中旬起到九月一日放假，不放寒假，让孩子帮助家里料理农事。但是，暑期过长容易造成孩子学习上连贯性的中断。

再次，塔吉克阿巴提镇扶贫移民搬迁开发区在国家和自治区的大力支持下已建成小学，并实现了塔吉克民族适龄儿童学前班开始用汉语授课目标，然而，2000年入学的塔吉克学生即将升入中学，但目前还没有塔吉克族中学。因此，如何保证各聚居乡村实现集中教学，充分利用教育资源，并且保证寄宿制所需相应资金的到位，改善寄宿制学校条件，以及保证教育资金投入的持续性，都是有待解决的问题。

最后，塔吉克族受自然条件、经济条件和办学条件等诸多因素的影响，教学条件差，师资水平低，教育质量不高。这一现状导致塔吉克族学生考取高等院校极其困难，每年考取的比例也很小。人才匮乏是制约当地经济发展、社会进步的主要因素之一。因此，国家在这方面应给予一定的优惠政策，注重塔吉克族人才的培养。

2.3 民间文化生存危机

饮食方面　生活在帕米尔高原上的塔吉克人，受到高寒自然条件的限制，饮食结构比较单一，主要吃牛羊肉和乳制品，面食作为辅助食品，蔬菜则吃得很少。现在受科学营养观念的影响，他们的饮食结构有了一定程度的改变，几乎每家都会种一些蔬菜，蔬菜比以前吃得多了。过去，塔吉克人在夏天只吃奶制品和肉，不吃面食，现在，吃面食的比例大大提高了，饮食结构变得更加丰富和合理。

然而，塔吉克族的传统饮食却没有得到充分的开发。塔吉克族传统的美味食品在餐厅和饭店都品尝不到，当地没有一家餐厅和饭店供应塔吉克族传统美食，只有到塔吉克人家中才能够有幸尝到，甚至有些塔吉克人也不经常做，比如传统食品卡特拉玛（千层饼）、谢尔布林齐（用大米、牛奶、奶油做的粥）等奶制品和冬拜吉干（羊肝夹羊尾油）等肉制品。这是由于一些传统食品制作工序繁琐，而食品种类的丰富，饮食结构朝多样化方向发展，给塔吉克族带来了更多可选择的便于烹饪的食品，客观上导致他们越来越少地制作本民族的传统食品，传统食品制作技艺对年轻人来说已经不太熟悉了。同时，塔吉克族的市场意识比较淡薄，缺乏对本民族传统食品开发和宣传的意识。这对传统饮食文化的保留和发展也是不利的。

服饰方面　塔吉克族的服饰以棉衣和夹衣为主，没有明显的季节性，这与帕米尔地区高寒的气候条件有关。妇女的服装较为讲究，她们一般戴刺绣精美的库勒塔帽，帽为圆顶。出门时，她们会根据自己年龄的不同在帽子上披上用丝绸或白缎做成的头巾。妇女的装饰有已婚、未婚和老年、青年之别。男子服饰中，腰带为彩色绣花，多为女友或妻子所绣。他们的衬衣特点是领口、袖口和胸前都绣有十字花纹。

塔吉克族妇女几乎人人都掌握刺绣手艺，塔吉克族服饰上有许多特别的刺绣图案，且有色勒库尔塔吉克和瓦罕塔吉克两种不同类型。目前对于图案的种类、花色的搭配等方面缺乏深入的整理和研究。近年来，塔什库尔干县妇联利用这一优势，专门组成了刺绣培训班，聘请专业的图案设计人员，开发出多品种、多样式的民族旅游纪念品。这是一个很好的开端，不但传承、发展和宣传了民族手工艺，增加了就业机会，还带来了一定的经济效益，提高塔吉克族整体的收入水平。但由于刺绣工艺耗费大量的劳动和时间，往往一顶帽子就需要花费一个月的时间才能完工，回收成本的周期长，而且整个市场发育还不完善，因此还有待开发。而且，年青一代只是掌握了刺绣的技艺，在原材料上却越来越不讲究了。对于本民族刺绣图案的名称和意义除了极个别年老的妇人还略知一二外，对于服饰文化意义方面的传承有所断裂。

舞蹈方面 现在塔吉克族有些传统的舞蹈，譬如马刀舞已经失传，没有人会跳了。除此以外，一些需要化妆和使用道具的舞蹈表演，像木偶戏，表演者一手套上木偶，边舞边唱，形式活泼。但现在这种木偶戏也很少见了。舞蹈是一种非物质文化遗产，因为没有物态的东西可以固定和存留下来，一旦失传，就很难再恢复了。

民族体育方面 塔吉克族传统的体育竞技活动主要有赛马、叼羊、赛牦牛、摔跤、马上拾物、拔河等，这些体育竞技活动都需要大面积的草场方能开展。然而，目前塔吉克族的搬迁工程固然使他们受益匪浅，经济得到了发展，生活水平也得到了提高，但是许多具有民族特色的活动如叼羊、赛牦牛因为生活环境的改变，场地的限制而没有办法延续下去。

塔吉克族古代还有一些游戏，比如斯塔依，用三四公斤重的石头打击五十米外的一块大石头，现在只有一些老年人还知道游戏的玩法和规则，他们教给年轻人，年轻人才会玩，因此，民族体育竞技方面也面临着变化、消失的危险。

2.4 民族文化工作体制的问题

首先，基础设施建设严重滞后。目前全县有一座广播电视转播台，只有8个乡建立了地面卫星接收站；全县仍有18个行政村不通电，15个行政村不通公路，44个村不通邮，水利设施无法满足农牧业生产发展的需要。由于经济发展困难重重，对发展民族文化的重视和投入也就不足。

其次，民族文化工作活力不足。无论是一般群众、民间文化权威，还是政府官员，提到民族文化保护和发展，无一例外地都谈到资金和人员短缺的问题。包括县文化馆（图书馆）、县文工团、文物管理所、县广播电视在内的整个文化系统共有行政编制8人，其中领导3人；事业编制64人，合同制工人3人。局机关有行政编制6人，勤杂编制1人。本科学历5人，大专3人，中专10人。[①] 由于体制本身不健全，这些文化机构靠自身的力量很难发展起来，在高原比较恶劣的生活环境下，要引入和留住人才也比较困难，人才的流失、老化及机构边缘化的状况十分严重。

2.5 经济发展与文化保护的冲突

这一矛盾集中反映在移民搬迁问题上。塔什库尔干县地处高寒地区，平均海拔4000米，交通信息闭塞，生态环境恶劣，雪灾、泥石流、洪水等自然灾害频

---

① 《塔什库尔干县志》未定稿，第二十一编，文化艺术、广播、电影、电视。

繁，畜牧业发展受到严重制约，粮食无法自给，形成"一方水土难养一方人"的局面。1999年一年内就发生两次特大雪灾、泥石流灾害，造成22人死亡，数千人失去赖以生存的土地、房屋和草场。为帮助灾民重建家园，经自治区、地区批准，2000年制定了塔吉克阿巴提镇移民搬迁规划，从莎车县、巴楚县、岳普湖三县为移民区无偿划拨土地5万亩，兴建塔吉克阿巴提镇扶贫移民搬迁区，计划投资3.3亿元，分期分批移民搬迁2000户10000人。现已成功搬迁300多户2000余人，并完成了部分配套的农、林、水、交通、教育、卫生、广播电视等基础设施建设。① 但移民搬迁开发区（牧民定居点）一些关键性资源开发难度大，人畜饮水、学校、卫生院、邮电通信等公益设施需进一步改善。由于搬迁贫困群众家底薄、基础差、缺乏生产经验，适应能力还很弱，千百年来形成的传统生活方式、传统生产方式和游牧习惯不可能通过移民搬迁（牧民定居）一蹴而就彻底改变，从而导致他们生产、生活水平依然很低，思想还不够稳定。

目前正在修建一个大型工程下坂地水库，涉及塔什库尔干县中下游班迪尔乡的两个行政村居民的搬迁问题。当地居民移民的安置点也在阿巴提镇，但下坂地的人强烈地反映他们不愿意搬。因为塔吉克族主要是靠牧业生活的，在下坂地还有草地可以放牧，但若搬下去就没有办法放牧了，他们世世代代生活在帕米尔高原上，素以鹰的传人自居，他们渴望像雄鹰一样，在草原、戈壁上任意驰骋，过无拘无束的生活。

在环境恶劣、条件艰苦的高原上，开展移民搬迁不失为一条帮助塔吉克人脱贫的有效途径。他们的生活水平和生活条件通过搬迁移民的确得到了相应的提高和改善，但我们不能够忽略的是移民搬迁改变的不仅是他们的生存环境和生计方式，更改变了他们千百年来形成的生活方式，而民族的文化往往都是依托并融入本民族生活方式当中的。许多民族特色的文化很可能就此无法保存、延续和传承下去。因为生活环境的改变，现在很多风俗，如民族体育中的叼羊、赛牦牛这些传统的民间文娱活动受到场地的限制都无法继续开展下去了。

搬迁的塔吉克移民远离了属于他们自己文化的根，改变了他们以前的聚居形式，被动地居住于维吾尔族人的生活空间当中，面临着抛弃传统生活方式的巨大压力。塔吉克族只有语言而没有文字的现状，很可能导致在搬迁后一两代人的时间内，他们就不再使用并忘却本民族的语言，随之生活习惯和民间风俗也逐渐地被同化。情形就如同现在生活在莎车和叶城的塔吉克一样，变得和维吾尔族没有什么区别。移民搬迁居住格局的分散导致塔吉克族文化面临着被同化甚至消失的危险。

---

① 塔吉克阿巴提镇工作汇报材料，2006.6.9。

因此，我们在肯定移民搬迁对塔吉克族整体经济生活水平和人口素质的提高有积极作用的同时，在保证搬迁贫困户生产、生活方面的基本需要以及搬迁开发区相应的基础设施和公益设施建设以外，更应遵循集中移民搬迁的原则。塔吉克族作为人口较少民族，若本民族的人口二次或多次分散，势必大大地削弱承载塔吉克民族文化的力量，一旦失去重要载体的依托，塔吉克民族文化的保护和发展就更加困难。

三、问题分析与思考

3.1　发展艰难与权益维护

首先，塔吉克人聚居的塔什库尔干地区，由于地处帕米尔高原，平均海拔在3000米以上，空气干燥稀薄，冬季寒冷漫长，无霜期短，热量不足，耕地分散，土层瘠薄，土地沙漠化危害严重，生态环境十分脆弱。如此恶劣的生存环境在客观上限制其发展，到目前为止，全县仍有18个行政村不通电，15个行政村不通公路，44个村不通邮，水利设施无法满足农牧业生产发展的需要，在基础设施建设上还有待完善。

其次，语言和文字是民族文化的重要载体，塔吉克族只有语言没有文字的现状对于保护和发展塔吉克族的文化是十分不利的。目前，政府已经意识到这个问题的存在并采取了相应的措施。由于直到目前为止，还没有统一创制的塔吉克文字，而波斯文与塔塔尔文极为接近，所以现在包括由政府牵头开办的培训班在内，都以波斯文字作为塔吉克文字的代用品。培训班自开办以来，吸引了不少塔吉克人报名参加，这体现出塔吉克人有意识并自觉地要求学习本民族文字的强烈愿望。塔吉克族学习本民族的语言文字本应是其基本权利之一，因此政府应该加紧对塔吉克文字的创建工作，逐步扩大试点，让所有塔吉克人都能够学习本民族的语言文字。

再次，塔吉克族虽然有本民族自治地方——塔什库尔干塔吉克自治县，但它只是新疆维吾尔自治区下辖的一个县级行政单位，行政权能、资源权限等都十分有限，在地区和自治区四大班子及一些比较重要的职能部门中，缺乏有影响力的领导干部，从而影响到塔吉克族参与地方决策的层次、能力和民族意愿表达的效果。

3.2 社区凝聚力作用分析

社区稳定的人口结构、相对集中的地理空间以及信仰和价值观念的认同是一个民族凝聚力必不可少的要素。塔吉克族人口流动不频繁，居住也相对集中，这是塔吉克族民族文化得以传承的优势。然而，塔吉克族人口较少，尤其在非聚居地，与其他民族通婚的情况越来越多。如今居住在莎车的塔吉克族，其风俗习惯与维吾尔族人并无差别，几乎完全相同。居住在叶城等地的塔吉克族，其文化生活习俗也基本等同于维吾尔族，仅有宗教习俗没有发生改变。他们拥有本民族自己的清真寺，一般情况下不去维吾尔族的清真寺。塔吉克族妇女可进入清真寺做礼拜，而维吾尔族妇女是不被允许的。随着移民搬迁工程的实施，社区稳定的人口结构、相对集中的地理空间会因此而打破，如何在搬迁过程中最大程度地减少社区凝聚力的分散，聚集和保护一切可以聚集的力量，都是我们不得不考虑和研究的问题。

其次，塔吉克人的社会更多是通过其节日庆典活动聚合起来的。不管是宗教信仰还是生产生活娱乐，在节日中都有所体现。因此，他们的节庆活动是社区组织的凝聚点，是他们精神活动的重要体现，也是他们民族认同、民族文化表现的集中载体。

3.3 认识上的不足

各级政府官员虽然认识到保护和发展民族传统文化是一个很重要的问题，但是面对经济发展滞后的现状，他们考虑更多的是如何发展当地的经济，而民族传统文化的保护和发展仅仅注重其中对经济发展和旅游开发有利的一小部分。本民族的文人固然十分关心传统文化的保护和传承问题，却苦于没有太多可以利用的资源。他们意识到要保护民族文化就必须借助政府的力量，除此以外，还应认识到民族传统文化保护与发展是一项庞大的系统工程和艰巨的历史任务，单靠任何一个单位或部门的力量都是不可能完成的，因此必须发动全社会积极地参与。

无论是政府还是文人都应该认识到民族传统文化是一个国家或民族发展的动力和源泉，是国家、民族综合实力的重要方面。民族传统文化进行保护与发展关系到国家、民族的前途命运，必须从战略的高度予以重视。国家应当建立起将地方民族传统文化的保护与发展纳入政绩考察范围的政府官员问责制度，从根本上扭转当前中国各级政府官员"重经济、轻文化"的政绩观。

四、政策建议

4.1 设立文化传承保护基金

文化传承保护基金的内容可包括民族文化申请项目基金、项目研究基金、社区建设基金、团体创建基金和文化精英激励基金。

民族文化申请项目基金：即聘请专家学者对项目的申报进行指导，防止申报项目盲目性投资的资金。如申报"祖吾尔节"（引水节）为国家文化保护项目，是考虑到肖宫巴哈尔节又被称为"诺鲁孜节"，而"诺鲁孜节"同时也是维吾尔族的传统节日，因此，出于申报项目独特性方面的考虑只把"祖吾尔节"（引水节）作为一个单独的有民族独特性的传统节日作为申报项目。实际上，塔吉克族的这一节日具有十分鲜明的特色，其"诺鲁孜节"和维吾尔族、哈萨克族是完全不同的。且这一节日通常称作"肖宫巴哈尔节"或"切脱恰特尔节"，为避免项目名称上可能出现的重合，完全可以用"肖宫巴哈尔节"或"切脱恰特尔节"这个名称来进行申报。应当参照联合国非物质文化名录多个国家非物质文化遗产均有各自的木卡姆等项目一样，据实申报。在申报国家非物质文化遗产项目的时候应当注重项目的完整性，以期达到对文化进行整体性保护的目的。其他的文化遗产如鹰舞、婚俗、丧俗等，应当有组织有计划地请专家学者、当地文人以及影视录制人员充分地利用现代的科技手段把它们制成音像制品，把原本非物态的文化表现形式转变为可留存的物质形式，更好地起到保留和宣传塔吉克传统文化的作用。

项目研究基金　即用于文化遗产的维护、修缮以及文化研究、旅游开发工作的资金。在古迹保护方面，国家应当划拨资金派遣专家进行全方位的维护、修缮和开发工作。如对石头城的维护和开发，曾经设想过拉一条索道，不仅开发了石头城本身的文化资源，还为石头城下塔什库尔干乡的旅游发展提供了一个良好的契机，但由于资金方面需要较大的投入，该设想一直未能付诸实施。因此，若设立项目研究基金，就可邀请各方专家合作商讨出一套可行的方案，保证在不破坏石头城原貌的基础上进行适当的开发，达到文物古迹和周边城乡遥相呼应、文化保护与经济发展共同并行的双赢局面。

社区建设基金　即用于民族社会组织重建的资金。塔吉克族的社区重建工作应把重心放在多组织节庆活动和体育娱乐活动上，尤其是对于搬迁地阿巴提镇的塔吉克族。由于他们生存环境的改变和场地的限制，像赛马、赛牦牛这样的体育娱乐活动都不能够开展。面对这种情况，政府更应当有意识牵头与塔吉克民族文化能人携手，每年在塔什库尔干县境内定期举办大型的体育竞赛活动，吸引其他地方居住较分散的塔吉克族前来参加，使这种活动常规化，给分散的塔吉克人提供一个有利的文化和情感交流的空间，以增强他们的民族认同感。

团体创建基金　用于艺术团体的创建和良好运营、语言文字研究所等研究机构创建以及出版刊物的资金。当前，文工团面临着资金以及人员紧缺的问题，政府应当给予一定金额的补贴并增加人员编制名额。在排演场地方面，应寻求文化馆等有关部门协调，提供较为固定的场所进行日常的排演活动，保证其演出质量。语言文字研究所也应保证一定的资金投入，聘请专家学者对塔吉克族语言文字进行研究，抓紧创建塔吉克文字的工作。这些措施对于塔吉克族文化的保护和发展是非常必要且至关重要的。

文化精英激励基金　即文化精英用于组织社区文化活动的资金。对有意识保护和发展塔吉克族文化的文化能人给予资金支持，让他们能够充分发挥和利用自身的优势，为民族文化保护做一些实事。

4.2　生态—民族文化保护区建设

走旅游业发展同文化保护与发展相结合的道路。既保护和挖掘塔吉克族的传统文化，又发展经济，实现双赢。要充分利用塔什库尔干县独特的自然风光、民俗风情和历史文化风貌，加大原始生态旅游风光和塔吉克民俗风情的宣传力度，以国家级文物保护单位——石头城为主线，民族文化艺术中心为基点，挖掘文化潜力。开办牧家乐，培育塔吉克民俗村，开发民俗旅游纪念品，积极支持以特色旅游商品为主的民族特色产品和工艺美术行业的发展。规范旅游餐饮和服务，提升旅游服务的文化档次，要求星级以上宾馆、酒店塔吉克员工必须着塔吉克民族服饰；规范卫生、安全条件，突出浓郁的古朴民风，积极推介塔吉克民族特色食品。建立民族体育竞技场，开发赛马场，寓民族竞技于旅游参与之中。

4.3　塔吉克文字的创建

塔什库尔干县开办的波斯文学习班是一个良好的开端，我们可以以此为试点，逐步在小学开设波斯文课程，直接学习波斯文，以便更快地恢复塔吉克文字。由于师资可能存在一定的困难，为加快塔吉克文字的恢复，国家可开展与塔吉克斯坦进行文化交流，派一部分塔吉克族学生去塔吉克斯坦学习，以交流生的方式或其他方式，也可以聘请塔吉克斯坦的老师来中国教授塔吉克族学生。其次，国家可成立专门的研究机构或组织对塔吉克民族文化进行研究、挖掘、整理和宣传，出版塔吉克族自己的报纸、杂志等。

4.4 立法保护

首先，应加强人大对少数民族政策法规的评估，确保少数民族有效地享有较为充分的政治参与权。

其次，中央政府应责成相关部委组织专家学者对塔吉克族进行深入的实地调查研究，提出切实可行的政策措施和法律制度，使现有的政策和法律得到进一步完善，以适应新形势下保障少数民族权益的需要。同时，为确保国家各项政策法规的顺利实施，中央政府和自治区政府应聘请有相应资质的专家学者组成检测评估小组，对政策法规的执行情况进行监督，地方可以由 5—9 位德高望重的本地本民族人士组成一个民间民族文化保护委员会来监督地方政府的执行情况、协调处理内部事务、保护民族文化等，并进行项目和政策评估。

最后，为了避免民族文化资金被分流挪作他用，上至中央、下至地方政府都要形成统一垂直管理的机制，从项目的立项到经费的到位以及最后政策的评估，每个环节都必须有明确的法律法规对其进行规范和制约，确保文化保护扶持款项落实到基层，切实做到专款专用，避免资金的层级化削减，真正将文化保护扶持款项落实到基层的文化保护中。

4.5 体制创新

民族平等应当更多地体现个体平等与群体平等的兼顾，民族群体的地位、尊严应当得到考虑，避免按"比例"的政策安排对人口较少民族权益的消解。

首先，在教育方面，要循序渐进地实施"双语"教学，提高塔吉克族的整体素质，培养塔吉克族人才，让他们先走出去再走回来。适度集中办学，使教育资源能够得到优化配置，教育质量能够得到提高。但是，也不能绝对化，较大的民族聚居自然村依然是青少年依托社群生活习得、承继、创新民族文化的主要平台，因此，根据实际需要适量安排教学点，使学生的学校生活与社区生活不致过分脱节也是需要予以考虑的重要问题。在乡里可以建小学，县里建中学，办寄宿制学校，对于政府发放的教育经费应当通过一定的组织给予监督，确保资金的到位和合理利用。另外，国家在教育方面要给塔吉克族一定的优惠政策，由于生存环境的恶劣和教育条件的匮乏，塔吉克族孩子本已处于相对的劣势，在此基础上按照成绩一刀切的办法进行录取对他们来说是不平等的。因此，在考试分数上可适当地给予照顾，也可利用对人口较少民族的优惠政策，通过办"内地班"的方式，或者指定对口支援学校让塔吉克族孩子享受同等的教育条件，以此促进塔吉克族的人才培养。

其次，对民族文化机构的体制和机制进行创新。对濒危民族文化的保护机构如博物馆，可以引入其他机制，引进基金，依据民族文化消亡严峻性的不同程度，争取五年至十年的资金支持，确保濒危民族文化传承的连续性；文工团作为当地的演出团体和文化艺术的重要呈现者，担负着重要的角色和责任。在目前发展困难的阶段，要主动通过多方面多渠道引入资金；在排演内容上，应该更加注重挖掘塔吉克族民族特色的音乐、舞蹈，邀请塔吉克族资深的文艺工作者担当艺术指导，恢复一些塔吉克群众喜闻乐见的传统舞蹈节目，编排多种形式的文艺表演，把义务演出和有偿演出结合起来，兼顾社会效益和经济效益。在体制上，要逐步向市场化方向转变，引进激励机制和竞争机制，面向基层、面向市场，结合塔什库尔干县旅游业的发展，充分发挥塔吉克族民族文化和艺术的独特性，在取得经济效益的同时恢复和发展本民族的文化艺术。争取建立塔吉克民间艺术团，打入疆内疆外市场，逐步向文化体育产业化、市场化的方向发展。在文工团未来的发展中，还应进行多种形式的国际文艺交流，兼收并蓄，充实本民族的文化艺术。建议作项目试点，根据试点的经验逐步推广，循序渐进地做好文化保护和发展工作；引进激励机制，对民族文化传人给予认定，颁发执照，发放补贴，并鼓励其进行社区组织和重建工作；在升学考试中，对有民族文化特长的考生在分数上给予适当的加分鼓励。

最后，创建部门协调机制，促进资源整合共享。与民族文化保护与发展工作相关的各个部门，特别是民族部门和文化部门，要增进资源共享，避免重复建设，建立良好的沟通机制，在民族文化保护工作上保持密切合作，为实现民族文化保护与发展这一共同的目标协调一致，形成互惠互利、互相扶助、共促发展的局面。

塔塔尔族文化保护与发展

刘颖　王建民

人口较少民族文化保护与发展对于民族工作以及建设和谐社会来说具有重要的意义。少数民族传统文化是中国丰富多彩的传统文化的一部分，保护与发展少数民族传统文化也是保护与发展中华文化。同时，少数民族传统文化的保护与发展也是社会和谐的重要标志。这一工作的推进同时也促进着国家民族工作的有效推进和发展。扶持人口较少民族加快发展，是党中央、国务院作出的重大决策，是新世纪新阶段我国民族工作的一项重要任务。2006年，作为国家民族事务委员会文化宣传司"人口较少民族的文化保护和发展问题研究"课题组的成员，我们一行3人对新疆人口较少民族塔塔尔族进行了调研。调研过程中，我们采用实地考察、举办座谈会、资料收集和问卷调查等方法，对塔塔尔族文化现状进行了调查，并对这些民族文化发展中所面临的主要问题进行研究，提出了保护与发展的措施和政策建议，希望能为政府决策提供依据。

一、文化发展状况

1.1　塔塔尔族历史渊源

"Tatar"一词最早见于公元732年的突厥—卢尼文《阙特勤碑》。"Tatar"是本民族的自称，中国史籍中的"达坦"、"达恒"、"达达"、"鞑靼"都是不同的汉文译名，在中亚一些民族中，也曾经将他们称为"诺盖"、"诺尕依"。1934年，盛世才主新之后，在新疆召开了"新疆第二次民众大会"，会上对新疆少数民族的称谓作了具体的规定，确定"Tatar"为塔塔尔人的族称。中华人民共和国成立后，依照本民族群众的意愿，中央人民政府确认"塔塔尔"这一称谓为法定的族称[1]。

---

[1]　见《中国大百科全书·民族卷》，第425页；周建华、郭永瑛：《塔塔尔族》，北京：民族出版社，2004年。

塔塔尔族先民是中国古代北方游牧的突厥汗国统治下的"塔塔尔"部落，即后来的"鞑靼"本部。13世纪初，鞑靼人向成吉思汗称臣，成为其主要的军事力量。公元13世纪，蒙古—鞑靼人占领了伏尔加、卡玛河畔的"伏尔加—卡玛河保加尔部落联盟"并将其并入"金帐汗国"。15世纪30年代，居住在汗国境内的鞑靼人掀起了独立运动，建立起了"喀山"汗国。塔塔尔族主要是由古代伏尔加河畔的土著部落、操突厥语的保加尔人和钦察人及突厥化了的蒙古人长期融合发展而形成的。[①]

我国新疆的塔塔尔族是19世纪20—30年代及以后陆续由沙俄统治下的喀山、乌法、图曼、西伯利亚、乌拉尔等地迁来。他们的迁徙大致可分为三个阶段[②]。第一阶段为19世纪20—30年代到19世纪中期。19世纪初，沙俄农奴制度的危机已经发展到了顶点，沙俄统治者们强占土地，横征暴敛，甚至一度把服兵役的期限延长到25年。一些塔塔尔族青年不堪忍受，从伏尔加河流域逃难迁徙到阿尔泰山北麓谋求生计。这一时期迁入新疆的塔塔尔为数不多，而且多数是单身的男青年。他们为了躲避沙皇政府的追查，很多人改换了姓名，"加入"了哈萨克部落，有些人甚至作了哈萨克人的养子。现在居住在阿勒泰布尔津、哈巴河以及昌吉回族自治州奇台县大泉塔塔尔民族乡等地的塔塔尔族多数是这些人的后代。1831年沙俄侵占了中国阿亚古斯城。为了摆脱沙俄的统治，生活在这里的塔塔尔族宗教人士、知识分子、手工业者、牧民经受和逃离沙俄侵略军的烧杀，于1840年向中国境内迁移，大部分来到塔城地区定居。

第二个阶段是19世纪中期到20世纪初。1851年，沙俄与清政府签订了《中俄伊犁、塔尔巴哈台通商章程》；1881年，又签订了《中俄伊犁条约》。这些不平等条约规定，迪化（今乌鲁木齐）、古城（今奇台）、吐鲁番、哈密等地为俄国的贸易区，新疆变成了沙俄的原料供应基地和商品倾销市场。当时由于俄国的塔塔尔族既精通俄语，又会新疆的维吾尔语和哈萨克语，所以就有不少塔塔尔族被鼓励跟随俄国商人迁居伊犁、塔城、乌鲁木齐等地的贸易圈和侨民区。这个阶段迁来新疆的塔塔尔人除商人外，还有一部分是教育工作者和宗教职业者。他们在新疆创办了一些学校和修建了一些清真寺。

第三个阶段是20世纪初到20世纪30年代。1905年，俄国爆发了第一次资产阶级革命，在沙皇政府残酷镇压下，大批革命者、知识分子和工人被捕或遭到屠杀。在这种情况下，一批塔塔尔革命者和知识分子逃到了新疆。1912年新疆

[①] 《中国新疆民族民俗知识丛书·塔塔尔族》，第50—52页。
[②] 《新疆塔塔尔族经济和社会发展调查报告》，《西北民族研究》2001年第4期；《中国新疆民族民俗知识丛书·塔塔尔族》，第52—54页。

最大的码头——额尔齐斯河码头建成，新疆与维尔内依、谢米列契斯克、塔什干地区之间的民间贸易往来，吸引了大批塔塔尔小商贩和手工业者自俄属中亚地区涌向伊犁、塔城、乌鲁木齐地区。第一次世界大战爆发后，一批躲避战乱的塔塔尔青年流亡到新疆。十月革命以后，特别是 30 年代，为了逃避苏联的强制集体化和肃反扩大化等错误，又有不少小业主、手工业者、知识分子迁徙到新疆。

1.2 塔塔尔族人口分布与变迁

塔塔尔族是一个跨界民族。除了我国之外，在许多国家都有分布，如俄罗斯联邦的塔塔尔斯坦共和国、哈萨克斯坦、吉尔吉斯斯坦、乌兹别克斯坦、塔吉克斯坦、土库曼斯坦、乌克兰、白俄罗斯、立陶宛等，另外土耳其、波兰、罗马尼亚、保加利亚、芬兰、日本、朝鲜、德国、巴西、美国、澳大利亚等国也有塔塔尔族，总人口约 800 万[1]。

生活在我国境内的塔塔尔族是人口较少的民族，根据近期的统计资料[2]显示，全疆塔塔尔族共有 4732 人[3]，在我国 55 个少数民族人口排名中占第 52 位。塔塔尔族在我国基本上生活在北疆地区，主要分布在新疆的阿勒泰、昌吉、伊犁、乌鲁木齐和塔城等地，乌鲁木齐为 828 人，占全疆塔塔尔族人口的 17.50%；昌吉回族自治州的塔塔尔族占全疆的 20.90%，主要分布在奇台县和吉木萨尔县；伊犁哈萨克自治州 2530 人，占全疆塔塔尔族人口的 53.47%，主要分布在伊犁地区、阿勒泰地区和塔城地区。新疆塔塔尔族大多散居。从全疆的角度看，新疆塔塔尔族集中在北疆，但是从县市一级的单位来看，塔塔尔族居住在 11 个市 40 多个县，其中没有一个地区人口的比重超过 20%。这么少的人口，却居住在这么多的城市，显然塔塔尔族人口居住分散。

1.3 塔塔尔族的社会经济

一个民族的社会经济生活情况可以从这个民族人口的职业、行业构成中看出来。塔塔尔族人口从事农林牧渔业的比例很低。根据 1990 年的资料[4]，塔塔尔族在业人口数为 1894 人，农林牧渔业人口仅占在业人口的 47.57%，大大低于 83.19% 的全疆少数民族平均水平。塔塔尔族从事教育、文化和医疗事业的比重较高，达 15.05%，不仅大大高于少数民族的平均水平，而且也高于新疆汉族的

---

[1] 马力克·恰尼西夫著：《中国塔塔尔族教育史》，第 2 页，北京：民族出版社，2005 年。
[2] 指在《新疆统计年鉴 2000 年》中记录的 1999 年新疆人口普查资料。
[3] 不同的资料中，人口统计数不同。在《新疆统计年鉴 2000 年》新疆人口普查资料中显示，1999 年全疆塔塔尔族人口为 4732 人。
[4] 1990 年第四次人口普查中，对塔塔尔族的职业进行过统计。

水平。此外，塔塔尔族在国家机关、党政机关的在业比例也明显高于当地少数民族和汉族的水平。

在新疆不同的地区，塔塔尔族人口的职业构成也不太相同。新疆首府乌鲁木齐是塔塔尔族知识分子集中的地方，以塔塔尔族知识分子为主体。伊犁（或伊宁市）是以知识分子和工人为主，昌吉回族自治州则以农牧民为主。

塔塔尔族是个非常重视教育的民族，人口的文化素质较高。而且塔塔尔族十分重视女性的教育，认为"母亲是孩子的第一位启蒙教师"，认为女性的教育更重要，只有母亲有知识才会懂得让子女接受教育。

1.4 塔塔尔族的语言文字、习俗与信仰

塔塔尔语属阿尔泰语系突厥语族克普恰克语支。现在塔塔尔族已经很少有人懂得并使用塔塔尔族语言文字了。生活在乡村的塔塔尔族已经基本上哈萨克族化了，语言也多使用哈萨克语。而生活在城市里的塔塔尔族虽有一部分人会使用塔塔尔语和塔塔尔文字，但多数还是使用维吾尔语和汉语，因为在新疆维吾尔自治区，政府通用的语言是汉语和维吾尔语。他们日常的用语基本上是维吾尔语和汉语，很少有机会使用塔塔尔语。塔塔尔族孩子也多数就读于维吾尔语学校。在伊宁市，30年代出生的塔塔尔族人基本上都在当时的塔塔尔族学校上过学，受过良好的塔塔尔语文的教育，这些人都会使用塔塔尔语言和文字。但是塔塔尔族学校在20世纪50年代终止了塔塔尔语教育。这些会塔塔尔族语言文字的人逐渐老去，而塔塔尔族年轻人却没有了学习塔塔尔语言文字的地方。塔塔尔族语言文字面临消亡危机。

塔塔尔族信仰伊斯兰教。但是他们更多的还是崇尚科学。塔塔尔族人重视教育，认为伊斯兰教要信，但绝不迷信。塔塔尔族人把清真寺同现代教育有效地结合起来，成为新疆现代教育的先驱。塔塔尔族的建筑、服饰、饮食、音乐、舞蹈和节日等方面也都别具特色。

二、民族文化保护与发展所面临的问题

中国塔塔尔族人口少，居住分散，城市与农村中的塔塔尔族在生活习俗、思想观念等方面都有差异。由于各民族长期生活在一起以及现代化的进程，塔塔尔族面临着失去本民族特色文化的危险。针对于塔塔尔族文化保护与发展，我们特提出以下几个问题：

2.1 塔塔尔族具有历史价值和民族特色的建筑物面临消失的危险

塔塔尔族的建筑多数融合中西方艺术风格，有鲜明的艺术特征和民族特色，是城市中一道独特的风景。即使是这样的建筑如今也面临被拆除和消失的危险，有的甚至已经被拆除，永远地消失在人们的视线中。

塔塔尔族是信仰伊斯兰教的民族。19世纪塔塔尔族迁入新疆后，在新疆各地都建了许多清真寺，其中以乌鲁木齐、伊犁和塔城的清真寺最为出名。现在伊宁市和乌鲁木齐市的塔塔尔族清真寺已经被拆除，塔城的清真寺还保留着。在调研过程中塔塔尔族说得最多的就是乌鲁木齐塔塔尔清真寺。乌鲁木齐塔塔尔清真寺位于乌鲁木齐胜利路与延安路丁字路口西侧，始建于1887年，是塔塔尔族人组织并捐款建造的土木结构建筑物。这个清真寺除了有清真寺主体建筑外还有学校、办公室、阅览室、图书室、铺面、仓库、浴室、理发室、象棋室等配套建筑。人们来到这里不但可以做礼拜，还可以放松娱乐、学习和交流知识。这个清真寺的建筑风格也很独特，它参照了喀山塔塔尔清真寺的建筑风格，有一正殿，两侧有配殿。大殿前有十级台阶和沿廊，沿廊中有28根绿色雕花木柱，沿廊四周筑有镂刻精美花卉图案的木栅，可供来宾休憩。建筑正殿侧厅的沿廊上镶嵌天花板，下镶地板，都漆成棕色。大殿房顶覆盖铁皮，漆成绿色。八角宣礼塔建在大殿中心的天井处，高耸峻拔，塔座上有四栅门，腰处设有一圈木栏，尖塔顶用铁皮制成，上竖一柄星月形体，具有东西方文化交融艺术的特征[①]。这一建筑在许多国家，特别是中亚一带享有很高的声誉，在乌鲁木齐市也是一道独特的风景，曾经是乌鲁木齐有名的旅游景点之一，许多人特别是生活在外国的塔塔尔人经常慕名而来。到2001年这个清真寺已有一百多年的历史。就是这样一个具有历史和文化价值的建筑物却在2001年的某夜，一夜之间被拆除。在原来的地基上又建了一个新的所谓"现代"的钢筋水泥结构的清真寺，毫无塔塔尔族的独特建筑风格。

如今这个新的清真寺挂牌是"洋行清真寺"，对此塔塔尔族很有看法。他们认为"洋行"是指外国人的商行，这个清真寺明明是塔塔尔族的清真寺，现在却叫"洋行清真寺"，这就把塔塔尔族看成是外国人，而不是中华民族的一分子。这一点非常伤害塔塔尔族的民族感情。清真寺的命名不仅是一个简单的名称，不应该仅仅为商业旅游服务，而应与民族情感、国家认同和历史传统联系在一起，也和文化权利密切相关，相关政府部门对此应该慎重对待。

塔塔尔族的清真寺是塔塔尔族最珍视的地方，因为对塔塔尔族来说清真寺有

[①] 根据留存的照片和塔塔尔族老者描述。

更多的意义。它不只是用于宗教做礼拜的地方，还是塔塔尔族交流学习和传播先进文化知识的场所。塔塔尔族信奉伊斯兰教。塔塔尔族非常重视教育，要求寺院的毛拉①都必须具有一定的文化水平。事实上，在新疆所建的塔塔尔清真寺几乎都能与现代教育联系在一起。塔塔尔族是率先把清真寺的"经堂学校"改为"科学学校"的民族之一。塔塔尔族还积极鼓励新疆其他民族如维吾尔族、哈萨克族等开办现代学校教育。如今，城市里的塔塔尔族几乎不到清真寺里做礼拜，但是他们还是热切地希望政府保护好塔塔尔清真寺。因为塔塔尔清真寺不仅是宗教场所，更是历史文物和一个民族文化的宝贵遗产。破坏它不仅会伤害塔塔尔族的民族感情，也会影响国内各民族的关系，甚至会影响中国政府在国际上的形象。重要的是这种历史文化遗产不仅是塔塔尔族的宝贵财富，也是全中国人的宝贵财富，更是全人类的宝贵财富。

塔塔尔族是一个崇尚文化教育的民族，也是最早在新疆兴办新式教育的民族。塔塔尔族还特别强调女性的教育，他们认为"只有好的母亲才能教育出好的子女，一个民族才有希望"。早在1881年，塔塔尔族开明人士就在现在的伊宁市创办了新式学校，经几次扩建到1914年已初具规模。当时这个学校取名为"曙光学校"，设有小学班和初中班，并聘请俄国喀山市著名教育家阿布都拉博布和他的妻子哈迪且木任教。在这个学校里除了讲授塔塔尔语言文学、世界历史、世界地理、数学、物理、化学、生物等课程外，还讲授刺绣、缝纫等知识和技能。学校建有"闪光"图书馆，藏书几千册。这所学校一直延续到1961年，1962年合并于伊宁市第六小学。塔塔尔族还在塔城和乌鲁木齐等地建立了一些新式学校，这些学校不但培养塔塔尔族的学生，而且还培养维吾尔族、回族、哈萨克族、乌孜别克族学生。② 这就为早期新疆的教育做出了杰出的贡献，为新疆的发展输送了大批人才。

现在伊宁市第六小学中，原先塔塔尔族学校的部分建筑还在使用。这也是塔塔尔族创建的学校中唯一保存到现在的建筑。这个建筑是典型的欧式风格，大壁炉、木地板、铁皮顶，周围绿树环抱，还有小片草地。虽经历近百年的历史，教室依旧宽敞明亮，学生依旧在此上学读书。相对于伊宁市第六小学中的另外一栋现代建筑，这栋塔塔尔族风格的建筑虽修建于半个多世纪以前，但无论从外观上还是功能上看来都有过之而无不及。可惜就是这样一个富有深厚历史文化价值的建筑，却不为多数人所知。如今这栋建筑也面临着以"现代化"的名义被摧毁的危险。

---

① 指清真寺的宗教人士。
② 马力克·恰尼西夫著：《中国塔塔尔族教育史》，第39页，北京：民族出版社，2005年。

城市里的塔塔尔族传统民居，一般都是平顶土木结构的房子，独门独院。住房一般比较宽敞，有一明两暗三间。中间屋子的门朝外开，里面左右两间屋子的门向里开。左边一间一般为客厅，右边一间一般为寝室，都是木制的顶棚和木制的地板。用蓝色或浅黄色油漆粉刷。房檐下用红砖或青砖装饰，用蓝砖或青砖砌成窗沿，菱形窗框上精刻着各种花卉，美观大方，幽雅别致。墙壁多用土块砌成，高而厚，并且内外粉刷得雪白。庭院的大门门楣镂刻着塔塔尔族传统图案。庭院中种植着各种果树和花卉，绿树成荫，花卉吐香。庭院内除了住房外还配有厨房、库房、浴室、菜窖和凉棚等。塔塔尔族的室内陈列很讲究也很有特色。每间房子都设有壁炉。地板上一般还铺有地毯。进门中央的墙上挂有壁毯。门窗上挂有自己绣制的门帘和窗帘一直拖到地面，非常美观。房间里还摆放着木床和铁床、衣柜、玻璃柜、沙发、长桌和椅子等。床上要套上绣花床罩，放上松软的鸭绒枕头。这与生活在新疆的其他民族很不一样。这是塔塔尔族独特的居住风格。[①]

如今，生活在新疆的各民族都相互学习，居住方式也相互借鉴。走在伊宁市的街上可以看见许多维吾尔族的民居也学习了塔塔尔族的建筑风格，在伊宁市形成了一道独特的美丽风景。但是房子内的陈设却没有了塔塔尔族的风格，甚至塔塔尔族家里的陈设也维吾尔族化了，没有了壁炉、床、玻璃柜、沙发、长桌和椅子等，更没有了床罩和鸭绒枕头。可以说真正意义上的塔塔尔族传统民居几乎找不到了。这种居住方式的交流和融合可以理解，但传统的塔塔尔族特色民居的保护和展示也是很有意义的。

2.2 塔塔尔族的墓地问题

1880年，塔塔尔人用黄金在现在的伊宁市第十一区买了一块墓地。按照当时政府的规定，不能一次性买断，塔塔尔族人一共买了三次，才买到这块地的永久所有权。当时的墓地共有800亩，有四条街，有果园，坟墓排列整齐，墓地里种有很多树，像森林一样。1959年，许多塔塔尔族人离开了中国。他们走的时候给中国政府上交了黄金、地毯和牛羊等财物，希望中国政府能把这块墓地保留好。因为许多塔塔尔族的先辈们葬在这里，这是他们的根，无论以后他们走到哪里，他们还是要回来的。1960年，因为许多塔塔尔族人离开了中国，也因为这块墓地也没有更多的空地埋葬更多的人，这块墓地曾经一度向外界关闭。这个时期这块墓地是中央政府直接管理的。"文化大革命"期间，塔塔尔族人和俄罗斯族人都受到了迫害，他们的墓地也面临着被毁的危险。当时伊宁市里有两块墓

---

① 周建华、郭永瑛著：《塔塔尔族》，北京：民族出版社，2004年。

地，一块是俄罗斯人的，一块是塔塔尔人的。塔塔尔族与当时伊犁哈萨克自治州民族事务委员会联系，请求他们帮助保护塔塔尔族的墓地。所以那个时期塔塔尔族的墓地没有遭到破坏，而俄罗斯族的墓地却遭到了很大的破坏。这个时期塔塔尔族墓地是由伊犁州政府管理的。1985年以后，这块墓地归伊宁市政府管理。自从归伊宁市政府管理之后，这里便开始乱搭乱建，墓地遭到了侵占，破坏得很严重。自1992年开始，这块墓地交给塔塔尔族自己管理。但是既没有资金又没有权力，塔塔尔族根本没有办法解决乱搭乱建和肆意侵占的问题，只能四处奔走呼吁。1998年，国家下发正式文件，规定保护这块墓地并且归还被侵占的土地，但是至今还是没有落实，也没有人检查监督。1999年，塔塔尔族开始修建墓地的围墙和大门，还在大门旁建了两间房子，有一个看守墓地的人住在这里①。

2002年7月，祖辈在伊宁市住过的世界各地的塔塔尔人都聚集到了这块墓地，共同做乃孜尔②，并且在这块墓地的门口建了一块碑作为纪念。因为这是他们的根，无论走到哪里，心都牵挂在这里。他们希望一定要保护好这块墓地，不要断了他们的根。

现在这块墓地只有35亩，有一个砖垒的围墙，有几处都已经破损，有的地方甚至用木栅栏围着。墓地的大门是一个铁栏杆门，已经锈迹斑斑。门口没有任何介绍和说明，从外面根本看不出这是这么有特色和价值的地方。门边的两间房也很破旧。墓地里有墓碑180多个。最早的有墓碑的墓是1900年埋葬在这里的，还有更早的墓，只是墓碑已经不在了。由于没有资金，塔塔尔族就自己筹集资金修建围墙和大门。看墓人也是自愿来这里看守墓地的，许多塔塔尔人也都自愿经常到这里帮忙修整、维护和绿化这块墓地。走进这块塔塔尔族的墓地，虽然现在只有35亩，但墓地里绿树成荫，一块一块的墓碑排列整齐，很有西方墓地的感觉，稍加修整将会非常美观。

2.3 塔塔尔族语言、服饰、饮食、音乐和舞蹈方面所面临的问题

塔塔尔族有自己本民族的语言，属于阿尔泰语系突厥语族克普恰克语支。时光流逝，如今的塔塔尔族已经很少有人懂得并使用塔塔尔族语了。调查中了解到，生活在乡村的如奇台县塔塔尔族乡的塔塔尔族已经基本上和当地的哈萨克族融合，无论是生活习惯、服饰还是文字都与哈萨克族相同。而生活在城市里的塔塔尔族虽有一部分人会使用塔塔尔语，但多数还是使用维吾尔语和汉语，因为在

---

① 在伊宁市，我们在塔塔尔族公墓与塔塔尔族长者伊力亚尔等座谈。伊宁市塔塔尔族公墓的历史是根据他们的讲述整理而成的。

② 塔塔尔族称信仰伊斯兰教的民族所做的礼拜叫乃孜尔。

新疆维吾尔自治区，政府通用的语言是汉语和维吾尔语。生活在乌鲁木齐的塔塔尔族多数可以流利地使用汉语和维吾尔语。他们日常的用语也基本上是维吾尔语和汉语，很少有机会使用塔塔尔语。塔塔尔族人口较少，塔塔尔族要想族内通婚几乎是不可能的事。调查中了解到塔塔尔族与汉族、回族、哈萨克族、乌孜别克族等都有通婚。这样就减少了塔塔尔族在家使用塔塔尔族语的机会。他们的孩子也多数就读于维吾尔语学校。在伊宁市，20世纪30年代出生的塔塔尔族人基本上都在当时的塔塔尔族学校上过学，受过良好的塔塔尔语文的教育，这些人都会使用塔塔尔语。但是塔塔尔族学校在20世纪50年代，由于生源太少，陆续终止了塔塔尔语教育。所以现代的塔塔尔族年轻人要想学习塔塔尔语只能靠自学或向亲戚朋友学习。塔塔尔族语言面临消亡的危机。

从语言的功能性和工具性来讲，只有4000多人的塔塔尔族，由于居住分散，塔塔尔语最终消失的命运似乎是不可避免的。但从一个民族文化保护与发展上来讲，作为一个民族存在的重要特征——语言又是应当尽力挽救的。

塔塔尔族传统服饰、饮食、音乐和舞蹈方面都很有自己的特色，但同时也与塔塔尔语一样面临着消亡的问题。新疆是多民族聚居的地区，人口占多数的是汉族、维吾尔族、回族和哈萨克族。塔塔尔族生活在新疆的只有4000多人，而且散居在这些人口占多数的民族当中。城市中塔塔尔族的服饰、饮食、音乐和舞蹈等方面多数维吾尔族化，乡村和牧区的塔塔尔族则多数哈萨克化。随着现代化的不断加速，维吾尔族化和哈萨克化也都现代化了。塔塔尔族传统的服饰、饮食、音乐和舞蹈方面也面临着消亡的危险。

2.4 塔塔尔族的传统节日问题

塔塔尔族的传统节日有肉孜节、古尔邦节和"撒班节"（又译为"萨班节"）。肉孜节和古尔邦节与信仰伊斯兰教的其他民族一样，多与当地城乡其他穆斯林过节的形式相似，没有太多的区别。而"撒班节"却是塔塔尔族独有的节日，很具特色。

"撒班节"又叫"犁头节"。据传说，由于"撒班"即犁头的产生，促进了塔塔尔族农业生产力的发展。因此，塔塔尔族在每年的春播与夏收之间的某一天（大约6月20日左右）举行节日活动，共同祝福丰收的好年景。

"撒班节"这一天，塔塔尔族人在野外聚会，先举行庆祝仪式，由塔塔尔族的头人讲话，应邀参加庆祝活动的当地党政机关的领导致词。接着开展各种体育活动，如摔跤、赛跑、赛马、赛跳跑和爬杆等。其中最富有民族特色的比赛活动就是赛跳跑和爬杆。赛跳跑举行时，参加者口衔一勺，勺内放蛋，裁判口令一响就迅速向前奔跑，先到达终点而蛋不掉下来者为优胜者。有的还要在腿上绑上小沙袋。举行爬杆时，要先在赛场上竖起若干木杆，杆上涂抹上肥皂等，使木杆润滑。比赛开始后，参加者竞相往上爬，先到达顶端者为胜。凡参加比赛者，不论得不得名次都有奖品，获名次者有重奖。这天塔塔尔族男女老少都聚在一起载歌载舞，尽情欢笑，共度佳节。①

"撒班节"在"文革"时期曾经一度被废除过。如今各地的塔塔尔族逐渐恢复了这一节日。塔塔尔族人过这个节日时还会邀请国外的和其他民族的朋友一起参加。每年邀请的朋友越来越多，规模也越来越大。这就增加了节日的费用。塔塔尔族过"撒班节"多数是塔塔尔族人自筹资金举办的，每家每户在过节的时候都会多少拿出一些钱。随着规模的不断扩大，节日的费用也是一个不小的负担。群众希望政府能够帮忙出一些资金，使这个独具特色的节日继续办下去。

三、对塔塔尔族文化保护与发展的建议

3.1 保护和维修塔塔尔族具有历史价值和民族特色的建筑物

清真寺在塔塔尔族社会文化生活中具有十分重要的地位，是塔塔尔文化在人们心目中的重要载体，古老清真寺建筑的保护和维修可以被视为塔塔尔文化保护最为重要的环节之一。

中国塔塔尔族三座比较有名的清真寺是乌鲁木齐、伊犁和塔城的塔塔尔清真寺，现在只有塔城的清真寺还保留着。对于塔城的塔塔尔清真寺应该尽力维修和保护好，不要让最后的塔塔尔族清真寺消失在我们的手里。对于乌鲁木齐的塔塔尔清真寺，塔塔尔族的知识分子一直惦念不忘。他们可以清楚地告诉你这个清真寺的来历，这个清真寺的建筑结构和形貌。他们甚至用照相或摄影的方式记录下这个清真寺的外貌，希望有一天能够修复这个清真寺。

乌鲁木齐塔塔尔清真寺的原址现在已经建成了新的清真寺，若是把这新建的清真寺拆除，重新修复原来的塔塔尔清真寺难以实现，也很难有新的重新改建方案。但是新建的清真寺的名称应该保留以前的名称——"塔塔尔清真寺"，而不是"洋行清真寺"。

另外，具有独特建筑风格的塔塔尔清真寺虽然不能在原址上重新修复，但是可以在乌鲁木齐另找地点，按照这个清真寺的建筑风格重建。关于这个清真寺的建筑结构和形貌的记录有很多，按原貌重建应该并非难事。这样具有东西方文化

---

① 《中国新疆民族民俗知识丛书·塔塔尔族》，第90—91页。

交融、造型别致，又具有典型塔塔尔族建筑风格的建筑就可以再现于人们的视野，依然可以作为乌鲁木齐市的一道独特风景。既然现在多数塔塔尔族不到清真寺里做礼拜，那么这个重建的建筑就可以缩小它的宗教功能，扩大它的其他功能，比如文化功能。这样塔塔尔族既恢复了塔塔尔清真寺的建筑，又有了他们的文化中心。两件美事就可以一起实现了。

塔塔尔族在历史上对现代新疆少数民族教育建立和发展起到了重要作用。塔塔尔族学校，具体到伊宁市第六小学的部分建筑，作为宝贵的历史文化遗物一定要维护和保护好，不要让这仅存的具有历史、文化与艺术价值的学校建筑消失。它是塔塔尔族特色建筑风格的展示，也是新疆教育发展史的见证者。就是这样的建筑多数人却不知道它的宝贵价值。建议挖掘、梳理和宣传这所建筑的历史、文化与艺术价值。让更多的人了解它的价值。许多塔塔尔族希望政府把学校交给塔塔尔族文化研究会伊犁分会，让他们有母语教学场所和文化活动场地。建议认为，既然它是学校建筑，现在依然有它的教学功能，最好还是保留它的教学功能。但是应该在这个学校建一个小的展室，来展示这所学校的辉煌历史。在学校的正门也应凸显这是个具有悠久历史的学校，是塔塔尔族创办的新疆最早的新式学校所在地。在对外宣传上也要强调这所学校的历史、文化与艺术价值。让人们知道它的价值，甚至可以发展成为伊宁市的一个旅游景点，就像北大、清华一样每年都可以接待很多的旅游者。

伊犁塔塔尔族对文化活动场所的要求是合情合理的，但文化活动场所可以安排在别的地方，比如塔塔尔族墓地附近。

与此同时，还应当重视在塔塔尔族文化承载和传递中扮演重要角色的塔塔尔民居，挖掘和维护富有塔塔尔族特色的民居。曾经塔塔尔族在城市里居住得相对集中，他们有自己的社区。但是后来一批批塔塔尔族迁走后，城市里塔塔尔族居住得就比较分散了。而且近20年新疆各地的城镇化、都市化步伐加快，大片大片的民居已经变成了高楼大厦。要想以一片社区的形式保护塔塔尔族民居已经是不可能的了。但还是可以挖掘出一些保护较好的单个民居，特别是挖掘、维护和保护那些比较精美，有较大历史和艺术价值的民居。这些民居在保护过程中，应当注意搜集和历史发展进程中做出过积极贡献的塔塔尔族的重要人物相关的故事，这样就既保存了塔塔尔族民居的艺术价值，同时也保存了它的历史和社会价值，一举两得。建议维护和保护好塔城的红馆等典型的塔塔尔历史建筑，同时将其作为历史、文化和艺术景点供人们观赏。利用其旅游价值，继续维护和保护好该建筑，形成一个良性循环。

3.2 维护和保护好塔塔尔族墓地

保护塔塔尔族墓地非常有意义。因为墓地本身就很有历史价值，同时墓地也维系着世界各地塔塔尔人的感情。在城市中有这么一块绿地，对周边的空气也可起到净化的作用。

国家可以利用行政或法律手段拿回被侵占的土地。由于市政建设等原因恢复到800亩不太现实，但可以清退现在墓地周围一些私搭乱建的房子。同时给予资金修好围墙，修整好墓地，铺上草坪，引水搞好绿化，墓地中的绿地上建长椅供人们休憩。在墓地门口即现在看墓人住的房间的地基上建配套建筑。这些建设大概需要一次性投资50万元。

修整好的塔塔尔族墓地向所有人开放。配套建筑留一两间用于塔塔尔族的文化活动和上文提到的塔塔尔族文化研究会伊犁分会的活动场所，其他的可以租赁出去，或用于其他盈利性经营。这样塔塔尔族墓地就可以有维护资金来源，日常的维护和看墓人的工资得到解决，并且可以长期运作下去。

3.3 建议修建塔塔尔族文化中心

塔塔尔族散居在人口占多数的其他民族当中，没有自己的文化活动场所。要想保护和发展塔塔尔族文化，就需要这样一个场所让塔塔尔族搞自己的文化活动。修建塔塔尔族文化中心可以解决这一问题。而且塔塔尔族语言、服饰、饮食、音乐和舞蹈方面的保护也需要这样一个平台。

塔塔尔族干部和知识分子主张文化中心最好建在新疆维吾尔自治区首府乌鲁木齐市，因为塔塔尔族人口最多的城市就是乌鲁木齐市，这里生活着900多名塔塔尔族人。生活在伊宁市和塔城的塔塔尔族也相对较多，但他们的文化活动可以先依托于其他地方，比如伊宁市的塔塔尔族墓地和塔城的红馆。文化中心的建筑风格可以依照原乌鲁木齐市的塔塔尔清真寺的风格。这样既保存了塔塔尔清真寺的建筑风格，又使乌鲁木齐市增加了一道独树一帜的风景。文化中心最好包含塔塔尔族民俗博物馆、塔塔尔族文化历史博物馆、图书室、阅览室、活动中心、表演大厅、《中国塔塔尔》刊物编辑部和塔塔尔文化研究会的办公场所。

塔塔尔文化研究会全称是"新疆维吾尔自治区塔塔尔文化研究会"。塔塔尔族知识分子通过多年努力于1986年5月成立。它是塔塔尔族人自发成立的学术性群众组织，主要从事塔塔尔族民族文化的研究、宣传和发扬工作，组织塔塔尔族开展各项文化活动。这个研究会还创办了自己的刊物《中国塔塔尔》，至2006年夏季已发行两期。但是塔塔尔文化研究会作为一个群众组织，并没有得到相关政策配置的资源。自成立以来，没有专门的办公地点，也没有资金来源，这使得它的发展面临重重困难。文化中心建成以后，就可以解决研究会办公地点问题。塔塔尔族语言、服饰、饮食、音乐和舞蹈等方面也可以依靠它继续研究、保存与发扬下去。同时给塔塔尔文化研究会解决一些工作编制问题，任用和培养一些塔塔尔族文化精英继承、保护与发扬塔塔尔族文化。刊物《中国塔塔尔》也需要政府给予资金支持。

关于塔塔尔族语言，为散居在新疆的 4000 多塔塔尔族人重新恢复本民族的语言文字教育体系是不大可能的，成立一所专门的塔塔尔族学校也是不现实的。甚至在一些较大的城市中，维吾尔语、哈萨克语和柯尔克孜语学校都不太受欢迎了，更多的家长为了今后孩子有更大的发展可能性，都愿意让孩子上汉语学校。但是，为了适应塔塔尔民众语言文字保护的需要，在塔塔尔族语言文字保护方面，可以采取一些其他的形式，比如在塔塔尔族文化中心举办业余塔塔尔族语言文字班和办夜校等，依托于塔塔尔族文化中心，增加塔塔尔族语言的交流机会，以这些形式来保存塔塔尔族的语言。

关于塔塔尔族服饰、饮食、音乐和舞蹈方面，也可以通过塔塔尔族文化中心的民俗博物馆和塔塔尔文化研究会挖掘、整理、保存和展示出来，通过这种形式保存和发展塔塔尔族的服饰、饮食、音乐和舞蹈等。表演大厅可以定期表演塔塔尔族特色的音乐和舞蹈，也可承办其他的一些表演活动，运作得好还可以解决一些资金问题。

塔塔尔族在中国的历史就是一部新疆新式教育的教育史。塔塔尔族文化历史博物馆刚好可以挖掘、保存和展示这一光荣的历史。让塔塔尔族增加荣誉感，让更多的人了解塔塔尔族为新疆教育所做的杰出贡献，也让更多的人了解新疆的教育史。

3.4 关于塔塔尔族传统节日"撒班节"的建议

塔塔尔族的"撒班节"富有特色，而且为广大塔塔尔族民众所认同，是一份不可多得的非物质文化遗产。应该积极申请非物质文化遗产的项目，让这一节日得以保存和发展下去。申请为非物质文化遗产后，利用专项资金可以更好地举办节庆活动，丰富发掘节日文化内涵。定期、成规模地举办"撒班节"不但可以增进与国外塔塔尔人的联系和与其他民族的友谊，同时它也是一个舞台，一个保存和展示塔塔尔族特色文化的舞台。

京族文化保护与发展

陈家柳　袁丽红

京族是居住在我国广西壮族自治区的人口较少民族之一。作为国家民族事务委员会文化宣传司"中国人口较少民族文化发展与保护"课题的子项目，课题组[①]近期对京族文化发展与保护状况进行了调查，并在实地调查基础上提出以下报告。

一、京族概况

1.1 人口分布与族源族称

京族聚居于广西壮族自治区防城港市东兴市，主要分布在东兴市江平镇的"京族三岛"（即沥尾、山心、巫头）三个海岛上。2000年第五次人口普查资料显示，全国京族总人口为2.25万，其中有1.7万人聚居在东兴市。中华人民共和国成立初期，京族被称为"越族"，或者称"安南人"、"唐人"。1958年，根据本民族的意愿，经国务院批准，正式定名为"京族"。

据有关资料分析，京族是一个典型的外来民族，最早居住在与现居地隔海相望的越南社会主义共和国海防市涂山一带。大约在四百年前开始迁入沥尾、巫头、山心三岛及周围的谭吉、恒望、红坎等地，逐渐形成了比较固定的居住区域。

1.2 居地行政辖属沿革

据《广西通志稿·地理篇·国界节》（1949年油印）、《防城县志初稿·第十

[①] 本项目由中央民族大学张海洋教授指导，广西民族研究所陈家柳、袁丽红具体承担。参与实地调查的还有中央民族大学民族学与社会学学院贾仲益副教授。本报告执笔人为陈家柳、袁丽红。报告修改执行人为贾仲益。

四章纪事》记载，1888年冬设防城县，含京族三岛，属钦州府管辖。民国时期仍设防城县。据《防城县志》记载，1912年后，防城县分为东南、东北、西南三区，京族地区属西南区；县以下设区公所或镇公所，京族所在的江平为区公所。沥尾、巫头、山心三个京族聚居区都设有保甲制度，隶属江平区公所。1949年10月—1952年3月，京族三岛划归广东省；1952年3月—1955年5月，转归广西壮族自治区；1955年5月—1965年6月，再划归广东省；1965年6月至今，隶属广西壮族自治区。1996年4月至今，京族三岛由防城港市东兴市江平镇管辖。

1.3 环境与资源条件

地理区位 京族三岛所在的防城港市地处祖国南疆边陲，与越南的广宁省山水相连，既沿海又沿边。全市拥有海岸线580余公里，边境线约200余公里，拥有西部地区最大的海港和2个国家级口岸，是西南出海大通道的主门户和国内通往越南及东南亚诸国的陆上便捷通道。具有得天独厚的地理位置和区位优势。

自然资源 京族三岛地势平坦，总面积约22.3平方千米。这里土地属沙质土，土质松软，大多可用作耕地。农作物资源丰富，除水稻外，还出产红薯、芋头、玉米、土豆等作物，盛产龙眼、荔枝、菠萝蜜、黄皮果、芭蕉、木瓜等热带和亚热带水果。

矿产资源主要有钛铁矿、金红石、磁铁矿、锆黄石、玻璃砂矿等，竹山等地有铁矿、独居石，开采也较为便利。

海洋资源是京族三岛最有特色的自然资源，主要包括海洋生物资源、海洋养殖资源和海洋化学资源。京族三岛所濒临的北部湾是著名的渔场，有鱼类900多种，虾类200多种。在离岸20米以内的浅海范围内，有浮游植物104种，浮游动物132种，各类海洋生物1155种。其中鱼类326种，主要经济鱼类50多种，以红鱼、石斑、马鲛、鲳鱼、立鱼、金线鱼、鲈鱼等10多种最为著名；虾类35种，主要经济虾类10多种，包括长毛对虾、斑节对虾、短沟对虾、日本对虾等；蟹类191种，主要有锯缘青蟹、梭子蟹等；贝类178种，主要经济贝类有马氏珠贝母、近江牡蛎、日月贝、文蛤、鲍鱼等；螺类143种；头足类17种，其中经济头足类3种。此外，北部湾还拥有药用价值极高的海洋生物和珍贵稀有资源如鲨（4种）、海蛇（9种）、河豚（8种）、海马、儒艮、文昌鱼等。北部湾海产品由于质优、无污染而在国内外市场享有良好的声誉，其中鱿鱼、墨鱼、青蟹、对虾、扇贝等品种尤受青睐。北部湾所产的珍珠驰名中外，被称为"南珠"。

这里还有成片分布于浅海滩涂中的稀有物种——红树林。红树林是生长在热带、亚热带海滨的常绿灌木群落，通常3—5米高，随着潮水涨落而出没，有

"海底森林"之美誉。红树林不仅美丽壮观，具有观赏价值，而且是防风护堤、挡浪固沙的海底长城，是海洋生物栖息繁衍的理想场所和鸟类生息的乐园，对维护海岸生态平衡有独特价值。

京族三岛附近海域还拥有丰富的海洋养殖资源。可利用的沿海滩涂面积1万多亩，土质肥沃，生物种类共有47科140多种，以贝类为主，包括牛牡蛎、文蛤、毛蚶、锯缘青蟹、江蓠等在内的海洋生物大量繁殖、生长，为滩涂养殖提供了良好的天然条件。这些沿海滩涂适宜养殖经济价值较高的对虾、锯缘青蟹、三尤梭子蟹、文蛤、泥蚶、毛蚶、牡蛎、贻贝螺、方格星虫、沙蚕、窜蛏（竹蛏）、海胆等海产品。此外，京族三岛附近海域还有大片浅海，拥有丰富的浅海养殖资源。适宜浅海的海产品种类也较多，主要有珍贵鱼种、贝类、蟹类、藻类等。三岛附近浅海可以养殖珍珠、牡蛎、对虾、青蟹、文蛤、泥蚶、日月贝等经济价值较高的海产品，珍珠浅海养殖具有得天独厚的自然条件。

由于该海域地处低纬度，气温较高，海水蒸发较快，较少内陆江河注入，因而海水盐度较高，达到34‰左右，为制盐业提供了丰富的资源。加上日照充足，有利于煮盐业的发展。

旅游资源 京族三岛因其滨海、沿边的独特地理位置和古朴浓郁的民族风情而拥有不可多得的旅游资源，金滩、万鹤山、京岛白沙和以哈节为代表的京族文化，使游人流连忘返。

1.4 传统生计与文化

京族是我国唯一以海洋渔业经济为主要生计的少数民族，传统产业主要是海洋捕捞，以浅海捕捞为主，兼事少量的深海捕捞。京族几乎所有的民间神话传说、民族习俗与禁忌，都与海上作业有关，如关于镇海大王的传说、修建哈亭以及哈节的内容等等，都反映了终日搏击风浪的海洋民族祈求平安、丰收的强烈愿望。京族民间艺术的瑰宝——独弦琴所发出的悠扬凄婉的旋律，更是饱含了浓烈的海洋气息。所有这一切，铸就了京族海洋般吸纳、包容的民族性格。

京族定居北部湾沿岸后，长期使用自己的语言——京语（即越语）。由于与汉族长期交流与融合，也讲汉语。在京族聚居的沥尾、巫头、山心等地，人们仍然习惯把习用京语与否作为判别是否正宗京族的重要标准。京族曾长期使用"喃字"。喃字是按照汉字的构字方法，并以汉字表音表义创造而成，使用汉字的结构、越语的发音。由于喃字结构复杂、笔画繁多，其喃字的传承、使用只限于少数有文化的社会群体如道公等，加上京族长期与汉族交往，逐渐接受汉字，到民国期间，汉字取代喃字成为京族地区正式使用的文字，官方文书、民间契约都普遍使用汉字。但京族民间流传的传说、诗歌以及道公主持各种祭祀所用的经书，仍普遍使用喃字，说明喃字在京族中使用历史的悠久及其深厚的社会基础。

京族最具民族特色的风俗是建哈亭、过哈节。初到沥尾的京族，由于生活艰苦，条件简陋，他们只能用简单的仪式，祭拜镇海大王和祖宗，后来条件有所改善，才修建哈亭、过哈节。巫头、山心的京族则在定居之后，派人专程回到祖籍，恭恭敬敬地将镇海大王神位和祖宗的牌位"请"到定居地，修建哈亭加以供奉和拜祭。每年哈节来临，全村男女老幼身着盛装，欢度本民族最隆重的节日。哈节被认为是京族最具有民族象征意义的节日，它包含了丰富的民族文化内容。每年节日来临，全村男女老幼都身着鲜艳的节日盛装，隆重欢度这一传统节日。此外，京族还形成了其他一些独具民族特色的风俗，如其他民族一般在清明节扫墓，而京族在春节前的农历12月25日至30日扫墓。

京族还有别具风格的民族服饰。妇女上身内挂一块遮胸布、外穿一件窄袖紧身对胸开襟无领短上衣，下身穿长而宽大的黑色或褐色裤子，若外出做客或节日，则加穿一件旗袍式的窄袖白色长外套。男子上身穿长至膝盖的窄袖袒胸上衣，下身穿长而宽大的裤子，束腰带。

以海洋产业为主、过哈节、讲京语、穿京族服装等特点，构成了京族共同体的主要文化特征。

1.5 京族三岛社会历史变迁

1949年冬季，京族地区解放。1951年3月，中央访问团中南分团来到京族地区。1952年底，成立了沥尾、巫头、山心3个民族乡或民族自治乡。1958年5月，东兴各族自治县成立。

1952年春，京族三岛开始了土地改革运动。1954年，京族三岛渔业、农业社会主义改造开始，并开始组建初级合作社，到1954年夏季，合作社广泛建立起来，入社户数占90%左右。1956年底，高级社建成，绝大部分的社员都加入了高级社。高级社的建成，促进了京族人民在生产建设上的合作化程度，解决了一些以前单个家庭个体劳动所不能解决的问题。

1958年，京族三岛开始了人民公社化运动。这场集体化运动，给京族三岛带来极大的危害。1958年8月，京族三岛民族自治乡撤销，并入江平公社。由于生产力低下，群众的劳动积极性受挫，农业产量很低，使得物质极其缺乏，粮食匮乏不够吃，很多人因饥饿得了水肿病。

1966—1976年，全国进入"文化大革命"时期，京族三岛也受到了冲击和影响，直到1970年才恢复正常。此后，一直到1983年包产到户之前，京族三岛经济生产处于停滞阶段，群众的生产积极性不高，生产活动以农业为主，粮食生产不能自给自足，每年还得由国家提供返销粮。

在以前的旅游开发过程中，开发的主要是自然风光，京族文化没有得到足够的重视。近年来，京族文化在旅游开发中才逐渐受到关注，体现京族文化特色的哈节和哈亭也逐渐成为旅游项目。为了弘扬京族文化，给外人提供一个可直观感受京族文化的场所，2000 年，一位当地京族人孙进投资兴建了京族文化风情村——小龙庄，开发京族传统民居、服饰、生产工具展示以及独弦琴演奏等京族风情表演，有时也组织一些如拉网捕鱼等旅游活动，但未形成经常的旅游项目。后来由于 2003 年受到"非典"的影响，2004 年又遇到台风，加上缺乏资金，小龙庄陷入入不敷出、难以为继的局面。目前小龙庄由于经营困难，已经处于半停业状态。

旅游开发给当地的经济带来了很大影响，已成为当地的主导产业，对增加村民的经济收入起了积极作用，同时也使部分居民的生计方式发生了改变。目前开办旅店、餐馆等旅游服务业成了部分家庭的主要经济来源。一些家庭虽然仍从事浅海捕捞等传统生计方式，但从事旅游业已是他们重要的收入来源。如沥尾的罗晓东家，他平时和父亲出海打鱼，其爱人在金滩向游人出租太阳伞，遇到"五一"、"十一"等黄金周则夫妻俩一起出租太阳伞、游泳圈，这已经成为家庭的重要经济来源。据了解，仅出租太阳伞一项服务，在好的地段平时一个摊位收入每个月可达 2000 多元，黄金周则可达到 1 万多元，少者也有七八千元。还有部分家庭的生计方式仍是从事捕捞、海产品加工、海水养殖等。由于本地有就业和创收机会，京族外出打工者很少。

沥尾开发旅游的时间虽然已有十多年，但至今还没有专业的表演团体，平时也没有针对游客的京族传统艺术表演，京族文化风情村——小龙庄也没有表演队，偶尔进行的独弦琴表演是临时从外地请来的人。但在"哈节"的时候有哈妹唱哈，请人表演独弦琴等。

经济的发展尤其是旅游业的发展使当地的交通状况、环境美化得到了很大改善，但同时也使一些民族传统文化逐渐淡化，如现在当地的建筑基本上都是钢筋水泥房，人们日常生活也不再穿民族服装，平时人们进到京族村子感觉和汉族村子没有多大区别。但是民族传统文化中内核的东西仍然还保留着，如语言、"哈节"、饮食习惯、生计方式等。

随着旅游业的发展，人们逐渐认识到民族文化的重要性，开始针对京族传统文化进行旅游开发。东兴市旅游局在"十一五"规划中，已把京族文化作为一个重要的旅游资源进行开发，沥尾、巫头、山心三岛均包括在内。当然，这些规划要真正地落到实处还需要进行充分的论证和投入大量的资金。

2.6 社会文化体制和京族艺术表演团体

防城港市文化局直属的文化机构主要有市图书馆、市群众艺术馆、市民族歌舞团、市杂技团、市电影公司、市文化稽查支队。防城港市没有博物馆。

东兴市的文化机构有文化馆、图书馆、电影公司、新华书店。其中图书馆成立于2001年，现有藏书6000多册，以文学类居多，据图书管理员说有几本内容涉及京族的图书，但是已经找不到了。

京族三岛所在地江平镇有一个文化广播电视站，全站共有干部职工11人，其中京族5人，大专以上学历6人，中专（高中）学历5人。主要职能是宣传党的路线、方针、政策，转播电视节目，管理有线电视，开展群众性文体活动，协助上级进行文化市场管理。设有电脑室和阅览室，有电脑11台，藏书5000多册，报纸杂志21份，但没有专门介绍京族的书籍。村民可免费上网查阅资料和借阅图书，每年接待读者5000多人次。京族三岛基本上没有什么文化机构，民间文化场所有哈亭、歌圩。

防城港市有三个表演团体，即防城港市歌舞团、防城区民族歌舞团和上思县文工团。其中防城港市歌舞团只有3个人的编制，属全额拨款单位。这些表演团体主要是配合各部门搞宣传，平时很少排演少数民族题材的作品，也很少到京族居住区进行文艺表演。目前东兴市没有正式的艺术表演团体，只有"哈节"的时候有一些民间的艺术表演。以前有一个京族文艺表演馆，几年前已撤销。

京族的独弦琴表演在全国已有一定的影响，京族人苏海珍演奏的独弦琴曾在第十一届孔雀奖少数民族声乐大赛暨少数民族器乐展演广西选拔赛中获得器乐演奏三等奖、在第二届中国艺术新星大赛广西赛区器乐项目比赛中获成人组一等奖、在中央电视台举办的2004年"清逸·佳雪杯CCTV西部民歌电视大赛"中获弹唱组铜奖。

为了保护和传承京族传统文化，当地采取了一些积极的措施，取得了一定的效果。一是喃字培训班。原来京族三岛懂喃字的只有10人左右，现在经过培训已有28人懂喃字，这些人主要是道公，也有几个年轻人。二是哈妹培训班（哈妹是在"哈节"举行仪式时唱哈的妇女歌手）。经过培训，现在三岛都有了哈妹，其中沥尾有5个，巫头3个，山心4个。但新培养的一些哈妹至今仍无法独立唱哈。三是喃字作品的整理和翻译。苏维芳（京族，沥尾村人，原防城港市公安局副局长，已退休）已整理和翻译了一部分喃字文学作品和经书。四是独弦琴培训班。防城港市群众艺术馆开办了独弦琴培训班，但是来学独弦琴的大多是外地人，当地京族人比较少，京族三岛来学琴的就更少了。群艺馆也曾经专门给京族少年儿童办过两次培训班，多数孩子基本上掌握了演奏技巧并已懂得演奏，但因不懂乐理，表演水平不高。

由于人口少，京族地区基本上没有新闻出版事业，地方也没有针对京族的广播和电视节目，更没有形成民族文化产业。20世纪六七十年代还经常有电影队到村里放电影，并且把电影对白翻译成京语，80年代以后随着电视的普及，人们已很少看电影，现在连防城港市的电影院都很少放电影，其他地方就更不用说了。

三、京族传统文化的变迁

3.1 环境变迁与影响

京族三岛生态环境建设比较大的项目主要是修筑沿海防潮大堤、围海造田、修筑灌溉沟渠、引入自来水工程、红树林保护和村庄道路扩建。这些建设项目有的为改善村民的生活发挥了巨大的作用，而有的则对生态环境造成了破坏。

中华人民共和国成立以来，京族地区开展的大规模生态环境建设主要有：

1962年修建沿海防潮大堤，有效地防御了因强热带风暴而造成的对人民生命财产的危害，保护了居住在海岸边的京族村民正常的生产和生活。

从1977年开始，总共用了两年的时间，开展引水工程建设，通过修筑沟渠和铺设管道，将生产用水和人畜饮用水由大陆引入岛内，解决常年困扰京族的生产、生活用水问题。同期，围海造田工程也开展起来，通过围海造田工程，极大地方便了当地的京族群众，使他们与内地的来往更加方便和密切。但是，围海造田而产生的田地碱化率较高，不利于农作物的栽培，反而使得海产资源等生态环境遭到破坏，如大片的红树林遭到毁灭，浅海面积缩小，浅海生物资源减少等。

20世纪80年代以来，在围海造田工程完工之后，京族三岛实现了通电、通水、通路的"三通"，这对改善人民生活起到了巨大的作用。为改善京族地区的基础设施问题，在上级政府的关心支持下，先后建成了江平镇至巫头村、山心村、谭吉村等京族聚居村寨的柏油路，以及巫头村—沥尾村、巫头村—榕树头村的水泥路。"十五"期间又投入资金200多万元，修筑了一批村屯公路，有些村屯还修筑了水泥路，初步形成了镇村、村屯之间纵横交错的路网建设交通网，基本解决了行路难的问题；投入资金220万元，维修了江平至谭吉、江平至巫头、沥尾、山心、江龙、贵明的自来水工程，解决了京族地区长期以来饮用地下水的大难题；投入资金400万元修复加固了沿海大堤；投入200多万元修复江平至山心水利主干渠，解决了3000多亩农田灌溉和虾塘的用水问题；先后架设镇、村屯之间的输电线路，全部开通了程控电话及广播电视村村通，大大改善了群众的生产生活。

20世纪90年代，随着全社会保护生态环境意识的逐渐加强，在保护生态环境思想大潮的影响下，京族三岛实施了对红树林的保护工程。此前，由于没有使用燃气灶具，村民的燃料主要通过砍伐红树林而获取，对海洋资源造成一定的破坏。现在，京族三岛已纳入国家级北仑河自然生态保护区的范围，并设置了保护区的相应机构，对红树林进行了行之有效的保护。

3.2 服饰的变迁

过去京族人传统的服饰穿戴，无论男女都有其别具一格的美感。在日常生活中，男性穿的是无领、无扣的上衣，宽而长的裤子，腰间还束以一条或两条彩色腰带，有的甚至有五六条之多，以此来显示自己的富有或能干。由于其衫长过膝，衫叉的裂旗又开得很长，为了方便干活或活动，平时就把两边裂旗的衫脚撩起，在腹部前面随便打个结。在衣裳颜色方面，男衫的颜色多为浅青、淡蓝或浅棕三种，裤子习惯穿黑色，既宽又长，其裤裆尤长，几乎是裤长的2/3。女性的下装，即裤的宽阔度与男性无异，既宽又长，遮过脚背，但上衣与男性相反，紧身窄袖，无领开襟，下摆衫脚仅及至腰间而不及臀部；此外，虽也是无领开襟，但不束腰带，仅三颗纽扣。祖当胸处则遮一块绣有图案的菱形小布，年轻人喜用红色，中年人用浅红或米黄色，老年人用白色或蓝色，这种小布通常称为"遮胸布"，俗称"胸掩"，是妇女常用的装饰品之一，实用而美观。在颜色上，不同年龄的妇女对衣裤颜色的要求也有所不同。青年女性一般喜欢白、青或草绿色的上衣，配以黑色或褐色的裤子；中年妇女是青色或浅绿色上衣，配以黑裤；老年妇女则穿棕色衣或黑衣黑裤。

在盛大节日里、赶集或探亲访友时，妇女要加穿一件旗袍式的下摆较宽的矮领窄袖长衫，作为"外套"。男人除加穿一件长及膝盖的窄袖祖胸长衫外，另外还要戴一顶黑色或棕色的圆顶礼帽，俗称"头箍"。这种穿戴无论贫富都是相同的，只是在用料的优劣上有所差异。家境平常的人家一般用自制的粗织麻布制，家境好的则用绫罗绸缎、蚕丝制品或香云纱等贵重料子，用黑、白、红、褐等颜色。

京族妇女过去很讲究头饰发饰。日常的头发是正中平分，两鬓留着"落水"，结辫于后，其辫用黑布条或黑丝绒缠着，再将辫自左至右盘绕在头顶上成一圈。其状如一块圆砧板，故民间俗称"砧板髻"。京族妇女有喜欢戴耳环的习惯，少女长到六七岁时就要穿耳。穿耳的时辰也很讲究，都是选在端午节那天的上午请人进行。因为民间认为，端午节有"龙王水"，这时穿耳孔最"吉利"。女孩到了十四岁就开始梳分头和戴耳环,表示已经进入成年,可以去唱歌谈恋爱了。京族妇女平时戴锥形的尖顶葵笠,在葵笠下面挂着一块毛巾之类的东西,用以遮阳挡雨,说明京族妇女十分注重自己的面部保养,而且这种戴法至今依然。

20世纪二三十年代京族传统服饰开始改变。进入50年代以后,不论男女,穿汉族服装的逐渐增多。80年代以来,除七八十岁的老人外,其余大多已不穿本民族的传统服饰。调查中发现,青年人已经全都改穿汉族服装,有许多青年妇女还烫了发,年轻小伙子则染发,改变了原来的头饰与发型。至于绣以图案或花草菱形的"胸掩"则只能在部分50岁以上的老年妇女身上找到,中青年女性则普遍用"文胸",而真正像过去那样的"胸掩"已经再也找不到踪迹了。

3.3 "哈节"的变迁

"哈"是京语"歌"的意思,"哈节"即是歌节。哈节是京族最隆重的传统民族节日,据说是为了纪念海神公镇海大王的诞辰而举行的,是以唱歌贯穿始终的祀神节和祭祖、祈福、禳灾活动。"文革"期间曾一度停顿,改革开放后从1985年起逐渐恢复。考虑到各村分别举行唱哈节,可以增进彼此的友好往来,使欢乐的节日气氛得以延长,各村节期相互错开。沥尾在农历六月初十,巫头在八月初一,山心在八月初十,红坎在正月十五。

哈节的各项活动主要在"哈亭"内举行。最早的哈亭比较简易,只是木柱草盖的小亭子。经过不断的修葺、改建,后来发展到木石砖瓦结构的庙宇式建筑,现今哈亭的修建更是融入了现代气息。一般哈亭为二进式结构,屋顶采用反翘曲线式样,上面饰以红瓦,与白色的主体建筑形成鲜明的对比,屋脊正中是双龙戏珠图案的雕塑。哈亭内部分为正殿和左右偏厅两大部分,正殿供奉镇海大王等诸位神灵和当地京族主要姓氏祖先的牌位,因殿内供奉的镇海大王又被京族人称为"海龙王",所以正殿又称"龙廷"。左右偏厅是供哈节期间听哈和摆设宴席(俗称"坐蒙",即乡饮,全村按每户一人聚集在哈亭里聚餐,菜肴酒水等由各人带去,大家共同享用)之用的。

哈亭内的圆柱上都镌刻雕写反映京族历史的楹联或诗词。据说有些楹联从哈亭建立之初就有了,一直流传至今,有几百年的历史。其中正殿的一两副楹联"古塞南帮成源例山河置永固今朝中国敬念存社稷智帷丰",简单两句对联浓缩了京族的昨天和今天。现代的哈亭吸收了汉族文化的庙宇建筑风格,既保留了传统哈亭的建筑特色,又吸取了现代建筑艺术的精华,无论从建材、规模、样式上都体现了对传统文化的继承、完善和发展,有利于扩大哈节的影响,弘扬京族文化。哈亭的建成使用,不仅为哈节期间各项活动的开展提供了更为宽敞的空间,也扩大了自身的影响,吸引了包括越南、中国台湾、中国香港在内的国内外游客前来参观游览，哈节期间更是游客首选的游览景点，成为京岛民俗旅游的又一亮点。

"哈节"的祭祀活动一般长达三至五天。第一天要举行最为隆重的"迎神"仪式，而且歌舞内容也最为丰富。祭祀仪式开始后，首先由主祭者带领人们迎接来自海上、天宫各位神灵、祖先进入神位，紧接着是向诸神敬酒和献礼。这时由四位身着粉红色丝质长衫、黑色长裤，头扎紫罗兰色发带被称作"桃姑"的京族淑女，伴随祭鼓频频起舞。充满青春活力的"桃姑"们在劝慰神灵饮酒的《进酒舞》中，反复以双膝微颤的三角步进退往复于神案前，同时双手在胸前表演从小指依次轮指带动手腕转动的"轮指手花"和两手互绕、手指轮转拉开的"转手翻花"等柔美舞姿，以表达京族人民对神祇的爱戴和崇敬。

在祭祀之后进行娱神的过程中，表演内容不但穿插了人们喜闻乐见、反映生活情趣的古诗词演唱、历史故事说唱等，还将表演从情歌"舞采茶"演变而来的《采茶摸螺舞》。歌舞中"桃姑"们用各种模拟采茶和捕捞螺蛳的动作在歌声陪伴下翩翩起舞，把人们的思绪忽而带到绿茵葱茏的茶林，忽而又引向碧波喧嚣的海边，共同分享姑娘们摸螺捉虾的喜悦。整个表演像一首充满浓郁乡土气息的抒情诗，使人陶醉。此外，按京族古老习俗：未婚的男女青年，若各自制作的木屐大小、样式和花纹都同样的话，那么这对青年男女即被认为是获得天意撮合的夫妻。为此，京族民间便演变出述说为获得"天意撮合"的名分，恋人便私下"串通"花屐的大小、式样与花纹，使"巧合"成为现实的《对花屐》舞蹈。这些充满生活情趣的舞蹈，不但达到了"娱乐神灵"的目的，更重要的是使人们真正获得了身心的愉快和精神上的享受。

从总体看，现今的唱哈节淡化了祭神的因素，增添了许多新的具有时代特点的因素，包含了许多具有当代色彩的崭新的成分，散发出新时代的民族气息。具体体现在近几年的哈节，在保留原有传统仪式活动的基础上，新增了文艺演出、哈节歌圩等一系列贴近时代、贴近生活、人们喜闻乐见的文娱活动。以前哈节上的文娱项目仅限于哈妹们的"唱哈"表演，后来逐渐有了一些当地或附近村落的民间艺人即兴表演的民族歌舞，现已发展到有组织有规模地举办一些文艺演出活动。近几年来，哈节期间都要举办几场文艺晚会，晚会上既有现代歌舞表演也有反映京族渔家生产生活的歌舞表演，以及独弦琴演奏等具有京族特色的传统节目。此外，晚会还邀请专业的歌舞团体演出助兴。当地每周举办的京族歌圩也融入哈节的活动中，为哈节增添了原汁原味的京族文化成分。

作为京族最隆重最盛大的节日，哈节为京族同胞增进交流、加深了解提供了最便利的机会。以前，作为哈节参与者主体的京族青年男女，在节日期间纷纷穿上节日社交的盛装，成群结队，一起欢度佳节，借此扩大交友范围，物色称心佳偶。现在，由于外出读书、就业的人越来越多，改革开放以后，对外交往日益频繁，且范围不断扩大，越来越多的京族同胞因为读书、工作等关系分散到全区甚至全国各地，哈节也成为这些客居他乡的散居外地的京族人返乡与亲人团聚的机会。这使得哈节有了一项新的社交功能，即成为维系各地京族同胞情感的纽带。同时，随着哈节影响的不断扩大，来自全国各地、港澳台的游客以及来自越南、日本等国的观光客也不断增多，哈节期间的京族三岛更是游客首选的游览地，哈节因此成为京族三岛民俗旅游的又一亮点。由于参与者的多元化，其社交功能也由过去的单一化向多元化演变。

3.4 房屋建筑的变迁

京族最原始的房屋建筑是类似于骆越民族遗风的"干栏"式建筑，称为泥草房，即房子四周用木条、竹枝等围起来，外面糊上泥浆，顶棚用茅草遮盖。这种简陋的居屋，既不能挡风遮雨，也不能驱寒保暖。自20世纪50年代以来，由于生产的发展，京族三岛逐渐兴起了崭新的独具特色的住房建筑——石条房。石条房独立成座，分左、中、右三个单间，有时则在左边或右边墙附建厨房。石条房的独特之处主要在于两个方面：其一，采石砌墙，创造性地以石为墙。当时，市场上没有成品条石出售，村民们便从海底爆破挖取海石，以畜力和人力搬运回来，然后将大石块加工成建房所需的条石。加工时，工匠需注意辨清石块的纹路，顺着天然纹路开凿。一般按长约0.75米，宽约0.25米，高约0.2米的标准进行凿制。其二，烧蚝蜊灰作浆。充分利用自身资源优势就地取材，将蚝蜊壳烧成灰代替石灰作建房用浆。烧蚝蜊灰的方法较为原始，主要在地下挖个穴，深约1.5米，周围挖4个孔，中间辅上板柴和蚝蜊壳，放火烧后即成。此外，为防海风，人们在屋顶脊及瓦行之间压置一块块的石条或砖头，加固屋顶脊和屋瓦。

石条房美观大方，坚固耐用，可有效抵御海边常见的台风和暴雨的袭击。自20世纪50年代出现后，很快在京族地区流行开来，构成了独特的建房风俗。但因其条石取之不易，购之则贵，且过于厚重，砌起来非常吃力，因此，从20世纪90年代起，新建造的房都已改为钢筋水泥楼房，其建筑风格与内地汉族地区并无差异。目前，京族地区绝大部分的房子都已经是这种钢筋水泥楼房了。

3.5 传统社会组织的变迁

"翁村"制度是京族传统社会中历史比较悠久带有原始氏族社会性质的村社长老制度。它在管理民族内部事务中发挥着主导作用。

"翁村"制度由"翁村"、"翁宽"、"翁记"和"翁模"四种人组成，按照传统习惯负责管理村社有关民间的各种事务、维护社会秩序，它并非乡村政权。

"翁"是京语的"长者"、"长老"之意。"翁村"即"村老",是由"嘎古"(京语,即长老)集团推选出来的,他不一定有钱有势,但要为人正直公正、关心村社、有办事能力、受人尊敬。他的职责是监督执行村约,调解村民纠纷,召集会议,对外交际,主持每年哈节的祭祀仪式,筹办村中各种公益事业等。他处理不了的事情便请"嘎古"们出面解决。翁村任期三年,可连选连任。翁村基本上是义务为众人办事,但有的也可从公有田中获得一些田地来经营,以作为辛勤劳动的报酬。

"翁宽"是看管山林的长者,"宽"为京语"管"的意思。海岛上的树林防风固沙,宜当保护,为了防止乱砍滥伐,凡是成年男子都有轮流当"翁宽"的义务。每一任翁宽有8人,为首者叫"宽头",他们负责巡山护林。若有偷伐毁林者,由翁宽按村约有关条文予以处罚。翁宽任期三年,在任期间无任何报酬,唯有期满后在哈节乡饮中席位可提升一级。宽头若干得出色,可成为翁村的候选人。"翁记"又称"文记",意即文书,掌管乡饮簿籍和民间公有财产的经济收支账目,由村民直接推举产生,任期三年。"翁模"意为专管哈亭的香火和清洁卫生的香公,其人选条件要求人丁兴旺、子媳齐全。若戴孝在身即予撤换,重新选举。翁记和翁模过去可得一两亩公产田耕种作为酬劳。

无论是翁村、翁宽、翁记或翁模,有谁办事不公、不负责任或有贪污违约等行为,群众可随时把他撤换。这种"翁村制度"具有浓厚的原始民主色彩,20世纪80年代以后还基本保持着。

中华人民共和国成立后,京族传统的社会组织从结构、运行机制到社会职能都发生了深刻变化,演变为具有更广泛社会基础、群众基础及与哈亭有关的本族事务的纯民间社会组织,其社会功能比1949年前淡化了许多。

四、京族文化发展问题探析

当前,京族地区经济大发展给京族社会带来了勃勃生机,但生计方式的改变及外来文化的冲击,也使得京族传统文化的传承陷入了困境,传统文化日渐淡化、流失。具体表现为:民族文化由盛转衰、特点淡化;民族传统文化的主要传承者老龄化;优秀的民族传统文化尚未得到充分发掘和开发利用等。

调查中我们对京族地区的文化精英、民族上层人物和当地政府官员进行了专访。京族的一些精英对目前京族的文化现状表现出一定的担忧,认为政府相关部门对京族文化重视程度不够,保护未采取一些有力的措施,政府的主导地位没有得到应有的发挥。他们认为目前京族有民族特色的东西还是存在的,但是如果不进行保护,若干年后有些东西可能就消失了。因此现在必须对京族传统文化进行保护,可通过建立京族博物馆、培养京族文化的传承人等方式来保护和发展京族传统文化。一位京族干部接受访谈时(防城港市文联主席张永东,京族,山心村人)认为:"京族文化还是有特色的,尽管现在服饰、生活方式有所变化,但最具特色最能代表京族文化的是饮食、民歌和语言,这些方面目前还保留得比较好。但日常生活中已没有人穿民族服装了,独弦琴也没有多少人会弹了,口承文化的传承也不行了,以前我们经常听村里的老人讲京族的故事,现在已很少有人愿意听了。"

4.1 民族文化的衰落

京族文化由盛转衰,表现之一是广大群众对本民族传统文化的日渐淡漠。目前,中青年一代已经失去唱本民族传统民歌的兴趣。京族民歌在中华人民共和国成立前、中华人民共和国成立初期曾经十分盛行,男女老少,几乎人人能出口成歌。内容涉及渔事生产、爱情、社会生活各方面。京族民歌的调子约有30多种,有的慷慨激昂,有的凄切委婉,具有十分浓郁的民族特色。《宋珍与陈菊花》是其中的典范,该长诗有手抄本,主要以口头传唱形式流传于京族民间。但目前在京族地区已经找不到一位能够完整颂唱《宋珍与陈菊花》的歌手。《过桥风吹》等曾是一支家喻户晓的京族经典爱情名歌,曲目不长,曲调优美,通俗幽默,利于传唱,但现在,懂京语的青年已经罕有能完整吟唱此曲的人。

表现之二是京族传统文化后继无人。例如,京族舞蹈以传统祭祀娱神舞蹈为主,多在哈节时表演,一般由3—4人一起跳。在沥尾村、巫头村的哈节,近几年来只有阮成珍、黄玉英等四位年过七旬年纪较大的"哈妹"在跳。中青年人既不会跳,也不肯学。舞蹈类型有花灯舞、花棍舞、花舞等。传统舞蹈也面临后继乏人的问题,至今很难找到愿意学习的中青年人。

另外,独弦琴是当今京族传统艺术中的瑰宝,其最大特色是只由一根弦和一根摇杆、半个葫芦、半块竹片构成,其音悠扬,独具风韵。独弦琴是京族目前保留得最有特色的一种传统民族乐器,在民族音乐界颇有名气。然而目前能够熟练演奏独弦琴的京族人只有数人,再不保护抢救,京族独弦琴将后继无人。

4.2 民族传统文化传承人老龄化问题严重

京族歌圩至今在沥尾村、巫头村仍然得以保存,每个星期举办一次。歌圩举办日一般都会有数十人参加,但大都是60岁以上的老人。京族青年对此没有兴趣,也少有机会接触本民族的传统民歌。歌圩中极少有青年人参加。一方面,一帮古稀老人兴趣盎然、自得其乐地陶醉在民族民歌之中;另一方面,年轻人对此熟视无睹，一点也不感兴趣。

不仅歌圩情形如此，就是哈节的举办过程也暴露出很多问题。以最能代表京族传统文化精髓的唱哈节为例，从节日的筹划、操办到具体参与，都是由"翁村"等村社组织完成，而"翁村"是由村里的寨老们从德高望重的老者里选出来的。年轻人除了围观之外，只是做一些后勤方面的工作。对整个唱哈节的筹划、执行等，年轻人根本插不上手。而且，由于京族三岛没有合适的"哈妹"，每年只好从越南请哈妹来助阵。

上面说到在哈节里唱"哈歌"的阮成珍、黄玉英等四位年纪较大的"哈妹"，年龄都已经超过了70岁，实际上是名副其实的"哈婆"。由于京族当中缺少"哈妹"，每次举办哈节都要远道去越南请"哈妹"前来助阵。

喃字是京族人民借助汉字创造的文字，它采用汉字的构字方法，主要借汉字表音表义而创造出来。从15世纪开始用于传抄使用。在京族地区民间的歌本、经书、族谱、乡约等，除了使用汉字以外，也间杂使用一些专用于表达京语音义的"喃字"。据统计，目前在京族地区能够认识使用喃字的人已只有区区的10多人，而且均为70岁以上的古稀老者。喃字面临着无人继承的窘境。

4.3 优秀的民族传统文化尚未得到开发利用

"哈节"是京族最隆重热闹、最富有特色的民族传统节日。哈节活动最能集中展示京族传统文化全貌，是京族人民长期从事海洋渔业生产的文化积淀；哈亭则是京族传统文化传承的重要载体。除哈节一整套祭神娱神传统仪式外，独弦琴、京族歌舞、神话传说、英雄故事、民族服饰、民族小吃等传统文化都在哈亭里聚集，哈节、哈亭使京族传统文化闻名遐迩，充满魅力。但年青一代觉得缺乏新意，参与热情日渐降低。目前哈节已面临对京族青年人凝聚力、吸引力变弱的趋势。虽然有各级政府部门的支持，有各级媒体每年不同程度的宣传报道，但由于对哈亭、哈节缺乏深度研究，缺乏保护弘扬开发的措施，使得哈节还远远不能对外界充分昭示其丰富多彩的文化内涵，导致其魅力还远没有被外界所认识以及影响力日趋下降。

沥尾金滩因其独特的亚热带海滨景观闻名遐迩，京族三岛的旅游业也主要缘于金滩，每年闻名而来的旅游者数以万计。但是从20世纪90年代起就兴起的京族三岛旅游业，至今发展已有10多年的时间了，但该景区的开发层次始终停留在放任自流的原始状态：村民和旅游区管理委员会各自为战，村民只是通过向游人出租遮阳伞、游泳圈、摩托艇等设施收取费用获取收益；而旅游区管理委员会只是向村民和其他服务经营者收取管理费，疏于对旅游区的有效管理；餐饮旅社等服务行业被动等客上门，拿不出有民族特色和地方特点的亮点吸引游客；旅游区内混乱无序,缺乏长远、周密的发展规划。有关部门对丰富多彩的京族文化特色视而不见,民族服饰、民族小吃、民族工艺品及民族风情表演等民族文化资源的开发展示,这些在国内其他旅游景点司空见惯的做法,在这里几乎是一片空白。只有小龙庄的老板孙进专门为游人组织过几场民族风情和民族文化的演出。

孙进是一个通过自己的努力把京族传统文化品牌打出去,取得经济效益的京族企业家、知识分子。几年来他把自己的毕生积蓄100多万元,投入到小龙庄京族文化风情村的开发,他以商人的目光敏锐地认识到京族文化资源的开发价值。他试图通过把京族歌舞表演、独弦琴表演、京族服饰、京族民居等具有京族传统文化因素的内容纳入他的京族文化风情村进行经营。但由于缺乏一个整体的京族文化开发的大气候和种种条件制约,目前他的经营仍面临很大的困难。

最近几十年,特别是近十多年以来,京族的语言、服饰、生活习俗、生产方式等各方面都发生淡化的趋势,中青年一代对很多传统的东西不感兴趣,普遍缺乏对本民族文化全面的认识,这种状况令人堪忧。

京族传统文化的传承面临的危机来自多方面:有生计方式转型导致经济发展带来民族传统民族文化根基削弱变迁的问题;有人才短缺,导致传统文化如独弦琴、歌舞、喃字等传承后继乏人;由于教育、宣传不力,民族成员不能深刻认识传统文化价值,从而造成民族文化危机意识的集体性缺失;政府相关部门政策缺位、措施不力、认识滞后以及学术研究空缺等等,还有就是国家如何在经济全球化的趋势下,既要保持民族文化的多样性,又要使少数民族政治、经济、文化协调发展的问题。这些危机的一个重要原因是经济全球化与主流文化的融入所引发的少数民族文化被边缘化。文化多元性是世界文化生态平衡的特点,是经济全球化的必需,是执行民族平等政策的依据之一,也是开发民族文化资源不可或缺的条件。因此,对京族文化资源进行保护、开发,使之与经济接轨,产生良性互动已是刻不容缓!

五、对策和建议

5.1 大力宣传,引起重视

1972年10月,联合国教科文组织大会通过了《保护世界文化和自然遗产公约》,把各国各民族的文化资源视为全人类的共同财产加以保护。2001年11月,该组织又通过了《世界文化多样性宣言》,提出"文化多样性是人类的共同遗产"、"尊重文化多样性、宽容、对话、合作是国际和平与安全的最佳保障之一"。

2003年10月,该组织又通过了《保护非物质文化遗产公约》,强调非物质文化遗产是文化多样性的熔炉,又是可持续发展的保证。这些纲领性文件,对于纠正我们的模糊甚至错误认识,具有重要价值,应当多加宣传,务必使人尽知。保护和开发民族文化资源有法可依,而且如今已成为全世界人民的共识。民族文化资源的内涵是有生命力的,民族文化资源是有历史价值、审美价值和本民族特色的文化遗存。这些,都为我们正确认识文化资源的重要性提供了借鉴、警醒。我国宪法第一百一十九条规定:"民族自治地方的自治机关自主地管理本地方的教育、科学、文化、卫生、体育事业,保护和整理民族的文化遗产,发展和繁荣民族文化"。我国《民族区域自治法》以及我国即将出台的《民族民间文化保护法》,都为保护少数民族的传统文化资源提供了法律保障。可见,保护开发民族文化资源是得到世界认同的,是有法可依、势在必行的。

调查中我们发现,部分当地政府官员对民族文化的重要性认识不足。以哈节为例,一方面,京族"哈节"凭借其顽强的生命力逐渐从民间走向社会并产生越来越大的影响;另一方面,当地政府及有关部门却迟迟未能理直气壮地予以正视和切切实实地加以引导。以致京族"哈节"究竟是宗教迷信还是民俗文化,从官方到民间至今未形成正确而统一的认识。每年京族"哈节"的举办,从谋划到决策,从组织到管理,至今仍然得不到官方的直接指导和资金上的支持,仍然不得不依赖京族的村社组织——"众村"和"翁村"主导实施。受制于此,使得"哈节"活动的内容和形式单一,富有民族性、地方性的文化内涵不多,特色不鲜明不突出,缺少吸引力。

因此,相关部门一定要加强学习,提高认识,以此促进和推动政府对民族文化保护采取有效措施,以此影响舆论宣传和政策导向,形成有利于民族传统文化传承保护与开发利用平衡发展的社会环境。目前必须提高当地政府官员和广大群众对文化多样性重要意义的认识,而且还要唤起、引发他们对民族优秀文化遗产的自豪感。可喜的是,京族哈节已正式被列为国家级非物质文化遗产保护对象,地方政府应当抓住时机,进行广泛的社会动员,采取相应措施,推动京族文化保护与开发健康发展。

5.2 把握好民族文化保护与开发的关系

民族文化资源保护与开发密不可分,对民族文化资源的保护是开发和弘扬民族文化的基础。京族的独弦琴、喃字、歌舞、哈亭文化等,如不及时进行抢救保护,很快就将失传。对于这类少数民族传统文化资源,首要的任务当然是保护。开发必须以有利保护为前提,是对民族文化深层次的保护,为其注入新的活力,使民族文化能够在新的环境下焕发新的生命力。开发的效益会使人们更清楚地意识到民族文化资源的可贵，从而更加珍惜自己的民族文化。

长期以来，我们国家对文化保护与开发采取的是"两张皮"的管理体制：一方面，负责开发的部门只顾眼前利益，拼命追求经济效益，盲目开发；另一方面，负责文化保护的部门在经费上无法得到保障，常常处于有心无力、难以为继的局面。这势必会大大地伤害文化保护部门的积极性。我们应当从片面强调经济效益的开发误区中走出来，从片面强调保护的误区中走出来，使二者相互协调，相得益彰，共同发展，即在保护中适当开发，在开发中得到保护，这才是我们所应追求的理想目标。

京族有得天独厚的旅游自然资源和人文资源，将京族的民族文化资源开发与旅游经济相结合，应是现实可行的途径之一。但保护与开发，必须实事求是，真正把握京族文化精华，有创新提高，依靠当地京族人进行保护开发，并让当地人得利，这才是保护开发民族文化资源的根本。

5.3 抢救濒临灭绝的京族优秀传统文化

要采取得力措施对濒临灭绝的京族优秀传统文化进行保护。如积极申报非物质文化遗产保护，争取京族优秀传统文化的合理生存空间。目前，在广西壮族自治区文化厅相关人员的热心帮助和指导下，京族"哈节"已于2005年被列为国家级非物质文化遗产保护对象。然而，尚有更多的京族文化如独弦琴、喃字、唱哈等文化遗产需要我们去保护、抢救。可通过各种形式举办相关内容的培训班，由那些身怀绝技的匠师对京族年青一代进行全面的培训，使之得到继承和发扬。

5.4 尽快建立京族生态博物馆

文化资源是不可再生的。在经济建设中，绝不能仅仅为了追求眼前的经济利益而破坏文化生态。处理好开发、保护和利用的关系，是历史、现实和未来的要求。对于无形的民族传统文化遗产，必须建立民族无形文化遗产主要传承者的保护与培养机制。而建设民族生态博物馆则被认为是民族传统文化保护的最有效途径。

民族生态博物馆建设，就是选择有代表性的少数民族聚居的自然村寨，设立民族传统文化保护区。保护区须符合下列条件：能够集中反映原生形态少数民族传统文化；居民建筑民族风格特点突出并有一定规模；民族生产生活习俗较有特色。根据上述条件，目前，我国西部地区的一些省区如贵州、广西、云南正在进行这方面的积极尝试。

生态博物馆建成之后，使得那些有价值的、活的民族文化，包括人与自然、人与社会长期互动中创造的物质和精神文化，如生产技术、生产工艺、生态环境保护观、科学知识、语言文字、伦理道德、行为规范、宗教信仰、文学艺术、戏剧与歌舞、民风民俗等，得以完整地保留在社区民族群体中，从而唤起本民族对自身传统文化的保护意识和文化自豪感。从全球一体化、全国现代化的发展趋势看，合理开发民族传统文化资源，使少数民族走工业化、市场化、现代化的道路，实现少数民族社区的文明、富裕与繁荣，让少数民族社区人民共享现代文明的成果。同时，透过对本民族传统文化在自身前进道路上的不断创新，实现富有鲜明民族个性与传统文化特色的现代文化转型。换句话说，生态博物馆不仅要保护历史上整体形成和积淀下来的优秀传统文化，还要把传统与现代联系起来，创造出由传统走向未来的民族新文化。生态博物馆既有保护民族优秀文化传统的强大功能，又有使民族接受现代文明的机制；它植根于民族传统文化，又与现代文明相对接。换言之，这里的文化不是一成不变的，而是和现代文明与时俱进，在现代文明中焕发出蓬勃的生机。

建设生态博物馆已经被证明是一种可持续发展的少数民族乡村发展模式。在这种模式下，不仅要做好民族优秀传统文化的保持和传承，还要保证当地社会、经济和生态环境得到全面而协调的发展。生态博物馆可以利用自身的优势，如自然风景优美、独具特色的民族风情、生态环境优越等天时地利，就地发展旅游业，这是实现生态博物馆可持续发展的有效途径。发展旅游业，不仅可以增加社区民众的收入，而且可以促进优秀传统文化的保护与传承。

可喜的是，目前广西壮族自治区文化厅和东兴市文体局等政府相关部门正筹划建立京族生态博物馆。

5.5 在民俗旅游中体现民族特色

在调查过程中，当地群众和政府官员多次对京族三岛旅游方面提出建议，如：把哈节进行适当文化包装，以适合旅游的方式推出；多培训独弦琴乐手；建议沥尾旅游度假区所有从业人员、餐馆旅社人员都身穿京族服装，体现京族民族特色；组织游人参观打鱼、拉网、耙螺等独具京族特色的海事活动；坐竹排或游船去游览山心村的红树林、江山半岛的怪石滩、巫头村的万鹤山、"南国雪原"等等。防城港市旅游局副局长奉仰崇认为，要大力弘扬京族文化，充实和升华"哈节"的内容与形式，把京族"哈节"建设成为由政府出面举办的旅游节，在内容和形式上，既要继承发扬传统，又要充实发展创新。一方面要进行梳理和优化，在尊重京族习俗的基础上，对一些富有个性特点、文明健康的文化因素进行强化、突出和扩展，使其更加为人民喜闻乐见，更富有积极的影响力，如在娱神过程中的"唱哈"、独弦琴、花棍舞、字喃等，不仅要继承发扬，而且要大力拓宽其活动空间，尽可能地扩展其表演和展示规模，不断地增强其文化和艺术感染力。而对一些迷信的不科学的因素则加以正确的引导，使京族群众能够自然而自觉地扬弃；另一方面，要不断发展和创新，京族"哈节"是兼容性和开放性的文化载体，无论内容形式都具有广阔的充实和发展空间。"哈节"期间的文化娱乐活动，除传统的项目外，还可融入更多的内容和形式。如京族拉大网和高跷捕鱼，作为京族独特的生产民俗，经过策划、包装和设计，可以转化成为具有观赏性和可参与性的竞技娱乐活动；京族的服饰，可以设计成时装进行时装表演，以展示其独特的飘逸美；京族的民俗风物可建立博物馆供参观考察；京族的美食和特产可以开发成为丰富的旅游商品。这些建议，有些是属于民族文化资源的保护开发，有些则主要是利用当地海洋民族的自然资源。显而易见，京族三岛独特的文化资源是可以进行开发利用的。

广西毛南族文化保护与发展

黄仲盈　俸代瑜　贾仲益

2006年11月，毛南族文化保护与发展调研小组①一行5人对广西环江毛南族自治县（以下简称"环江县"）的毛南族进行了为期14天的调研。此次调研，以毛南族最为集中的下南乡为主要调查点，主要基于以下考虑：

首先，下南乡是全县毛南族人口最多、比例最高的地区。截至2002年，全县毛南族56414人，而下南乡就有19086人，占全县毛南族总人口的33.8%，占全乡总人口的98%以上。聚族而居的历史及现状，形成了独具特色的文化传统习俗，可以较好地反映出整个毛南族的文化状况。

其次，下南乡位于县城西南部，距离县城60公里，东交本县水源、洛阳两镇，西邻南丹县，南接河池市政府所在地金城江区，北连本县川山镇。地理位置上正处于我国毛南族分布的中心地带，从这里可以更好地观察毛南族民族传统文化的发展变迁轨迹。

第三，下南乡素有"毛南三乡"之称，即"菜牛之乡"、"木面之乡"、"花竹帽之乡"。这些荣誉既是下南乡历史文化特征的高度概括，也是整个环江县毛南族历史、经济、文化、社会生活的缩影。以一点辐射全面，可以比较系统、完整地概括和分析整个毛南族的历史文化现象。

第四，下南乡历史悠久，文化底蕴深厚。清末民初，下南乡毛南族的秀才、庠生、贡生等多达二十余人，大都成为朝廷命官。20世纪30—40年代曾有1人出任葡萄牙大使级外交官。现有厅级领导干部3人，处级干部近百人，民族作家5人，博士教授4人，名画家1人。深厚的文化教育背景，可以反映出毛南族历史的、现代的文化状况。

第五，20世纪50年代进行的毛南族社会历史调查主要集中于"三南"地区，特别是下南乡。2002年8—9月，本课题组的2名成员参加云南大学"211

---

① "毛南族文化发展与保护"是国家民族事务委员会文化宣传司"中国人口较少民族文化发展与保护"课题的子项目，由中央民族大学张海洋教授指导，广西民族研究所俸代瑜、黄仲盈等具体承担。参与实地考察的还有中央民族大学民族学与社会学学院贾仲益副教授等。本报告初稿执笔人为黄仲盈，修改稿执行人为俸代瑜、贾仲益。

工程"科研项目"中国少数民族村寨调查",在下南乡进行了30多天的田野调查。相关的文字资料积累比较丰富,便于在本项目研究中进行历时性的纵向比较。

此次调研,我们分村、乡、县三个调查层次,采取实地调查、发放问卷、个案访谈、部门征询、文献研究相结合的方法,共发放回收调查问卷30份,召开座谈会4次,走访15人次,撰写调查笔记6万字,收集调研报告、实施方案、保护及发展建议和措施16份,15万字。访谈对象包括一般群众、民族民间知识分子、民间宗教权威人士、政府官员等,走访的组织和机构有民间组织、宗教团体、文化机构、政府部门等,调查的内容包括毛南族的历史、政治、经济、文化、旅游等。现将调研结果汇报如下:

一、环江毛南族自治县概况

1.1 地理环境与资源条件

毛南族主要居住在广西壮族自治区河池市环江毛南族自治县、金城江、南丹、都安等县(区),其中以环江毛南族自治县为主要聚居地。环江毛南族自治县隶属于河池市,位于广西西北部,云桂高原东南麓,东与融水苗族自治县、罗城仫佬族自治县相邻,南同宜州市、金城江区接壤,西隔打狗河与南丹县相望,北与贵州省荔波县、从江县毗连。地理坐标为东经107°51′—108°43′,北纬24°44′—25°33′,东西最大横距89公里,南北最大纵距90公里,国土总面积4572平方公里。

环江毛南族自治县地处黔中高原南部边缘的斜坡地带,总地势为北高南低,四周山岭绵延,中部偏南为丘陵,最高海拔为1693米,最低海拔为149米。主要山系东北部山地是九万山系的一部分,最高山峰为凤凰山,海拔1693米;北部山地以打格斋为主峰,海拔1460米,向南伸延成为大小环江河的分水岭;西北部山地主要山峰是金坳山,海拔1061.4米,自西北向南延伸;西部和南部以岩溶山地为主,间有土山、半土半石山,奇峰高耸,嶙峋陡峭,间有土丘、土石山,最高峰为木论乡的小洞坡,海拔740.0米;中部偏南的山地以八仙山最高,海拔731.9米。境内主要河流有四条:大环江、小环江、中洲河和打狗河。四条河流均发源于贵州省,从北向南流过,汇入龙江。属亚热带季风气候区,气候温和,雨水充沛,日照充足,冬无严寒,夏无酷暑,雨热同季,无霜期长。

环江既是广西林业大县,也是广西最大的无烟煤基地,主要矿产有煤、铁、铅锌、锡和滑石等。著名的土特产品有川山凉席、毛南族花竹帽、下南菜牛、龙岩香菌、茶油、毛南红窖酒和被誉为"五香"食品的香猪、香鸭、香牛、香粳、香菇等。民族风情浓厚，有轻盈别致的毛南族花竹帽、粗犷豪放的毛南木面舞、欢乐轻快的苗族姐妹舞等。主要旅游景点有下庙旅游度假山庄、大才神龙宫、下兰姻缘洞、川山瑞良旅游区、长美崖刻、明伦北宋牌坊和下南古墓群等。

1.2 人口构成

环江县辖7镇8乡，144个行政村。境内居住毛南、壮、汉、苗、瑶、仫佬等13个民族。根据环江毛南族自治县统计局《2005年国民经济统计资料》提供的资料，截至2005年底，全县总人口40.58万，其中毛南族58679人，约占全县总人口的14.5%，分别占全国和广西毛南族总人口的55%、81%，其中又以下南、上南、木论、川山、水源等乡镇最为集中，下南乡的毛南族人口占全乡总人口的98%以上，是名副其实的"毛南山乡"。

1.3 历史沿革

据史籍记载，环江毛南族自治县在春秋战国时期属楚国。秦代属黔中郡。两汉至汉朝、三国时期属牂牁郡。隋朝属扬州始安郡。唐朝贞观十二年（638年）置环州，下辖思恩等八县，环江建置开始。宋朝熙宁八年（1075年）废环州，并入思恩县。元朝属广西行省庆远南丹溪峒军民安抚司思恩县。明朝、清朝时期属庆远府思恩县。民国时期，隶属柳江道思恩县和宜北县。中华人民共和国成立后，1951年8月，将思恩、宜北两县合并为环江县，属宜山专区。1965年，增设河池专区，环江县归河池地区管辖。1987年11月，成立环江毛南族自治县，隶属河池地区（现改河池市）。

二、毛南族民族传统文化及其变迁

2.1 历史渊源及族名族称

毛南族是环江的土著民族。"毛南"一词，在历代汉文史籍中，曾有"茅滩"、"茆滩"、"毛难"、"冒南"、"毛南"等同音异写形式。毛南族的最早记载见于南宋广南西路官员周去非的《岭外代答》："宜之西境有南丹、安化三州一镇，又有抚水、五峒、龙河、茆滩、荔波等蛮及陆家寨，其外有龙、罗、张五姓，谓之浅蛮。"《元史》中也有"茅滩"、"茆滩"的记载。明人顾明禹《读史方舆方与纪要》卷一零九《思恩县普义》中记载，明正德年间（1506～1521年），"南丹酋莫提侵思恩地，于茚滩筑二堡，于普义、六船、川山筑四堡"。清乾隆年间（1736～1795年）《庆远府志》卷一载："思恩县……西至茚滩甲接河池州界二百里。"清嘉庆年间（1796～1820年）《广西通志·列传》载："思恩五十二峒及仪凤、茅滩、上中下疃之间，其俗男衣短狭青衣，老者衣细葛。妇女则小长裙，绣刺花纹，其长曳地。"清同治年间（1862～1874年）刊行的《皇朝中外一统舆图》中标有"毛难村"。清光绪年间（1875～1908年）绘制的《广西舆地全图》和民国二十三年（1934年）绘制的《广西全省分县地图》中，均有"茅滩六圩"、"茅难山"、"茅难圩"的标识。民国二十四年（1935年）《思恩县志》和民国三十一年（1942年）《思恩年鉴》中，也都有"冒南"、"毛南"的记载。

以上各种称谓，或是山名，或是地名，或是特定人群的称谓，或是一定的行政区划，都是泛指现今毛南族居住的山区。中华人民共和国成立前，周围的汉族、壮族、瑶族、苗族等称毛南族为"毛难佬"、"毛难仔"、"毛难族"，毛南族则自称"阿南"、"唉南"，"阿"、"唉"意为人，自称直译过来就是"毛南人"，意即居住在毛南地方的人，毛南族也因此以其居住地为其族名。中华人民共和国成立后，经过社会历史调查和民族识别，中央人民政府中央民族事务委员会于1956年2月确认其为单一民族，以地名族，定名为"毛难族"。后来，由于"难"字容易让人产生歧义，在尊重本民族意愿的基础上，国务院于1986年6月批准同意将"毛难族"改为"毛南族"。

2.2 传统文化及其变迁

根据调查，现存于民间的毛南族传统文化，计有民间文学、传统傩戏傩舞、民间音乐、山歌、民间工艺、民俗风情、古籍、文物、语言、服饰等10大种类。毛南族在其长期的历史发展过程中创造了富有民族特色的本民族优秀的、独特的传统文化。但是，文化不是定型的，也不是一成不变的。特别是毛南族这样大分散小聚居的人口较少民族，长期处于强势的汉文化、壮文化的包围之中，又与周边各民族保持密切联系，这种社会生存环境使毛南族文化表现出兼容性和易变性等特点。随着社会和时势的改变，毛南族的传统文化同样经历了一系列的变迁过程。

2.2.1 语言文字

毛南族有本民族语言而没有文字。毛南语属汉藏语系壮侗语族侗水语支。据专家考证，毛南语约在12世纪从侗水语支分离出来成为一种独立的语种。因毛南族居住较集中，毛南语内部基本一致，没有方言土语差别。同时，在音节结构方面，又保留一定的特征。其语言结构比较复杂，声母66个，韵母86个，其中元音16个，8个调类，包括6个舒声调和2个促声调，跟汉语的平、上、去、入相当。从词汇和语法上看，毛南语受桂北壮话影响较深，同时与侗语、水语、仫佬语有许多共同之处。由于长期与壮、汉民族交往和共处，大部分毛南族都能操壮语和汉语。其民间还有一种借用汉语创造的"土俗字"，它以汉文方块字为基础，或取其音，或取其义，或音义结合，主要用来记录民歌、史诗以及民间宗教典籍。现在，在一些法事道场上，师公所念诵的部分经书就是沿用"土俗字"来书写的。历史上，毛南族地区"文风颇盛"，从清朝至中华人民共和国成立前，各种"私塾"、"蒙馆"遍布毛南山乡，学习汉文蔚然成风。中华人民共和国成立后，随着各种学校的建立，毛南族的民族教育状况得到了长足的发展，整体的文化教育素质比较高。如下南乡南昌屯，自20世纪50年代以来，不到100户的村子就先后出了21名大中专生，下南乡下社屯有40户人家，目前大中专生就有12人。由于没有自己本民族的文字，在学校教育上，小学1~2年级都采取毛南语和汉语双语相互结合的方式进行教学，三年级以后课堂上就全部用汉语教学。同时，由于历史上和壮族、汉族交往频繁，毛南族人除了本民族语言外，一般都兼通汉语、壮语。

2.2.2 文学艺术

文学 毛南族文学作品主要以民间口头文学为主。作品多数以祖先来源、征服自然、反抗强暴、助人为乐等为题材，如《格射太阳》、《三九赶山》、《三界公养菜牛》、《三娘与土地》等。多为口头传承的形式，主要流行于民间。自治县成立后，特别是1985年至2002年间，先后翻译整理出版了《毛南族民间故事集》、《毛南族民歌选》、《毛南族风俗志》、《毛南族风情录》、《毛南族研究文集》、《毛南族文学史》、《毛南族神话研究》、《毛南族民歌》（古籍版）等重点文化艺术丛书。其中，《毛南族文学史》获广西社会科学优秀成果二等奖，《毛南族民歌》（古籍版）获广西壮族自治区文化成果最高奖——广西铜鼓奖。

民歌 在毛南族历史文学中占有重要的地位，也是毛南族传统的全民性文化娱乐活动。根据曲调、内容、对象、场合不同，毛南族民歌体裁可分为"比"、"欢"、"排见"三种。"比"又称"罗嗨歌"，以生动贴切的比喻、锋利幽默的语言、高亢婉转的曲调，抒发人们心中的爱恨之情；"欢"是一种颂体民歌，主要在重要节日、祝寿、结婚、乔迁新居时唱，内容多为赞颂之词，表示对主人的祝贺；"排见"是一种叙事民歌，主要内容是唱述历史故事和崇拜的人。有独唱、对唱、伴唱、双声部唱，曲调多达数十种。既用毛南话唱，也用壮话唱。多数由世代相传的歌师传唱，集日、节庆或宴会上随时可见。20世纪90年代以后，由于时代的变迁，唱民歌只是作为上了岁数的中老年人的喜好，年轻一代鲜有听唱民歌的习惯。特别是进入21世纪以后，随着多媒体逐渐走进普通老百姓的日常生活，毛南族已经由过去集中集会听唱民歌转向购买磁带、光盘刻录光碟自己回家欣赏，年轻人则更多选择流行歌曲，因此歌师越来越少。而歌师、歌圩、赶歌会等传统载体也逐渐从人们的日常生活中消失。

舞蹈 毛南族的民族舞蹈被认为集中表现在"木面舞"上。"木面舞"又称"傩戏"，毛南语叫"条套"，即"跳神、跳道场"之意，由师公在进行宗教活动时表演。如在"分龙节"的祭庙，或者举行向神灵祈求人畜兴旺的"还愿"活动时，必由师公佩戴傩木面具，扮成各种神灵形象进行舞蹈。舞蹈以歌、舞、戏等形式贯穿，演绎众神故事，诠释毛南族的历史渊源，或表达虔诚敬神、得子谢恩、祈福延嗣等宗教内涵。可以由单人独舞，也可以是双人舞、三人舞和四人舞等。舞蹈风格古朴简约、媚柔流畅，颇具晚唐和两宋早期歌舞、戏剧的意韵，是研究中原文化和毛南族土著文化交融演变的活化石。中华人民共和国成立后，在广大的专业和业余文艺工作者的推动下，在继承传统"木面舞"的基础上，取其精华，去其糟粕，先后创编了取材于"还愿"傩舞的毛南族木面舞系列，于1994年和2000年两次应邀东渡日本演出，随后又应邀到韩国、我国台湾演出，获得了巨大的成功，得到了文艺界的高度评价。

2.2.3 居住习俗

毛南族村寨多依山而建，民居为"干栏"式建筑，分上下两层，上层住人，下层圈养牲畜，堆放柴草和农具。与壮族"干栏"式不同的是，壮族"干栏"多为土墙，毛南族"干栏"则先用料石砌起数尺高的石墙，石墙上再舂泥墙或砌砖墙，成为下石上土（或砖）、石土各半的住宅结构。而且柱脚、阶梯、门栏、晒场等，亦多用石料砌成，甚至村间巷道也用大块石板铺成。房屋建筑有全木结构干栏，木、土（夯土）及石材混合结构干栏，砖、石、木混合结构干栏等。富裕人家一般都挑顶塑檐、雕梁画栋、镂窗漆门、气派非凡。中华人民共和国成立后，房屋形式发生了变化，一些新建的房屋不再是"干栏"式，而是硬山搁檩式，即房屋虽建两层，但是下层已经住人，上层作为阁楼，用作粮仓和堆放杂物，多数内部还保留着木结构。近10年来，随着经济的发展和人们生活条件的改善，毛南族村寨的民居大多已经新修重建，不仅原有格局大为改变，而且多数已经抛弃了传统的"干栏"式建筑，模仿城镇民居样式建起了现代化的2—5层水泥钢筋结构的方盒式楼房。不过，多数还是沿袭传统房屋的风格，下面一层依旧用来圈养牲畜，二层以上住人。

2.2.4 服饰文化

毛南族的服饰经历了样式由繁到简、功能由朴拙笨重到轻便实用、面料由自制土布到机织布的演变过程。清朝时期，根据史籍史料记载，毛南族男子一般穿右衽大襟（俗称"枇杷衫"），不镶花边，安五个布扣（或铜扣），又称"五扣衣",下穿宽筒长裤,除了戴蓝色或青色的布帽和系蓝色或黑色的腰带之外,不再佩戴其他装饰品。女子喜穿镶有三道黑色花边的右开襟上衣,裤子裤脚绣有花边。老年妇女大襟齐膝,姑娘则较短,宽窄适中,喜系镶有花边、绣有各种花鸟图案的围裙。民国后期至中华人民共和国成立初期,受周围壮、汉民族的影响,男子喜穿"唐装",直领,中间开扣,右边钉上一排用细布条绞成一头细、一头凸起的粒子,左边则依次对应钉上也是用细布条制成的布扣,穿时依次对应扣上。中华人民共和国成立以后多穿军装、中山装。妇女大体上沿袭以前的装束。20世纪80年代以前,毛南族多自己种植棉花纺纱成布,然后用当地蓝靛草的汁液印染成各种布料,以青色、蓝色、黑色为主,尤忌白色,认为白色不吉利。80年代以后,自制土布逐渐退出人们的日常生活,衣服面料都到集市上购买,或购成衣,或买衣料后自裁成衣。进入90年代以来,除了个别老人之外,已经不再穿旧式的土布衣服,在服饰上,已经完全汉化,各种纤维衣料、夹克衫、西服、连衣裙已经成为毛南族日常生活穿戴的主要服饰。

2.2.5 饮食习俗

毛南族饮食简朴,但也有其独特的嗜好,喜酸辣,比较有特点的是"毛南三酸"。

酸肉将新鲜的猪肉洗干净,用火烧至出油,切成任意大小的肉块,放入少量食盐拌匀;然后用蒸煮糯米,乘蒸熟的糯米还未凉,和肉块一起拌匀,糯米越热制成的酸肉越酸。然后将两者放入坛子里面,再密封坛口,一般密封十天后即可食用。过去从坛子里拿出来就可以食用,现在一般是拿去蒸煮再食用,其味酸甜可口,有清脾健胃、增强食欲的作用。20世纪80年代以前,制作酸肉是因为当时储藏条件不完善,不但自家食用,而且也可以拿到集市上去卖。进入90年代以后,随着冰柜、冰箱等走进百姓家,同时由于生活条件改善,市场上新鲜猪肉供应充足,随时都可以买到,因此制作酸肉的越来越少。即使制作,也只是作为一种调节口味的食品来食用。

酸菜一般选用盖菜制作。先将菜清洗干净,晾晒至半干,留整株或切碎。然后把米煮熟后滤水,乘米汤还热时倒进容器,与青菜一起拌匀,再加入食盐、辣椒等,放入坛子里密封六七天后即可食用。一般是10斤青菜用1斤米左右。酸菜可以直接吃,也可以炒着吃,味道酸甜可口,有助于消化,增强食欲。现在,制作酸菜的依然比较普遍,多数只是自家食用。

螺蛳酸是将螺蛳洗干净,用植物油炒熟,晾晒后放入盛半坛淘米水的坛子里。然后将猪脚或猪腿骨洗净,用火将表皮烧焦烧熟,整块放入坛中密封。20天左右就可将坛内汁液倒出食用,可以直接喝,也可以煮来喝,在汤水中放入鸡蛋、韭菜等一起煮来喝,效果更佳。汁液食用完坛里水干后可再续添淘米水,同时也可以放入一些洗干净的鸡蛋壳，日子久了，坛子里的骨头会变软，鸡蛋壳也会融化。品尝螺蛳酸的感觉有点类似品尝"臭豆腐"，初次喝的人会感到不习惯，甚至咽不下，但习惯了就会觉得酸甜爽口，沁人心脾，有助于消化。目前，制作螺蛳酸的家庭已经不多，这一方面是因为随着生活水平的提高，青少年一代已变得更适应现代口味，对传统食物日渐挑剔；另一方面，由于气候的变化和污染等原因，当地的河中、田里的螺蛳日见稀少，难以找到制作螺蛳酸的主要原料——螺蛳。

2.2.6 传统手工技艺

花竹帽 毛南语叫"顶卡花"，意即帽底编花，是毛南族特有的一种手工艺品，作为妇女的一种雨具和珍贵的装饰品。呈钝圆锥形，用毛南山乡盛产的金竹和墨竹削成篾子编织而成。分为表里两层：里层的篾子较粗，由12片主篾组成，每片主篾分成30片分篾，共360片，加上20片横栅交叉编织；外层篾子较细，由15片约半厘米宽的主篾组成，每层主篾分48片分篾，共720片，加上60片横栅交叉编织。表层编织细密程度达到密不透光、不渗雨，其边沿用金墨细篾交织成壮锦似的多层花边，整个帽面上平整光滑。里层外沿用金墨细篾交织成一道三至五寸宽的花带，花带中是均匀整齐的菱形图案，图案中交织出梅花点等，构图精美，技艺精致，可与艳丽的壮锦相媲美。帽下正中配有金色细篾织成的高约四寸的弹性垫圈，戴时通风爽快，轻盈舒适。旧时毛南族民间花竹帽编织者众多，中华人民共和国成立以后至"文革"前，下南乡还有10余名老篾师以毛竹帽编织手艺享誉乡里。改革开放以后，特别是进入90年代以后，随着自动伞等城市流行的雨具流向乡村逐渐走入人们的日常生活，花竹帽失去了其原有的实用价值，逐渐淡出人们的视野。目前，当地女性已极少以花竹帽作为雨具佩戴，花竹帽成为一种民间的手工艺品和馆藏品。同时，会编织花竹帽的工匠也日益稀少。据调查，目前全县只有下南乡古周村74岁的老人谭顺美一人掌握传统的花竹帽编织技艺。

木面 主要体现在进行傩戏表演时诸神面具的雕刻艺术上。傩面具是傩事神灵的具体象征，素有32神、72像之说，由民间傩师根据各神的身份、地位、功德、神威加以性格化雕刻而成，或典型塑造，或变形夸张，突出其善、恶、美、丑等性格。传世最全的为36神木面，有三娘、土地、万岁娘娘、花林仙官、三元、三界、社王、蒙官、雷王、瑶王等，每一个神的面具均用坚硬的整块木头雕刻而成，或笑容可掬，或面目狰狞，或平静安详，或獠牙阔齿，或温文尔雅，或端庄祥和，神态逼真，面貌栩栩如生，极具想象力，个性极其传神。如"雷王"木面具，红面横肉，阔嘴獠牙，眼珠瞪突，浓眉倒竖，使人一看便知道它是作恶多端、催人索命的恶神，雕刻的刀法粗犷；"圣母娘娘"却是樱嘴柳眉，满面含笑的善神，雕刻的刀法细腻。由于木面是根据傩戏要跳的傩神戏而雕刻的，进入20世纪90年代后，能全套演绎36傩神的师公越来越少，目前整个下南乡乃至全县仅有1—2人，多数只能演绎十几、二十套舞蹈动作，这样，木面的雕刻工艺也随着跳傩神的师公的凋零缺乏而呈现出一种逐渐萎缩的状态。

石雕 是毛南族另一个最具民族特色的手工艺。毛南族身处大石山区，世世代代与石头结下了不解之缘。房屋的石基、门框、门阶、晾台乃至村前的石阶、河上的石桥，大都是用经过精心加工过的石料制成。屋顶雕龙画凤，窗棂刻着各种花纹图案，石阶配以各式几何图形，石桌、石凳、石缸雕上各种花鸟虫鱼的浮雕，造型多样，技艺高超。墓碑雕是毛南族石雕艺术的集大成者。位于下南乡堂八村的凤腾山古墓群，是毛南族石刻艺术之宫。根据墓碑碑文所载，多数建于清朝乾隆、嘉庆、道光、咸丰年间。墓群方圆百余亩，大小古墓七百多座，规模宏大。现在清晰可辨，保持得比较完整的墓有数十座。墓群用料讲究，墓室或圆或方，饰有龙柱、钟鼓、人物、飞凤、游鱼、走兽、鸣鸟、花卉、楼阁、葫芦、阴阳八卦等浮雕图案。雕刻工艺精细，庄重古朴，融合了圆雕、浮雕、镂雕、阴刻等多种技艺，精巧完美，颇具民族特色。同时雕上各种诗联，墓碑上的字或行草、或正楷、或篆体、或魏碑，书法刚劲有力，令人叹为观止。古墓群所蕴涵的文化价值得到了上级相关部门的重视，1996年3月，环江毛南族自治县将凤腾山古墓群列为县级重点文物保护单位；2000年7月，广西壮族自治区政府将其列为自治区级重点文物保护单位。应该说，上级政府的重视，使得凤腾山古墓群得以较好地保持下来。但是，目前毛南族的石雕技艺却呈现出一种衰败的景象，一是因为随着生活水平的提高，传统房屋逐渐淡出人们的日常生活，取而代之的是现代化的水泥钢筋结构楼房，这样，使得石雕艺术在一定的程度上失去了自身的载体；二是随着时代的发展，毛南族人民对于为死者树碑立传的观念已经远没有古时强烈隆重，丧葬形式的简化，也使得碑刻艺术失去了一定的生存环境。

2.2.7 节俗文化

毛南族的传统节日，除春节、清明节、端午节、中元节、中秋节和周围的壮、汉民族相同外，还有两个本民族自己的节日，即赶"祖先圩"和"分龙节"。

赶"祖先圩" 即先世先祖赶的集市。毛南族认为，祖先活着的时候赶圩——"阳圩"，死后也要赶圩——"阴圩"。"祖先圩"又称"墓陵圩"，旧时位于下南和波川两村交界处一处叫"卡林"的山坡上，从山脚到山腰，大小坟墓星罗棋布。20世纪40年代以前，每逢清明节这一天，下南、波川一带的村民便乘天还没有亮，早早起床，点着火把、油灯等赶到"卡林"赶圩，买卖清明节供奉祖先的祭品。卖主在其货摊前放一铜盆清水，在交易前，要求买方把铜钱放进清水中，如果铜钱浮在水面上，便认为是阴间的钱币，说明祖先的魂魄已经来赶圩了，便不能交易。赶"祖先圩"都要在天亮以前散集。20世纪50年代以后，赶"祖先圩"逐渐停止。

分龙节 又称"庙节"，在每年夏至后的第一个"辰"日举行，分"庙祭"和"家祭"两个阶段，共三天。毛南族认为，天上玉帝和神龙掌管着降水，每年降水不均和玉帝、神龙分配降水的水龙不均有关，每年夏至后的第一个辰日（属龙）是水龙分开之日，在这一天举行祭祀活动，祈求玉帝合理分配好龙头，布雨适当，使当年能够风调雨顺，五谷丰登。"庙祭"在"辰"的前两天举行，以自然屯为单位，在"三界"庙前祭祀。在"三界"庙前举行，同时也是为了祭奠三界公。传说三界公是毛南山乡饲养菜牛和耕牛的创始人，为纪念他的功劳，"庙祭"时要请来师公作法事，念经跳舞，举行隆重的"椎牛"仪式，杀一头牛，以牛的鲜血和五脏六腑来祭奠三界公。"家祭"正对着"辰"日，是各家各户自行的祭祀活动，主要是祭祀祖先。这一天，各家各户蒸五色糯米饭和粉蒸肉，杀鸡杀鸭，用五色糯米饭扎成"丰收树"，并从田里取回一蔸青禾苗和"丰收树"一起摆在供桌上，祭奠祖先，并邀请亲朋好友一起聚餐。酒足饭饱后，青壮年便相邀到村前的空地或草坪山，开展"同填"、"同顶"等各种民间体育活动，同时一些青年和姑娘穿上节日的盛装，相约到村口或山上进行对歌活动，热闹非凡。20世纪50年代以后，"庙祭"基本上停止，"家祭"仍然沿袭至今，但祭祀的氛围已经淡薄，主要以聚餐和娱乐为主。1985年6月23日，在广西南宁市工作和学习的毛南族子女，聚集在广西民族学院（现为广西民族大学）举行"分龙节"的庆祝活动。1986年6月29日，环江县人民政府出面组织，第一次在县城举行了有一万多人参加的"分龙节"庆祝活动。从此，"分龙节"庆祝活动由过去的民间行为逐渐演变成了政府确认的毛南族具有政府出面组织参与的正式节庆。1991年6月26日和2004年的6月29日，下南乡政府又在下南六圩街举行了上万人参加的"分龙节"庆祝活动，邀请兄弟民族同胞参加，使"分龙节"由单纯的毛南族民族的节日变成了各族同胞团结欢聚的盛会。但活动内容多数还是以民间体育活动、文艺会演、山歌对唱等为主，少有买卖、贸易、经商洽谈等经济活动的参与。

2.2.8 宗教信仰

毛南族没有统一的宗教信仰，一直以来都以本民族的巫教为基础，兼容由汉族地区传来的道教和佛教的内容，形成巫、道、佛三教合一、多神信仰的格局。主要有祖先崇拜、自然崇拜、英雄崇拜。祖先崇拜一是以毛南族的祖先崇拜为主，如谭姓宗族以其鼻祖谭三孝、谭三贵为崇拜对象，二是以家族历代祖先各个房族和家庭逝世的历代先人为崇拜对象，每餐必祭；自然崇拜有山神崇拜、水神崇拜、树神崇拜、土地神崇拜、天神崇拜、谷神崇拜、三界公崇拜、花婆圣母崇拜等；英雄崇拜主要是以李广将军崇拜为主，把李广将军当作村寨的保护神。

毛南族的神职人员主要是师公和道公，为"兼职"的民间半宗教职业者，平时参加劳动，和普通人一样只有被人请去做法事时才专心去做法事，可以娶妻生子。没有固定的组织和活动场所，但有相对稳定的师公班子，每班5—7人不等，由其中的师公领头，有法事做时，由师公头召集大家一同前往。其法器主要有鼓、锣、钹、铃、木鱼、长矛、道服、法印、挂像等。

20世纪40年代，附近的河池县（现为河池市金城江区）的基督教曾派传教士到毛南山乡开展传教活动，在当时的下南六圩、堂八、仪凤、景阳等设立传教所。此后，也曾有美国籍的两位牧师到下南进行传教活动。但是由于毛南族自古以来信奉祖先、道教和多神，对基督教所宣扬的"上帝创造一切"的观点难以接受，因此基督教在毛南山区传教多年，毛南族信教徒却寥寥无几。20世纪70年代以后，随着毛南族社会经济和文化的发展，科学知识的普及和无神论的宣传，毛南族对传统宗教的信仰主要集中在中老年人群，青年一带的宗教信仰日趋淡薄。

与周围其他民族相比，毛南族在长期对传统宗教的信仰中，形成了一系列独特的宗教文化，其中，最富有特色的就是傩文化系列，主要表现为傩歌、傩舞、傩戏、傩乐、傩故事、傩面具雕刻等六大类。毛南族民间傩文化大约起源于唐宋时期，在长期的历史传承中融合了毛南族的口头文学、山歌、舞蹈、音乐、打击乐、戏剧等，融入毛南族的宗教信仰中，既是毛南族文化发展的历史见证，也是毛南族传统文化的珍贵遗产。目前，环江毛南族自治县相关部门通过了一系列傩文化的保护措施和方案，傩文化研究逐渐形成了规模。

三、民族文化发展现状及保护成果

3.1 主要文化遗迹

在毛南族聚居地区，分布着一些富有历史故事的文化遗迹。包括古墓地、古建筑等。

3.1.1 凤腾山古墓群

位于下南乡堂八村凤腾山东南面斜坡上，是毛南族谭姓祖先的"陵园"，其中谭姓祖先之一谭三孝的墓就座落在半山腰上。有大小古墓七百多座，多数建于清朝乾隆、嘉庆、道光、咸丰年间，其中以谭孝强、谭国璋、谭上达的茔墓体积最大、工艺最精。多数古墓装饰极为豪华气派，或雕花、鸟、虫、鱼，或刻龙、凤、虎、狮，或塑城、池、楼、台，显得栩栩如生，庄严宏伟。如建于清朝咸丰年间的谭上达墓，高 4 米左右，分 3 层。第一层为城池状，前面是一对圆形石柱雕凿着的重檐阁面，有城门，有画廊，有雕柱，有窗棂，有盆景图案。中间刻着主人的生平事迹和子孙世系；第二层中间刻着姜太公雨中柳下垂钓，左边为武士林中挥鞭练武，右边是儒生书室挥毫疾书。其上又是重檐阁面，较第一层稍小；第三层是一块巨石雕成的系着飘带的宝葫芦，两尾尾翼凌空的大鲤鱼各居左右，下面装饰有云水翻腾的图案，显得气势磅礴，蔚为壮观。整座墓碑图文并茂，结构严谨，令人叹为观止。古墓群不但是毛南族瞻仰先祖、追根寻宗的地方，而且也是最能体现毛南族精湛碑刻技艺的地方，是毛南族碑刻艺术的宝库。但是，由于保护机制不完善，历史上古墓群遭盗墓和人为损坏比较严重，多数豪华气派的墓室茔都遭到过盗墓。1996 年 3 月，环江毛南族自治县将凤腾山古墓群列为县级重点文物保护单位。1996 年初，在毛南族各界人士的大力提倡下，筹集 2 万多元维修了谭三孝墓，于 1997 年 10 月竣工。与此同时，县文化局还计划投资 3 万元在古墓群入口处修建一八角亭台，在墓群周围修筑围墙，但资金迄今没有落实到位，计划无法实施。2000 年 7 月，广西壮族自治区政府将其列为自治区级重点文物保护单位。至此，古墓群在一定程度上得到了保存和保护。

3.1.2 南昌屯古建筑

位于下南乡中南村南部约 2 公里处。南昌屯现存的古建筑，主要是指历史上遗留下来的达官贵人的房屋。房屋多用数百上千斤巨大的山石砌起作为基墙，这些山石一般一块有几百斤、甚至上千斤，所用的石料不仅都经过精心挑选，而且朝外一面还都有石匠们精雕细刻的各种图案。石面平整，纹路清晰。房子一般都是"干栏"式建筑，多数呈四合院形式，前有房屋，后置宅院，两侧立厢房，中间设天井，配以精致的石雕和木刻，极为壮观。屋盖青瓦，上雕各种镇宅灵兽或吉祥物，如龙、凤、麒麟、如意等。窗棂镂花，雕上鸟、虫、鱼以及各种盆景等，装饰豪华气派。房屋的正大门、屋梁房柱、卧室隔层等，均为硬木制成，做工精细。卧室、客厅、厨房等布局错落有致，在设计上颇具匠心。大门口配以长条石阶，两侧刻有铁拐、箭筒、宝剑、玉箫、银洋板、玉如意、宝扇、花篮等八仙的法器，显得气度不凡，宏伟壮丽。但是，由于年久失修，加上随着生活水平的提高，村民修建和乔迁水泥钢筋楼房日益增多，古房屋损坏和消失也日趋严重。自治县相关部门有意将南昌屯建成民俗保护村，以此来最大限度地保护古建筑。2003 年 3 月，下南乡主管民族工作的谭福建副乡长曾经到南昌屯进行实地调查，收集各种有关南昌屯的资料，并进行了测量和规划，制定了将南昌屯建成民俗保护村保护的计划和工艺文物陈列计划。乡党委韦香棉也有通过收集毛南族民间传统工艺品和古文物建立文物陈列室的措施和计划。但是，以上各种规划和措施由于资金缺乏，直到目前都没有能够付诸实施。

3.1.3 北宋屯石牌坊

位于明伦镇北宋村北宋屯。清朝时期，环江籍北宋村团练首领卢含瑄一家九人于同治四年（1866年）在御寇保家战斗中战死，后来其胞弟卢式慎出任云南番库太使，以此事上奏朝廷光绪帝。光绪帝于光绪十五年（1889）追谥恩准赐建以纪"忠烈"。卢式慎于光绪二十年（1894年）雇请当地名工巧匠莫有文等修建"忠烈"牌坊，以纪念悲壮战死的九位亲属。牌坊为三连门两座，全石制结构，前后两坊间距15米，高6.5米，宽7.3米。前面一座为"忠孝之坊"，赐题"一门贞烈"，以昭彰战死的卢氏本家五妇烈女。门柱上镌刻着抚滇使谭钧培及云南按察使岑毓宝的敬题，上联："义烈出深闺古井寒波昭近节，思荣崇绰楔名山贞石纪芳徽"，下联和"巽命赐荣封优诏即今褒苦节，坤维留正气贞珉终古挹清芳"。后一座为"懿德留光"之坊，赐题"一门九烈"，为全家九位亲属而立，门柱上镌刻对联"百战卫乡邦在昔风雷沈毅魄，九重褒节久自今泉壤发幽光"、"湛露沐宸光九陛纶音旌邑里，疾风标劲草千秋义愤壮山河"的对联。斗拱上还铭刻有光绪皇帝的批文和各级大小官员歌功颂德赞美节烈的文章及诗词。牌坊的北侧耸立着四块大理石石板，分别用汉、满两种文字铭刻"一门九烈"的身世和光绪帝的诰命。1994年，广西壮族自治区政府将此牌坊列为自治区级文物保护单位。

3.1.4 东兴中州碑

又称"粮规碑记"，位于东兴镇东兴村久怀屯南部，为明朝万历四十年（1612）思恩县知县萧鸣盛所立，距今398年。碑高2.22米，宽1.47米。碑文正面记载了当时中州境内（现东兴镇）发生的重大历史事件。背面记载上、中、下里及五十二峒世代粮规，详细地记载各家各户纳粮纳款的数目，至今字迹清晰，保存完好，是研究环江明代赋税制度和民族关系的珍贵历史资料。

3.1.5 社村魁星楼

又称社村宝塔，位于川山镇社村境内，建于清道光二十一年（1841），距今有169年的历史。塔呈六角形，高25米，原为七层，空心，有楼梯可通塔顶，现楼梯已经损坏。塔基由大青石垫基，塔身用火砖砌成，底层内径2米，越上内径越小，楼的正面书写着"魁星楼"三个大字。1986年，环江毛南族自治县人民政府将其列为重点文物保护单位。

3.1.6 波川谭家世谱碑

位于下南乡波川小学内，为毛南族谭氏后人谭灿元于清乾隆五十三年（1788）所立。整座碑用一块大青石制成，碑高16米，宽11米，碑文记载谭姓毛南人祖先谭三孝的生平以及家族的发展和分支，字迹清晰。1978年环江毛南族自治县人民政府将其列为重点文物保护单位。

3.2 民间典籍、文学作品的收集、整理及出版状况

毛南族民间口头文学的系统整理始于中华人民共和国成立后。1961、1962年,县文化部门两度组织毛南族民间文学调查组深入毛南族聚集的地区,收集和记录毛南族民间故事、传说、谚语等,并汇编成集。1980至1984年间,广西壮族自治区、河池地区(现为河池市)、环江县联合成立毛南族民间文学编委会,组织人员深入到上、中、下南调查采访,先后翻译、整理、编辑出《毛南族民间故事集》、《毛南族民歌选》等。自十三届四中全会以来,特别是在毛南族自治县成立以后,县委、县人民政府在国家和自治区文化主管部门的大力支持下,多次组织、运筹毛南族文化的挖掘、整理和保护工作,取得了比较显著的成果并有作品多次获奖。如袁凤辰、过伟等人编辑的《毛南族民歌》获1976年12月至1988年6月广西首届民间文艺优秀成果奖;由蒋志雨收集、韦志华翻译、过伟等五人整理的《枫蛾歌》获1979—1982年全国优秀民间文学作品奖,并获1988年自治区首届"振兴广西文艺创作铜鼓奖"荣誉奖;袁凤辰的《毛南族人民唱新歌》获自治区诗歌佳作奖;蒙国荣翻译、整理的《选女婿》获自治区优秀民间文学作品奖,等等。

3.3 民间文艺创作成果

中华人民共和国成立以来,在党和政府的支持下,毛南族民间文化艺术无论是在收集整理上,还是在创作上,都取得了一系列的成果,如根据毛南族傩文化艺术素材和民间歌谣、民间传说整理和改编的一系列舞台艺术作品先后问世。较有代表性的有毛南族舞蹈《木面舞》、《喜相逢》、《师公舞》、《同填乐》、《芭音魂》、《恩公架桥》、《花竹帽舞》、《瑶王检金花》、《三娘与土地》等,其中《木面舞》系列节目曾10多次参加地市级文艺会演并多次获奖,6次参加省区级文艺会演,6次参加国家级文艺会演或电视台播演;民歌有《哥妹百年不分离》、《不怕大老虎》、《毛南美酒香悠悠》、《戴花竹帽的地方》、《欢乐的朗列》、《啰嗨咳歌》等;戏剧有《三娘与土地》、《顶卡花》等,其中《山风轻轻吹》于1997年荣获广西第四届戏剧展演比赛最高奖——铜鼓奖,并被推荐代表广西作品进京参加全国戏剧大奖——文华奖的小品专场角逐。这些作品参与国内外一系列的文艺会演,赢得了较高的声誉。

3.4 傩文化发展现状

毛南族傩文化是由流传于民间的傩俗活动结合原始宗教仪式发展而成的一种古礼。据史料分析,汉族正傩约在唐宋以后流传入毛南族地区,屡经取舍演变,

融合了毛南族的神话、山歌、舞蹈、戏剧、音乐、宗教等，经历几百年的风俗传统，形成了毛南族独特的宗教祭祀仪式，进而沉淀为毛南族现今的傩文化艺术。根据已故民间著名傩师谭耀乐生前认定，他们这一代已经是师公谱系中的第14—16代，若一代以25年计，则毛南族傩文化已经有350—400年的历史。其主要内容和主要表现形式有：

傩歌类 在进行法事时吟唱的腔调，可分为四种：一是喃神咒祭师公与神灵对话的腔调，有一定的音高和音律，节奏多为一字一顿，句末字拉长；二是念经咒神腔，一人独念或多人齐念，配合一定的乐器和板木敲击，动作规范，节奏流畅；三是吟唱曲，法事重要环节的歌唱腔调，基本调式以羽、宫为主，种类变换较多，速度缓慢，是一种富有独特歌唱性、抒情性的独唱或齐唱曲；四是歌舞曲，在歌舞性法事仪式中连舞带唱，速度较快，节奏鲜明活泼。

傩舞类 在还愿仪式中有十多场傩舞（最为完善的是36场傩舞，但现在多数傩师只能跳十多场），如瑶王拣花踏桥、鲁仙架桥、穿针舞、花林仙官送银花、万岁娘娘送金花、雷王坐殿、家仙贺筵等，动作粗犷古朴，贴近生活，舞蹈语言简洁明快，通俗易懂，具有较高的艺术观赏价值。

傩戏类 主要有"土地配三娘"、"鲁仙架桥"、"家仙贺筵"等，其中穿插着风格独特的傩歌傩舞傩调来辅助表演。以"柳郎咧"调最为著名——即"土地配三娘"中的插曲。讲述的是三娘从一个天真无邪的小女孩成长为一个情窦初开的少女的过程，戏情虽然简单，角色也仅一旦、一净、一丑，但动作夸张，风格诙谐，有时还可以直接与群众对白，即兴性强，深受人们喜爱。

傩乐类 分吹奏乐和打击乐。吹奏乐由唢呐、竖笛、横笛表演，基本调式以羽、宫为主，为傩师的歌唱做伴奏；打击乐由祥鼓、木鼓、大锣、莽锣、铜铙、碰铃表演，为傩师跳舞或傩戏过场伴奏，起烘托气氛、渲染情节的作用。

傩故事 即有关傩事神灵的各种口头传说。毛南族傩事信仰中有36位神祇，各神的出身、来历、功德或权位都有各自的诠释，由历代傩师根据傩戏演化，或口头讲述，或颂念喃说，是毛南族口头文学传说类民间文学的重要源流之一。

傩面具雕刻 是毛南族傩文化中最具特色的木刻脸谱艺术为进行傩事时师公所佩戴的面具。傩面具是傩事神灵的具体象征，有36神、72像之说，由民间傩师根据各神的身份、地位、功德神威加以性格化雕刻，或典型雕塑，或变形夸张，以突出其善、恶、美、丑等性格。传世最全的有36神木面具，是毛南族傩文化中最具特色的木刻脸谱艺术，具有很强的艺术感染力。

进入20世纪80年代以来，特别是毛南族自治县成立以后，县、乡政府和相关部门坚持"政府主导、社会参与、长远规划、分步实施"的保护原则，坚持

"保护为主、抢救第一、合理利用、继承发展"的指导方针，对傩文化采取各项保护措施。

一是开展毛南族传统文化资源调查研究。自2002年以来，县政府拨款2万元，多次聘请自治区文化专家和县内专业人士开展傩文化普查、调研工作和傩文化资料收集、整理和数据库的创建工作，通过研究分析，提出了毛南族民间传统文化遗产系统保护工程的项目建议，该项目计有傩文化艺术保护、花竹帽传统工艺保护、石雕碑刻保护和民间文学保护四个子项目内容。

同年，县政府拨款2万元，用于2003年、2004年、2005年的傩文化普查、调研工作和傩文化资料收集、整理和数据库的创建工作。

二是制订规划，加大投入。2004年6月，县委、县政府先后三次召开毛南族傩文化保护工作专题会议，并成立由县长牵头负责的傩文化保护领导小组和傩文化保护工作机构，落实了傩文化保护工作的法定责任人和工作责任制，并制定了《环江县毛南族傩文化保护工程工作规划》和《实施方案》。会议决定，从2004年起，每年拨款15—20万元，专门用于傩文化的保护工作。当年县政府拨款15万元，用于2005年—2006年傩文化生态保护工作以及傩文化的传承教习工作。

三是探索毛南族传统文化保护的有效途径。2004年7月，制定了《环江县毛南族傩文化保护工程工作规划》和《实施方案》。2004年8月—2005年6月，县政府组织了三次毛南族傩文化保护普查活动和专项调查工作，建立了初具规模的傩文化调查资料数据库。

2005年6月，县政府决定创建下南乡南昌屯毛南族傩文化生态保护区，积极探索以保护区的形式推动民族传统文化保护工程，7月，组织傩文化生态保护区的专项调查和调研工作，并决定今后每年拨款15—20万元，专门用于傩文化的保护工作。当年8月，县政府决定拨款15万元，支持傩文化保护工程的首期启动。

正是在政府相关部门的重视和引导下，傩文化得到了较好的保存和发展。广大的文化和艺术工作者在毛南族"还愿"仪式的民间傩舞的基础上，创作了毛南族"木面舞"系列，多次搬上了市、省区、国家级艺术舞台进行演绎和表演，并先后2次东渡日本、1次赴韩国、1次到中国台湾进行展演，引起了轰动，备受国际民族研究学术界的关注，文化影响巨大。特别是进入21世纪以来，北京、云南、广西、中国台湾、日本、美国、韩国、泰国等国内外学术团体和研究学者也因此纷至沓来，对傩文化进行考察和调研，傩文化研究掀起了空前的高潮，得到了较好的保护和传承。2002年，"木面舞"的发源地——下南乡也因此获得了广西壮族自治区文化厅颁发的"广西特色艺术之乡——木面舞之乡"的荣誉称号。2004年，文化部授予下南乡为"中国傩戏之乡"。2005年，"还愿"仪式获得首批国家非物质文化遗产保护项目。

3.5　花竹帽编织技艺的传承状况

花竹帽是毛南族民间传统编织工艺的典型代表，造型独特、亮丽、精巧，花纹工整，图案美观，其精美的工艺和严谨工序经过世代相传，迄今已有300多年的历史。花竹帽既是毛南族女青年传统的雨具和装饰品，也是男女谈情说爱时男子赠送给女方的定情信物，所以被毛南族女孩子视为爱情与幸福的象征，是毛南族特有的民族工艺品，也是毛南族馈赠嘉宾的珍贵礼物。随着民族文化交流的深入发展，花竹帽与傩舞、木面一样，饮誉全国，蜚声海外。中华人民共和国成立以后，曾多次参加广西壮族自治区、中南地区和全国少数民族工艺品展览，博得了观众的好评，迄今许多博物馆都将其作为馆藏物品。2005 年，广西壮族自治区人民政府将花竹帽列为非物质文化重点保护项目。正是因为花竹帽蕴含的巨大价值，环江毛南族自治县也加大了对花竹帽手工技艺的保护和传承工作。

其一，成立机构，加强指导。2002 年以来，县委、县政府每年均召开民族文化保护工作会及民族经济开发工作会，专题研究下南乡花竹帽工艺的保护工作。2004 年 6 月，成立花竹帽工艺保护领导小组，由县长覃克江亲自担任组长，设置花竹帽工艺保护工作机构，并制定了《环江县毛南族花竹帽保护工作规划》和《实施方案》。

其二，投入跟进，展开调查。2000 年—2003 年间，政府先后拨款 3 万元，组织花竹帽工艺的调查与资料收集整理工作。

其三，培训人才，传承技艺。2004 年 3 月至 2004 年 8 月，县民族局拨款 6 万元，和下南乡政府联合举办两期花竹帽编织工艺培训班，由下南乡古周村 74 岁的编织艺人谭训美老人传授编织技艺，学员为下南乡各村 18—35 岁的青壮年农民，共培养了 10 名学员。

2004 年 6 月，成立花竹帽工艺保护领导小组，由县长覃克江亲自担任组长，设置花竹帽工艺保护工作机构，落实了花竹帽工艺保护法定责任人和工作责任制。

2004 年 7 月，制定了《环江县毛南族花竹帽保护工作规划》和《实施方案》。

2004 年 8 月—2005 年 6 月，县政府组织了二次毛南族花竹帽普查活动和专项调查工作，建立了初具规模的花竹帽调查资料数据库。2005 年 1—3 月，县政府根据文化部门的建议拨款 3.3 万元，用于下南乡花竹帽工艺传承培训工作，分二期培训花竹帽工艺爱好者共 32 人次。

其四，设立基地，重点开发。2005 年 6 月，县政府决定在工艺传承较好的下南乡古周村创建下南乡古周村毛南族花竹帽工艺保护点，7 月，组织花竹帽工艺保护点的专项调研工作。并决定今后每年拨款 6—10 万元，专门用于花竹帽工艺的保护、传承和技艺培训工作。

在政府的大力提倡和扶持下,经过多次手工艺培训班的培训,目前,除了下南乡古周村 74 岁的谭训美能够编织花竹帽之外,其所带出来的徒弟多数也已经能够胜任花竹帽的编织工作,花竹帽的保护和传承正在朝良性的方向发展。

3.6 雕刻艺术发展现状

毛南族的雕刻艺术,主要集中在木雕和石雕上,木雕以木面的雕刻为主,石雕以墓碑的雕刻为主,蕴涵丰富的史学、文学、民俗学、美学等价值。

毛南族的石刻艺术历史悠久。中华人民共和国成立以前,毛南族中的地主豪绅和富裕富豪之家的住宅,其居住的房屋一般都雕梁画栋,门窗阶梯都经过精雕细琢,精美异常,这些都出自毛南族能工巧匠之手。由于其石雕以丰富的图案内容和精美的艺术技艺而出名,附近的壮族、汉族甚至港澳台同胞都曾来订制。中华人民共和国成立以后,随着旧房屋的拆除,石雕艺术大多只是作为碑刻和艺术品的形式而存在,用于生活用品的较少。目前,在下南乡还活跃着三四支石刻队伍,但多数只从事墓碑的雕刻,相对于过去图文并茂、精美细致的墓碑雕刻来说,现在的墓碑雕刻显得比较简单和粗糙而且工艺已不如过去精细。

木面多是用不易开裂、不易变形、最耐虫蛀的优质木块精雕细琢而成,工艺复杂,需要高超的技艺。20 世纪 80 年代以前,整个环江县的木面雕刻艺人相继谢世,木面雕刻技术面临着严重的人才断层。1984 年,下南乡堂八村的谭信慈开始研习傩戏木面雕刻这门几乎失传的手艺。凭着原有的木雕功底和悟性,经过数载的奋斗,终于能够将木面雕刻艺术这门手艺继承下来,因此也成为目前整个毛南族中为数不多的会雕刻木面的工匠艺人之一。现在,很多单位和个人纷纷慕名前来和谭信慈老人签下雕刻傩戏面具订单。环江毛南族自治县也把此项民族工艺列为民族文化的瑰宝,并作为旅游产品来开发。

为了有效保护毛南族传统手工艺的传承和发展,从 2002 年起,环江毛南族自治县政府将石雕碑刻的保护作为子项目列入毛南族民间传统文化遗产系统保护工程中。木面雕刻作为傩文化的保护系列,在政策、措施和资金方面也得到了县政府和相关部门的大力支持。目前,毛南族的雕刻艺术在很大程度上得到了有效的保护。

四、毛南族传统文化面临的危机

目前,环江毛南族自治县在民族传统文化的发展及其保护上可以概括为四句话：保护措施初显成效，整体起步可喜，队伍奋发有为，局部有所突破。但是，也面临着传统文化传承的危机和起步艰难的形势，概括地讲就是基础设施落后，主创力量薄弱，长期规划模糊，后继发展甚忧。县民族局局长谭枫就直接指出，当前，毛南族传统文化的发展现状就是："领导重视，呼声很高，投入很少，面临危机"。

4.1 民族语言日趋式微

2006年，县文化部门联合县民语委组成调查组到毛南族聚居的下南乡进行语言方面的调查，调查分别在10至20岁、20岁至40岁、40岁至60岁三个层次的当地毛南人中进行，从毛南族日常生产、生活和社会活动中抽取相关的100个常用词句，以问卷调查的形式了解他们的掌握情况，其抽样调查结果为：40岁以上会说的占93.8%，不会说的占6.2%；20至39岁会说的占76%，不会说的占24%，10岁至20岁会说的占62.8%，不会说的占37.2%。不难看出，由于这些年来突出强调汉语教学的不断深入和扩大，年青一代的母语能力正逐渐降低，毛南语在年青人中，掌握的程度逐渐减少，长此以往，作为民族文化主要载体的毛南语有可能陷入一种日趋萎缩乃至消失的状态。对此，2004年到毛南族地区进行语言调查的澳大利亚墨尔本大学陆天桥博士就曾一针见血地指出，目前毛南语消失现象极为严重，如果不加强保护的话，再过二三十年，就只能在史志典籍中去寻找。

4.2 典籍整理、文学艺术创作力量薄弱

自成立毛南族自治县以来，各级政府和相关部门在抢救民族文化遗产方面做了大量的工作，并取得了一定的成绩，尤其是在史志典籍的整理和民族文学创作方面，成绩斐然。但是，总体情况却不容乐观：史志典籍目前仅有《毛南族风俗志》、《毛南族文学史》等出版面世，而大部分毛南族史志典籍和民族研究等重大课题均未来得及开拓研究。而且，毛南族传统宗教典籍2000多册仍然散存在民间，未能征集整理付版。在20世纪80—90年代，毛南族史志典籍的整理、民族文学的创作处于比较活跃的状态，但是，进入21世纪以来，无论是在收集数量还是在出版数量上，都不尽如人意。值得关注的是，多年来，在毛南族民族文化的研究上，一直都是由县文化馆的毛南族干部蒙国荣在支撑局面，现在，随着蒙国荣年老退休，连独木难支的局面都维持不下了，民族文化研究人才出现了断层。在文学与艺术创作方面，多年来在创、编、导、演方面缺乏群体性合作，基本上也是由文化馆一名干部独力支撑。由于这位干部的工作变动，环江的文学创作立见空白。县民族艺术团因工作环境和福利待遇等原因，造成多数主创人员或

是改行，或是调动，人才流失严重。目前，在艺术团里，能够同时具有创、编、导、演等综合能力的只有三级演员韦江雍一人。在民间音乐的收集整理上，毛南族民间音乐共有30多种腔调曲子，原本已收集整理了10多种，但是由于人员病故，后继人员接不上，原来收集的音乐资料严重损毁，其工作几乎倒退到起步状态。从整体上看，民族文化艺术主创力量缺乏后劲，未能形成群体共进和团队协作的凝聚力，从而影响了毛南族文学艺术严肃题材的积极创作和民族精神风貌的深层次挖掘。

4.3 文化遗迹损坏严重

前述凤腾山古墓群、南昌屯古建筑、北宋石牌坊等名胜古迹，县文物馆都一一登记在册，并且先后被列为县级、自治区级重点文物保护单位。但是，由于保护机制不完善和缺乏专项保护资金等原因，各处文物遗址破坏较为严重。如凤腾山古墓群，环江毛南族自治县人民政府、广西壮族自治区人民政府分别于1996年和2000年将其列入县级重点文物保护单位和自治区级重点文物保护单位，但也只是象征性地立起一块碑，缺乏一整套的保护机制和专门的保护基金，起不了多大的保护作用。现在古墓的保护主要还是靠周围群众的自觉性。但是，到墓区任意放牛、毁坏墓碑、甚至盗墓的现象时有发生，几乎所有规模比较大、比较宏伟的陵墓都遭到了不同程度的盗挖，毁损损害严重。1996年—1997年，在南昌屯谭运海等人的发动下进行了重修谭三孝陵墓的活动，这件事得到了毛南族各界人士的热烈响应，事情进展得较为顺利，但是墓碑是重建了，整个古墓群周围却没有任何隔栏保护措施，古墓群依然是一个自由出入的场所，这对于今后古墓群的保护极为不利。再如南昌屯古建筑，其损坏的程度也相当惊人。南昌屯是整个环江县古建筑保存得相对完好的毛南族发祥地，但是，这也只能说相对完好。南昌屯现有86户人家，302人，新旧房屋共有59栋。在近十年中已有23户拆掉了原有特色的传统民居，新建了方盒式的水泥砖混结构建筑，而且80%的住户是在最近这几年内拆掉古房屋建筑的，拆掉的房子占全部房子的40%。截至2006年10月，在调查小组进行调查的过程中，只有3户房子为古房屋建筑的大致原貌。南昌屯古房屋建筑的损坏速度惊人，当前状况令人担忧。其中保存得最为完好的一户户主谭崇高对调查小组说，最迟到2008年，也要拆掉旧房建新房了。另外一户房屋虽然是中华人民共和国成立以后才盖的，但仍然保留有毛南族传统民居的样式，其户主谭中意也表示要在最近两三年内修建新房子。照这样下去，南昌屯作为毛南族传统民居村的称呼在今后几年内也将会是有名无实。

4.4 生活习俗日趋丧失本民族的特色

历史上，毛南族与其他周围民族生活习俗的主要区别是在语言、服饰、饮食、节日上，但是，随着社会的发展和时代的变迁，这些区别也日渐在缩小。在我们调查小组发放的 30 份问卷中，在回答"本民族最突出的特点"一栏时，约 65% 回答不出来，回答"语言"的占 10%，回答"风俗习惯"的占 20%，回答"勤劳""刻苦"等的占 5%。在调查小组进行个案访谈的案例中，同样涉及与周围民族区别的问题，50 岁以下都是回答已经没有区别，觉得和周围民族在服饰、婚俗、居住、饮食等方面已经完全相同，50 岁以上的尚能回答在过节时略有不同，就是毛南族有自己独特的节日——分龙节。再有就是在饮食方面，过去毛南族有"毛南三酸"，喜食酸食，但是，随着生活水平的提高，"毛南三酸"也逐渐在人们的日常生活中消失。即使是过毛南族特有的节日——分龙节，现在年青一代也觉得可有可无，相比之下，他们更喜欢过春节、中秋节等和壮、汉民族一样的节日。过去，毛南族唱山歌有专门的歌圩和活动场所，发展到现在，聚众唱山歌的场面已经很少见。我们在采访中南村上光屯 50 岁的卢长志和堂八屯 48 岁的莫海洋两位歌师时，他们就对唱山歌人数越来越少的现象表示担忧，他们两人都表示，目前最大的困难就是没有专门唱山歌的场地，而且推广也比较困难，一是喜欢唱山歌的一般都是中年以上的人群，年青一代兴趣已经转向喜欢听、唱流行和通俗歌曲；二是由于唱山歌多数是在结婚、祝寿、办满月酒、逢年过节等活动上唱，但是，现在这些活动操办都在简化，唱山歌也在很大程度上失去了依存的载体。

4.5 傩文化传承出现断层

目前，傩文化的发展与保护困难重重：

口头传承出现危机。傩文化是以毛南族"还愿"仪式作为载体而存在的，由于流行民间，加上没有文字记载，数百年以来都是靠历代傩师以口头传承的方式流传下来。根据堂八村上八屯谭仁绿家藏的清光绪 22 年的手抄本和相关经文、傩面具文物资料显示，有关文献记载，傩文化早在元、明时期就已经在毛南山区流行，逐渐演变成将毛南族的山歌、音乐、舞蹈、戏剧融为一体的祭祀活动，数百年来长盛不衰。中华人民共和国成立以后，由于历史的原因，傩文化在毛南地区中断了二三十年，这在很大程度上造成了傩文化在传承人员上的人才断层。目前，环江毛南族自治县民间只有 4 个傩班，分别在下南乡的堂八、下塘、波川和木论乡的景阳，人员共有 33 人，最年长者 78 岁，最年轻者也已经 31 岁，傩师平均年龄在 60 岁之间。因为这样，目前能胜任口头传承的民间傩师已近极限，人数锐减，传承危机日益严重。

演艺传承危机。从中华人民共和国成立到上世纪80年代末，傩"还愿"仪式在毛南山区中断了几十年，除经文部分因有文字记载得以流传下来之外，有关傩文化的一些舞蹈动作、音乐、戏剧情节、山歌唱腔等艺术成分存在着不同程度的残缺现象。目前，能勉强跳十几套（根据傩神36面，应该有36套神事舞蹈）舞蹈动作的只有川山镇下文村一名64岁的谭金列艺人；掌握瑶王舞两种舞蹈风格的只有川山镇下文村76岁的覃秀芳一人；能吹唢呐的只有下南乡上南村52岁的艺人谭托山一人；懂得打祥鼓的整个下南乡只有3人，而且都已经年过半百，他们是玉环村52岁的谭金囊、下南乡堂八村上八屯66岁的谭信慈、下南乡下堂村64岁的谭志明，以上傩师平均年龄在60岁左右。傩班人员中青壮年从艺不多，而且也掌艺不精，年长者又不能上场久舞，接班人越来越少，面临着绝代失传的危机。

演艺特点传承危机。傩文化从无到有，由盛而衰，自上世纪90年代以来，虽然劫后重生，但中断之后的残缺部分，现在要恢复起来已经十分困难。而且，由于受到现代文明的冲击和时代生活节奏的加快，多数毛南族在举行"还愿"仪式时越来越讲究整个过程的时效性，要么是省掉一些傩舞细节，要么是简化一些傩舞成分，整个"还愿"仪式中歌、舞、乐、戏的成分正在日益简单和淡化，其中的演绎特色也在日渐弱化。

4.6 花竹帽工艺面临失传

花竹帽作为毛南族民间传统编织工艺的典型代表，迄今已有300多年的历史。但目前的发展也举步维艰，传者年纪已迈，学者技艺不精。

原因之一是技艺复杂、传承保守。花竹帽是毛南族典型的民间传统手工艺，历代均无文字记录和图片说明，仅凭老一辈织帽艺人对年青一代的学艺人口头传授或是亲自把篾示范。初学者在掌握基本技能以后还要参照前辈工艺进行长时间的反复揣摩和练习，非经长期操作和思考就不能参透其中的编织技艺和神韵。花竹帽这种授艺和传承之间长时间的琢磨和融合使得教与学之间难度较大，极大地限制了花竹帽的再传和延续。所以，历代花竹帽编织中能工巧匠总是少数。加上历来编织工匠通常只在直系或嫡系亲属中选择个别质慧手巧者传续，一般都是传内不传外。这种单一的家族式嫡传的方式禁锢了花竹帽技艺的广泛传播。而且花竹帽编帽技艺繁杂精深，非心灵手巧者不易掌握，这些都使得花竹帽手工技艺在当今面临着失传的危机。

目前，毛南族民间传统编织花竹帽的老艺人已存世无几，只剩下下南乡古周村74岁的谭顺美老艺人健在，其余各村的前辈编帽巧匠均已谢世。当前，谭顺美老人在自己编织花竹帽的同时，在上级文化部门的号召下，也担任起传艺授徒的重任。但是，经谭顺美老人调教的徒弟目前技术都不成熟。又因编织花竹帽颇费工时（编织一顶帽一般需要一个星期的时间），平均收入不高（一顶才能卖50—80元），而且也仅仅是不定时地应来人要求而作，并非长期的职业，多数受训人员在学艺后忙于其他农事而疏于练习，导致在技术上都未臻成熟。

原因之二是功能减少，市场萎缩。因为花竹帽手工艺的特殊性与民间加工的零散性和个别性，县乡之间很难创建销售机制和强化工艺传承机制，谭顺美老人的几个门徒也难以在目前的零星加工编织中脱颖而出。与此同时，随着毛南族地区生活水平的提高和生活观念的改变，花竹帽作为定情之物等传统价值不再得到年青一代的认同，其象征含义和文化内涵正在逐年淡化。而且，其过去作为雨具的功能也正在被样式新颖、色彩丰富的现代化雨伞所代替。工艺复杂成本高昂，市场需求不断减少，成为花竹帽制作和传承的根本性矛盾。这样，花竹帽无论是在技艺的传承上，还是在现实生活的功用上，都存在着逐渐淡化出人们的日常生活的趋势。

4.7 雕刻艺术日渐消失

毛南族的雕刻艺术主要表现在石雕和木雕上。目前，两者也面临日趋消失的趋势。

历史上，毛南族长期与石山为邻，经营自给自足的生活，重视就地取材。因此，在房屋的建造上、日常生活的用具上，多数以石料作为原材料，经过精雕细琢，异常精美。1980年代以来，市场经济迅速向乡村拓展，人们的消费观念也发生了很大改变，摆脱乡土气、追随城市风成为年轻人的普遍选择。这直接导致传统石材市场的萎缩和相关工艺的失效。随着古房屋逐渐退出人们的日常生活，各种石制品也在人们的视野中消失，现代化的水泥钢筋楼房和家具，已经代替了过去的石制用品。目前，石雕艺术主要集中于墓碑的雕刻，但是，由于时代的变迁，现在的碑刻多数也只是刻字，或是在墓碑上配以简单的花纹装饰，相比过去雕龙画凤、琢墙塑城的装饰显得比较简单和单调，其中的工艺价值也在日渐淡化。而且，由于在雕刻上需要高超的技艺，既要有美术、篆刻的技艺，也要有过硬的书法根基，这使得年青一代敬而远之。20世纪70—80年代以前，整个下南乡活跃着十几支雕刻队伍，其中不乏技艺高超的工匠技师。进入90年代后，从事石刻的人数逐渐减少，目前，下南乡只有中南村和下南街上两支比较专业的石刻队伍，平均年龄都在50岁左右，年青一代的从业人员很少。

木雕艺术同样经历了石雕艺术的过程。随着雕龙画栋的旧式建筑被工艺简单、讲求实用的混砖建筑所取代，雕刻技艺也失去了主要的依托载体。而依托傩文化传承的雕刻工艺，也因为傩文化本身的式微而式微。古房屋建筑逐渐被拆掉，木雕作为一种家庭装饰也日趋消失。目前，木雕技艺主要集中在木面的雕刻上，也可以说已经作为傩文化的一个重要组成部分。由于木面雕刻同样需要高超的技艺，而且也只有从事傩法事的师公才能体味出诸神木面所表达的其中含义，所以，目前的木面雕刻人员主要以傩师队伍为主。现在，在傩师师公班中，能够传神雕刻木面的只有下南乡堂八村的谭信慈老人一人。作为傩文化中的一部分，木面雕刻艺术和傩文化一样，目前同样面临着后继无人的尴尬局面。

五、民族文化保护的意见和建议

民族传统文化的保护，需要政府高度重视，社会热情支持，群众积极参与，形成各个层次的良性互动，才能取得事半功倍的效果。所以，此次调查，我们也广泛收集了各个层次的不同意见和建议。

5.1 一般群众的意见和建议

应该说，毛南族群众对本民族传统文化的保护，还是显得比较积极和主动的。之所以有这种意识，主要还是来源于他们质朴的品质和深厚的民族情感。毛南族群众一致认为，先祖遗留下来的东西，必须好好继承并将其发扬光大，不能随意破坏，否则就对不起先祖，死后更是无颜面对列祖列宗。他们提出的建议可概括为以下几点：

一是建立民俗文化保护村，可以有效地保护毛南族历史上遗留下来的传统民居、生活习俗以及毛南族居住的环境原貌和生活方式。如以毛南族的主要发祥地南昌屯来说，要建成民俗村，需要政府划拨一定的专项资金，用于保护村中的古文物、古房屋建筑，而且还要划出一定的土地，让部分居民建设新居生活区。这样才能既保留了传统的民居民俗，又不使群众落后于现代的生活方式。

二是上级部门设立专门基金保护凤腾山古墓群。他们认为，凤腾山古墓群作为毛南族先祖圣地，对它进行保护，可使毛南族群众领略本民族历史文化的博大精深，特别是能为青少年提供一个很好的教育场所。建议政府投资，对作为县级、自治区级的重点文物保护单位，要切实收到保护实效。县政府和上级领导部门要设立专门的保护资金，用于古墓群的修葺工作，并在古墓群四周筑起围墙，种上树木花草，建成陵墓公园的形式，派专门人员看守。一方面，可以使凤腾山古墓群作为毛南族先祖圣地，得以完善保护，使毛南族群众深感本民族历史文化的博大精深；另一方面，由于凤腾山古墓群本身汇集了诸多毛南族的传统文化内涵，对它实施有效的保护，在很大程度上也就是保护了毛南族的艺术宫殿，从而使毛南族的碑刻技艺得以更好地传承。

三是将毛南族的历史文化引入课堂教育。在毛南族地区的中小学校，应该设立毛南族传统文化的课程，包括祖源、发展、历史、文化、艺术等知识的教育，从而加深青少年对自己本民族的历史记忆，增强民族自尊和民族自豪感，这样在一定程度上可以弥补传统文化后继无人的现象。

四是开展传统文化的传承和保护必须要有一个比较固定的活动场所。当前，在毛南族地区当务之急就是规划和建设一定的活动场地，不定时地举行一些毛南族特有的节俗活动，如进行山歌比赛、民间体育活动等，在进行活动的过程中，使毛南族的传统文化得以传承。

五是成立民间组织，推动相关活动的开展。如就毛南族山歌来说，筹建山歌协会，是一个比较可行的方案。在下南乡，曾经存在过一个山歌协会，但是由于上级不重视，没有办公场地和活动场地，始终处于一种涣散的状态。山歌协会主要是起到一种发挥组织、协调的作用，有了民间组织，发动社会力量，有助于民间传统文化更好地得到保护和传承。

但是，由于多年来相关部门在民族传统文化保护政策和措施上的滞后，导致相当部分群众心灰意冷。中南村下社屯78岁的谭训智老人认为，保护民族传统文化是政府的事情，如果政府愿意出资保护，群众肯定乐意接受并乐意执行。之所以这么说，他认为，作为群众，大多比较现实，向往好的生活方式是人之常情。拿传统的古房屋建筑来说，相当部分的群众都觉得冬暖夏凉、居住舒适，但是，因为款式老旧，跟不上时代，所以现在毛南族地区出现大量拆除传统旧房屋，建造新式的钢筋水泥楼房的现象。为此，需要政府采取措施，考虑到群众的实际困难，在保护传统文化和改善群众生活方面两者兼顾，群众是会通情达理并积极配合的。

5.2 知识分子的意见和建议

原县民族局局长韦汉清认为，民族知识分子和相关职能部门的干部对如何传承和发展民族文化也提出过不少意见和建议。

一是选择条件较好的村寨，建立民族风情园，开发民俗旅游。环江旅游资源丰富，特别是民风民俗方面独具特色。如南昌屯，就具备一定的开发基础。但是，环江地理位置偏僻，一些民俗风情浓厚的地方都处在深山老林中，交通极为不便。这就需要政府加大基础设施建设投入。旅游资源开发成本大，投资高，配套设施难以完善。目前，要以旅游业作为龙头牵动民族文化产业的发展，当务之急是改善环江的旅游环境——交通条件。

二是发掘、拓展、整合优势资源。目前,就群众和社会呼声很高的南昌屯来说,县旅游局和相关文化部门曾经有过联合调查项目,要在南昌屯建立民族风情园。但是,经过相关专家实地调查后认为,目前南昌屯大多数的文化遗迹已经遭到极大的破坏,建立民族风情园的许多条件欠缺。如果将南昌屯建成民族风情园,必须要花费很大的资金,这需要各个部门相互支持,光靠旅游部门难以进行。

民族文化产业单靠毛南族不能支撑。目前,在环江,除了毛南族之外,瑶族、苗族的文化也独具特色。就旅游业来说,必须整合境内所有民族的文化资源,而且必须扩展到周围县市的民族文化资源,相互取长补短,形成规模,才能真正以旅游业的发展带动民族文化产业的发展。

三是重视民族特色经济产业的开发。下南乡菜牛发展有限公司负责人谭复甘认为,环江作为历史上有名的"菜牛之乡",其本身就构成了民族文化的一部分。但是,就目前情况来看,菜牛产业在环江还是处于一种缓慢的发展状态,主要是政府扶持比较少。菜牛养殖要形成规模,必须有大量的资金投入,如果没有政府的扶持和帮助,单纯依靠毛南族群众自己积累投入,几乎不可能。所以,要发展菜牛产业,并以此带动环江的旅游业、文化业的发展,离不开政府的扶持和帮助。

四是建立相关机构和组织。无论发展什么产业,都应该采用公司形式的发展模式。但是,这在环江很欠缺,特别是文化产业,目前还是一片空白,缺乏相关的文化团体、文化发展公司、文化传媒部门,这些都是发展民族文化的硬伤。

五是加强整体性保护。下南乡文化站站长谭达道指出:民族传统文化需要一定的载体才能够存在和发展,而这些载体必须有市场需求,也就是能作为一种商品才能具有发展的活力。就毛南族的花竹帽来说,就是因为其目前的经济价值难以实现,市场需求量少,导致了无论是在技艺传授上面,还是在传承的载体方面都面临着萧条和后继无人的局面。

县政协文卫委副主任谭自安则更多地从文化的发展内涵和政策的实施上考虑,他认为毛南族的语言流失得比较厉害,特别是名词、动词一类,本民族的语言消失严重,外来词却日益增多。虽然这种文化接触和融合的趋势不可避免,但是,就针对毛南族传统文化的保护和发展而言,要保护语言不至于流失,首先从地名开始,特别是地名应尽量避免用汉字的意思去解释,而采取汉字音译、内涵毛南语解释的办法,这样才能保持少数民族地区地名的民族文化特色。

对于毛南族的传统文化,必须保持本民族文化的原生态状态,无论是文学创作还是舞台艺术的展演,都需要以本民族原生态作为基础,防止外来因素占据主角。如毛南族的傩艺术,必须保持其原生态的形式,避免应时性或哗众取宠的内容。

六是增加上级投入。对于民族文化专项发展资金,应该由本民族的人来掌握。如果不把专项发展资金放到本民族的人的手里,很容易导致资金的分流或挪做其他与发展民族文化无关的事情,从而导致不能将本民族的事情做好。

中央和上级部门应有计划地下拨民族文化保护资金,尽量避免由下级部门来争取配套资金的环节和程序,从而防止那些有关系、有实力的地方和部门捷足先登或不合理占有。同时,资金最好能够一次划拨到位,尽量避免一次拨一点,因为在地方政府和官员的观念上,受政绩和仕途的影响,多数重视的只是出产经济效益快的产业,而文化产业要显现出效益却是一个长期的过程。一次拨一点,很容易造成资金的流失。

5.3 政府部门的意见和建议

县民族局

一要进行毛南族民间文化艺术综合整理与抢救。目前,现存于民间的毛南族传统文化遗产,计有民间口头文学、传统傩戏傩舞、民间音乐、民俗风情、民族古籍与民间文物等七个种类,其中傩戏傩舞、民间音乐和民间工艺技艺正随着毛南族特殊的老年群体的渐次消减而面临断代失传,抢救已属当务之急。筹建民间传统文化抢救综合工程,包括民间文学、音乐、古籍、傩舞、戏剧、工艺、服饰整理等七部分,以中央拨款和地方自筹经费相结合,加大实施的力度。

二要制定毛南族文化艺术发展规划及大力培养毛南族文化研究人才。毛南族文化艺术的传承与发展,光在单方面进行抢救和整理是不够的,必须全面制定毛南族文化艺术长远发展规划,形成制度化,在制度上保障民族传统文化的代系传承。不定期地召开学术研讨会,邀请广大专家学者和各兄弟民族参加,听取专家学者的意见和建议,学习其他民族在文化发展方面的先进经验,并结合商贸、旅游、民族文体活动等形式,宣传毛南族特有的原生态文化品牌,利用经济平台为发展毛南族文化提供基础。同时加强毛南族文化研究人才的培养,选好苗子送出去学习,培养尖子,辅佐潜质人员进行艺术创作。

三要建设一个民族博物馆。民族博物馆是一个民族历史、发展、进步、生存、兴衰的历史性实物见证,也是民族文化形象和民族精神象征的集体体现。环江自成立毛南族自治县以来,民族博物馆项目多次提议,但迄今尚未进入议事议程。所以,目前规划建设一座以毛南族实物为主体,兼容本县其他民族文物的民族博物馆是当务之急,具有举足轻重的作用。

四要建设一座毛南族文化艺术中心。毛南族实现自治后,因财力不足,旧有的文化设施与所属单位布局分散凌乱,至今未能建成相对集中和规范的具有毛南族特色的文化艺术场所。在下一步的工作中，就是要争取上级扶持资金，建立一座民族文化活动中心，集会议、培训、排练、研究、创作和收藏等多功能于一体的规范建筑，为弘扬创新毛南族文化艺术营造一个优良的环境。

五要建设一个民族文化广场。作为全国唯一的毛南族自治县，环江至今未有民族文化广场。目前，计划筹建一个民族文化广场，既突出毛南族文化特色，又汇集现代文化活动功能，为毛南族人民群众举行各种集会与活动提供全方位的服务，发扬毛南族民族文化。

县文化体育局

该局除了支持民族局的上述意见和建议外，还提出：

第一，筹建毛南族民俗文化村，地址选在毛南族聚居地下南乡。借此将全乡毛南族民间傩师和民间花竹帽编织艺人、木面雕刻工匠、石碑雕刻世家集中于民俗村居住，按传统习俗设置民间住宅和恢复毛南族传统的生活方式，集民俗、风情、旅游、民居建筑、民族工艺等诸多因素营造独特的民俗村居环境，形成毛南族文化与旅游的主打品牌，综合启动文化、旅游、商贸、手工艺生产等产业，在促进经济发展的同时，达到传统文化的抢救、保护和发展的目的。

第二，建立健全毛南族傩文化保护工作机制。一方面，建立毛南族傩文化传承保护体系，创办傩文化业余艺术学校，在下南中学、下南小学设立傩文化艺术传习班，支持和鼓励民间傩师收徒传艺，培养新一代傩文化艺术人才；另一方面，培养和建立一支与傩文化艺术保护要求相适应的专业工作队伍，成立毛南族傩文化艺术表演团体，加强国内与国外特别是东亚、东南亚各国的文化交流；同时，建立傩文化研究会，培养一批傩文化研究专家学者，编辑出版有关毛南族傩文化研究的论文、著作，为毛南族傩文化的有效保护和传承提供智力支持和理论指导。

第三，建立健全毛南族花竹帽技艺传承保护工作机制。首先，制定花竹帽工艺保护总体规划和实施方案，开展全县性花竹帽工艺大普查和专业性调查，分类整理普查及调研资料，建立健全花竹帽工艺保护资料数据库；其次，筹备创建下南乡古周村毛南族花竹帽工艺生态保护区，从政策和资金上大力支持编织工匠收徒传艺，并在适当的时候举行花竹帽文化艺术节，组织全县民间花竹帽文化传统工艺保护成果展览；再有，创立民间花竹帽工艺传承教育队伍和中小学校花竹帽工艺美学讲习教育基地，筹备编写花竹帽编织工艺美学讲习教材，尝试将花竹帽工艺美学引入全县中小学"乡土文化"教育课堂。

第四，加快乡镇文化站、图书室的建设。环江12个乡镇中，有8个乡镇聚居着大部分毛南族人口，其中有半数以上乡镇文化站与图书室的基本建设未得到改善，有站房的乡镇也均为危房。大力实施乡镇文化站和图书馆建设，可以在很大程度上提供毛南族民间传统文化的传递和活动的场所。

第五，充实县民族艺术团的队伍和完善其基础设施建设。县民族艺术团作为毛南族文化艺术专业创作的骨干队伍，目前基础设施陈旧落后，队伍创作水平参差不齐，严重影响了毛南族文化艺术的创作水平。改善艺术团的工作和创作环境，对活跃毛南族的传统文化艺术的创作、促进毛南族传统文化艺术的传承和发展、丰富毛南族城乡文化艺术生活具有重要作用。

县旅游局

环江在民族文化旅游资源开发方面基本上还处于一片空白，县旅游局也意识到了这一状况。今后，旅游开发首先要打造文化品牌。重点以民俗风情旅游为主，在民族风情、土特产品、手工艺品上下工夫，以此来宣传毛南族的文化品牌。以环江良好的生态环境为依托，利用环江拥有的独具特色、风情浓郁的毛南族民俗文化以及其他各少数民族文化、饮食特色、土特产品等来弥补环江旅游景区景点景观单一的不足，开发民俗和生态型旅游产品。一方面，以文化带动旅游，另一方面，以旅游带动经济，最终达到促进民族传统文化的保护和传承的目的。

第二，构筑产业体系。紧紧抓住民俗和生态两大旅游主题，适应环江旅游资源特色，发挥资源优势，选择地理位置良好、交通条件便利的地方建设具有环江民俗和生态特色的旅游项目，以此为龙头和突破口，以开发木论和杨梅坳两片森林生态旅游为两翼，在此基础上滚动，进而带动环江其他景区的共同发展，把环江建设成毛南族民俗和生态旅游主题突出，其他各旅游景区景点互补性强，能适应各层次旅游者的爱好，以民族采风、森林探险、观光旅游、休闲度假、健身疗养、美食购物等为主要功能的桂西北旅游胜地。

第三，加强基础设施建设。加强民族文化遗址的修葺和恢复工作，有计划有步骤地实施民俗文化生态旅游区的建设，突出民族主题，发扬民族特色，加强民族文化和旅游市场相互结合的研究，并将民族文化全程体现在旅游市场、旅游产品、旅游享受的方方面面中。

5.4 调研组的意见和建议

综合前面的分析和以上不同类型、不同身份群众的意见和建议，结合在实际调研过程中的所见所闻，我们从研究者的视角，经过认真的分析研究，提出以下意见和建议：

5.4.1 提高思想认识

民族传统文化是一个国家或民族发展的动力和源泉，是国家、民族综合实力的重要方面，对民族传统文化进行保护与发展，是一件关系到国家、民族前途命运的大事。目前我国的民族传统文化传承正进入一个"青黄不接"的特殊时期，保护的好坏，直接关系到民族传统文化的存续与发展。人口较少民族由于人口少，分布的区域有限，在与周边民族的交往上，往往比人口较多的民族频繁和深入，因而其民族文化受外民族文化影响的几率大大增加。以毛南族为例，其民族人口会壮语、汉语的比率就远远高于壮族、汉族人口中会毛南语的人的比率。这就意味着人口较少民族的传统文化所依附或者说赖以生存的主体和空间条件相对恶劣，并面临着更为严峻的生存形势。曾经盛行的毛南族花竹帽编织技艺如今只剩年近七旬的谭美顺老人掌握即是最好的说明。所以，对人口较少民族传统文化的保护，又必须有别于其他少数民族，必须从战略的高度认识民族传统文化保护和发展的重要性与紧迫性。

5.4.2 采取必要的政策措施

第一，必须保护好民族传统文化生存和发展的生态环境。我国民族地区多指少数民族集中居住的西南、西北、东北等边疆地区，这些地区或丛林密布，或山高谷深，或荒漠广袤，地理条件复杂，交通极为不便。正是由于以上原因，使少数民族地区容易形成相对封闭但又完整、独特且具有原生态性质的区域社会经济和文化结构，经过数百年、甚至几千年的沉淀和传承，已经深刻地渗透到了社会生活的各方面。应该说，这种结构内部的稳定性是依靠其中的政治、经济、文化等各方面的相互协调发展来维持的，最为明显的是经济与文化的相互关系。当前，在国家西部大开放的前提下，在大力发展民族地区经济的大方向下，许多民族地区的开发多是政策专家和经济学者的规划，极少民族学家和文化专家的参与，这样，难免会使开发的过程中带有政治上的强制性和经济上的急功近利性，使民族地区的文化生态环境遭到破坏。所以，要保护民族传统文化的生态环境，正确的措施应该是民族学家和文化专家的规划在前，政府的开发政策在后，对民族地区的开发采取一个缓慢、循序渐进的过程，使民族地区原有的文化生态环境对外来先进的生产力和文化影响有一个逐步接触、进而接受、最终适应的过程，并能够有足够的时间和空间来将外来的影响和因素转化为自身发展的动力，从而达到与外来的文化共生共存。

第二，大力发展民族地区的文化产业。现阶段在民族地区，文化底蕴深厚，经营底子却很薄弱，发展需要一个比较缓慢、耐心和长期的引导过程。这个过程容不得心浮气躁和急功近利。当前，许多地方政府总是打着"文化搭台、经济唱戏"的牌子。实际上，通过文化搭台，经济发展了，却回不到文化保护上的例子相当的普遍。原生态的文化一旦被强制灌输进市场经济的利益因素，而又得不到正确的保护和引导，变质就在所难免。所以，主管文化部门应当在政策和日常管理上给予协调和扶持，组建脱离于行政工作之外的文化研究协会和创作传媒组织，通过这些专业的团体对民族传统文化进行收集、整理、研究、创作、出版、推广，从而使民族传统文化得到比较顺利的发展。

第三，促进民族旅游市场的培育和发展。发展旅游市场，政府的政策支持和专家的规划必不可少，但是真正唱主角的还是民族地区的广大群众。作为传统文化的传承载体，群众参与的范围和程度在很大的程度上影响到民族文化的传承和发展。旅游市场的培育和推进，就是要使传统文化充分发挥其内在的经济价值，使之转化为现实生活中的实惠，这样，就会使群众以一种积极和热情的态度参与到传统文化的保护和推广中。旅游业一旦发展，民族地区诸如文艺创作、工艺制品、演艺团体、图书出版等文化产业也会随之兴起。

第四，重构和发展民族传统文化活动群落。文化群落，是由多元文化元素有机结合，集中表现一种文化内核的文化景观和文化生态的文化现象。达成共识的文化内核、共同参与的群体、共同的文化生存空间，是文化群落的三个基本要素。当前，在少数民族地区，民族传统文化活动群落的构建，多数的模式是民族生态博物馆、文化生态保护区、民俗文化保护村等形式，这种形式，在贵州、云南等也有过成功的例子，但是多数的民族地区关于重构和发展民族传统文化活动群落上，还处于口头形式或规划设计上，真正付诸于实现的很少。受资金和条件的限制，地方政府虽然有志于组建本地区的民族文化生态保护区，但是往往心有余而力不足。就环江下南乡南昌屯来说，县政府要将其建设成为民族保护村的呼声由来已久，相关部门也制定过规划，也曾经进行过实地调查，但是多年过去，还是没有见动静。现阶段，由于文物和建筑古迹破坏严重，即使要将之建成民族村的形式，也已经失去了许多原来样貌的和原生态的条件，重建和恢复更加困难。所以，由于很多民族文化现象存在脆弱性和易逝性，抢救的措施应该刻不容缓。目前，应成立以政府为主导、专家为指导的民族文化保护领导小组，制定民族文化保护总体规划和实施方案，分类收集、整理调研材料，建立、健全民族文化保护资料数据库，创建民族文化教育传承队伍，筹建民族文化生态保护区等政策和措施应该一一出台，并且强力实施。否则，一味的推迟，将会导致民族传统文化消失的现象加重。

第五，加大资金的投入力度。现阶段，在民族传统文化保护上，所有的困难很大程度上都来自于资金的匮乏。在调研的过程中，在政府的议事日程和工作方案上，对于民族文化保护的规划和措施也条目清晰，但是却很难付诸实现，造成这种局面的首要因素就是资金不足。要解决这一问题，一是地方文化部门应该感到民族文化保护的重要性，多方面争取国家和上级相关部门的文化扶持专项资金，避免"等、靠、要"；二是地方政府必须在上级相关政策的扶持下，自筹民族文化保护专项资金，而且要做到专款专用，杜绝在优先发展经济的口号下经济发展永远"优先"的现象；三是必须将文化保护引入社会各界力量的扶持中，争取社会上各种团体和组织的力量，筹集社会上各种闲散资金，群策群力，形成民族文化保护社会总动员的声势和行动。同时，为了避免民族文化资金被分流挪作他用，上至中央、下至地方政府都要形成统一垂直管理的机制，真正将文化保护扶持款落实到基层的文化保护中。只有这样，才会使民族文化的保护工作得以顺利进行。

普米族传统文化保护与发展

胡文明　胡江梅　和一兰

遥远的中国西南边陲横断山脉的一个角落，在重重高山浩浩大江所环抱的边邑——滇川藏接壤交界的土地上，世世代代生活着一个自称"普米"的山地民族。

"普米"系民族的自称，但这一自称在不同地区的普米人中也有语音上的差异，如有"培米"、"拍米"、"批米"等。这里的"米"意为人，"培"、"拍"、"批"是一音之转，都是"白"的意思，故"普米"的含义为"白人"或"白族"。

普米人主要分布在云南、四川和西藏三省区毗邻的澜沧江、金沙江及支流无量河与雅砻江流域，大约东经98°6′—100°8′，北纬24°4′—27°6′之间。其中，居住在四川境内的普米人，因受藏族文化影响较多而被划归为藏族。居住在云南境内的普米人，根据本民族意愿，经国务院批准，于1961年正式确定族称为普米族。据2000年中国第五次人口普查，普米族总人口为33600人。现在普米族人口中的绝大部分居住在滇西北地区，其中兰坪白族普米族自治县有13978人，宁蒗彝族自治县有9696人，玉龙纳西族自治县4790人，维西傈僳族自治县有1268人，永胜县有939人。

一、普米族文化保护现状评估

这个人口不多的山地民族，在历史的长河中曾有过辉煌的昨天，创造了灿烂的文化，而今，普米族文化境遇究竟如何呢？

带着这个问题，我们参与国家民族事务委员会文化宣传司2006年重点调研课题之一——"人口较少民族的文化保护与发展"，并具体承担了"普米族的文化保护与发展"调研项目。[①] 我们经过研究和筛选，重点对兰坪白族普米族自治

[①] 调查组由云南省丽江市委党校胡文明教授担任组长，成员是丽江市委党校的胡江梅、和一兰。由中央民族大学王建民教授指导，贾仲益副教授对文稿进行了修改。

县、宁蒗彝族自治县这两个保留普米族传统文化较为完整的县份，进行了普米族文化保护与发展的实地调研。在选择具体的调研点时，我们贯彻了以下两个基本原则：

1. 侧重在以乡村为主的社区，以自然村为主深入农户进行调查。但有的调研根据实际情况以村民委员会为单位。

2. 将两个县最有价值和特色的普米族文化与具体村寨调研相结合，力图从具体的社区调研中，能够看到该区域几个大的普米文化模块现状。

下面我们根据调研选点的情况，对普米族文化保护与发展现状作一个概述性的评估与总结。

1.1 普米族传统文化的保存情况

从此次的选点调查来看，普米族文化的丰富性仍然存在。

普米族不断迁徙，但从未断绝其文化，而是将自己的文化较完整地保持并带到四面八方。至中华人民共和国成立前夕仍有保留着原生态的普米母语和普米传统文化的地区（包括兰坪县的箐花乡、通甸镇和宁蒗县的拉伯乡、永宁乡、翠依乡、红桥乡、金棉乡、西川乡、新营盘乡等），普米文化从总体上完整而系统，其原始宗教、山地农耕、民居建筑、天文历算、神话传说、道德习俗、婚姻习俗、节日庆典、饮食服饰、歌舞音乐、民间文学、传统工艺、草医草药等构成物质和精神相互关联的大系统，而每一文化单元又形成独立的系统，呈现出极端丰富而又层次分明的特征。就目前而言，普米族文化的丰富性，我们仅举两例便可看出：

1.1.1 兰坪县河西乡箐花村委会普米族传统文化保存情况

河西乡箐花村是拉巴支山脉腹地的一个普米族村，东距乡政府近20公里，全村有8个村民小组，16个自然村，319户，1530人，普米族人口1248人，占全村总人数的82%。该村是一个经济比较落后、环境相对封闭的地区，因此这里的传统文化得以良性传承。

箐花村普米族民间艺人简介

据调查，这一地区有影响的普米族民间艺人现健在的还有三位：

杨国栋，男，普米族，生于1926年4月，熟练掌握普米母语，懂汉语，不识字。自幼喜爱本民族民间音乐，10岁就跟爷爷学习本民族的民歌、古歌，在各种节日及礼仪，婚、丧活动中学习各种曲调和演唱形式，较全面地掌握了普米族各类演唱曲调，如：本民族创世、迁徙、历史的《古歌》，婚事中的《拦门调》、《认亲调》、《离娘调》，丧事中的《哭丧调》、《指路调》，各种祭祀活动中的《山神调》、《拜龙调》等等。

杨文铎,男,普米族,生于1942年8月,是当地制作竹器、铁器等各种生产生活用具并掌握较高竹编技艺的艺人。其制作的迪笆、卓簸、跨喳等产品已销往除河西普米地区外的其他乡镇。在1998年云南省民族民间美术品调查中,曾采集并拍摄过杨文铎制作的各种竹编工艺品。

杨根保,男,普米族,1935年8月生,是普米族各种祭祀活动的主持人,当地叫"释毕"。杨根宝的祭祀活动较全面,从婚、丧、嫁、娶中的"祭三角"、"给羊子",到民间"退口舌"、"叫魂"(念唱驱邪治病)、"看日子",到重大民族节日中的"祭山神"、"祭龙潭"等。因此他常常被人邀请,在村子的重大活动中主持仪式。多年来,他主持的各种祭祀活动程序规范,唱、念、跳的技艺深受广大群众的认可和敬重。在丧事中给死者指路、送死者到出生的地方,唱、念达几天几夜。其掌握内容的翔实,加之他主持各种活动的庄重虔诚,成为兰坪县普米族地区声誉较高的"释毕"。近年来,他多次被中央电视台、省台及专家、学者采访过,多次参加县内组织的民俗文化活动。著名音乐人陈哲先生给予他较高的评价。

箐花村普米族传统文化特色及保存情况简评

村寨依山傍水,自然生态环境较好,森林覆盖率达85%以上,有富含普米族文化特色的神树、天生桥;县级保护文物杨泗清墓。特别是玉狮场村边保护完好的成片珍贵植物红豆杉,每户人家院前、院后都种植各种果树、花草,自然与人文景观浑然一体。

民居建筑与村寨格局保持传统风格,根据调查统计,普米族木楞房占82%,木结构瓦面占16%,砖混结构非传统民居占2%,保持了普米族传统的建筑样式。

箐花村是兰坪县普米族较聚居的大村,历史悠久,传统农业、居住、服饰、饮食、社会文化传承较好,有一批有影响力和知名度的传承人。

箐花村地理位置处于三江自然遗产腹地,境内有老君山、大羊场等自然风光,与省级风景区罗古箐相连。2004年中国民族民间传统文化保护工程试点在河西乡玉狮场启动,建立了第一个普米文化传习馆。

1.1.2 宁蒗县措皮甸、阿嘎甸普米族传统文化的保存情况

措皮甸、阿嘎甸地处宁蒗县西北距县城146千米,已开工建设的香格里拉小环线公路通过此地。该区域包括拉伯乡托甸村委会的九个自然村,具体是古鲁甸、格瓦、阿嘎甸、滴洛、措皮甸、庄子、达日甸、韩八、霍尔甸。全区域共有农户408户,人口2053人,其中普米族249户,1279人。历史上,措皮阿扎甸是"茶马古道"的要塞,也是元军驻地和洛克的考察途经之地。从目前情况看:

生态环境状况良好

村民们世代传承的生态道德观使村寨的生态环境受益匪浅。过去，村民们有很多禁忌，如不能砍伐神树林及水源林，不能污染饮用水，不能随意砍伐大树及幼树，不能砍伐和放牧过度而使山上露红土，不能让自己的牲畜毁坏别人的庄稼，在这些禁忌习俗中虽然有一些宗教因素，但它与社会伦理道德观念混融在一起，客观上对保护村子的生态环境起了相当大的作用。

现在，措皮阿嘎甸各个自然村都制定有村规民约，对保护生态环境也发挥着巨大的作用。如有乱砍滥伐、破坏庄稼等违反村规民约者，由居民委员会依照村规民约对其进行惩罚，因此村中正气很盛，保持了良好的生态环境。

木屋建筑保存完整

该区域普米族分布在半山缓坡地带，以血缘的亲属关系各自聚族而居，往往同一氏族结成一个村落。其住宅几乎是清一色的木楞房，用原木或方匹重叠垛成，屋顶覆盖横板，只有少数有钱人家盖瓦片。村落无统一布局，一般由若干院落组成。比较典型的院落是四合院式的，包括正房、东厢房、西厢房和门楼。正房，也称为母房，是院落的主要建筑，呈正方形或长方形，四角立柱，中央竖一方形大柱，称"擎天柱"。厢房和门楼都是两层，上层住人，下层关牲畜或堆放什物。据说，普米族更古老的房屋建筑为"金妈给座"（普米语，意思是"母房九间"）。此种建筑格式原在普米族聚居区较为普遍，但"文革"期间遭大肆毁坏，被零散分割成小间分给核心家庭居住，所以在县境范围内保存很少。根据目前所掌握的情况，这种建筑仅保留有3所，其中拉伯措皮甸2所，红桥上拉垮1所。按照普米人的说法，他们之所以发明此种建筑模式，是由于普米族盛行父系大家庭的实际需要，九弟兄居住同一屋，齐心治家。一房内分九室，（也有十三室的），则是普米族家庭团结兴旺的象征。其实，在当时条件下，这种生活模式有利于分工协作，抵御外侮，同时有效地减少了以家庭为单位的土司税负，客观上又避免了因分家而带来的对木材和土地的消耗。因此，这种一房九间的木屋成为普米族最认同的一种建筑风格，它不仅展现了中国西部山地民族典型的居住情景，而且也从一个侧面反映了普米先民的聪明智慧。而今，这些建筑基本上都有上百年的历史，只是隐没在苍茫的山林中。作为普米传统文化的重要载体之一，这些不能说话的证人对鲜有文献记载的普米族来说，无疑成了研究其历史文化的最好素材。

总之，措皮甸、阿嘎甸的村建历史较为悠久，其传统文化至今还处在较单纯的状态，未被同化和污染。村民整体具有浓郁的"文化特性"及"文化意蕴"，尤其普米语言和普米习俗的保留，正是普米民间文化继续生存和延续的一个因素。

1.2 普米族文化保护与发展的综合评价

根据我们的粗略分析,中华人民共和国成立以来,特别是改革开放后普米文化的保护与发展大致包括以下四个方面:

1.2.1 政府保护

中华人民共和国成立以来,政府十分重视普米族地区的文化保护与文化建设。主要体现在各级政府在普米族地区陆续建立了一些文化保护设施、机构、团体、组织,以及进行文化投入、培养文化人才、实施青蓝文化工程上。特别是改革开放30多年来,通过大量的工作,发掘和抢救了许多濒临灭绝的普米族民间文艺。相继出版了《普米族民间音乐》、《普米族民间故事》、《普米族祭祀歌》、《普米族谚语》、《普米族故事集成》、《普米族歌谣集成》、《普米族歌曲集成》等10余部书籍。在普米族文化的推陈出新方面,兰坪县取得了可喜的成绩。如普米族民间舞蹈"西搓搓",由县文工团搜集整理,1986年参加怒江州农民文艺汇演获表演一等奖。1989年经省专业人员改编改名为"搓蹉",在第二届中国艺术节暨国庆40周年期间,由省歌舞团搬上首都舞台,受到普遍赞誉。之后,随省歌舞团出访东欧与东南亚一些国家进行演出,引起轰动,享誉海内外。又如在省、县政府的支持下,由兰坪县三江艺术团创作的大型普米族舞蹈史诗——《母亲河》,获云南省2002年表演金奖,2004年又获第四届中国舞蹈"荷花奖"银奖。这部史诗灯光绚丽、阵容庞大、气势恢弘,舞蹈细腻传神,从普米族的渊源、生产、生活、迁徙等不同场景,用叙事的手法再现了该族的历史、文化和生产生活,用独特的舞蹈语言表达出普米人的生命孕育、辛勤劳作、火塘传说、爱情恋歌和打歌欢庆等不同内容,展现了普米族生生不息的民族精神,具有厚重的历史内涵。

1.2.2 学术保护

目前,在学术保护方面比较有影响力的是由我国著名词曲作家陈哲先生发起的"土风计划"。当人们都为舞台上其实已经被改造的"原生态"艺术而鼓掌激动的时候,人们却很少想起,有一个音乐人,从20世纪90年代开始,已经默默地在乡间村寨行走了十年。他用自己的才华和真诚在一点点收集和记录着民间文化最真实的声音,他就是著名音乐人陈哲。目前,由陈哲倡导发起的"土风计划"正在推广和实施,它旨在抢救保护濒临消失、不可再生的民族文化资源,探索良性发育,促进民族文化由资源优势转化为民族文化产业优势的一项系统保护工程。"土风计划"历经十年考察,审慎积累孕育而成,其中的"普米族传统文化传习小组"于2004年被列为中国民族民间文化保护工程试点;"兰坪民间文化村寨传承培育项目"得到福特基金会资助,经过一年多实施业已取得阶段性成果；而"活化传承"观念在项目加速社会化的同时，也得到越来越多人的认同。

1.2.3 民间保护

民间保护主要体现在对本土宗教——韩规教的保护。韩规教是历史上普米族社会全民信仰的原始宗教。为何称之为韩规教呢？那是由于普米祭司在民间被普遍称为"韩规"，因此普米人的原始宗教就被学者们称为韩规教。

韩规教具有自然崇拜、祖先崇拜、多神崇拜和重占卜等特点。比之民间文化，它已经有职业性的传承人——韩规；专业性记录符号——韩规文，即藏文；系统性知识积累——韩规经。

韩规文化，就是保存于韩规教的文化。它包括韩规经典（即祈福延寿类、驱鬼消灾类、丧葬超度类、占卜类、其他杂类等五大类，共三千余册）、韩规仪式（祭天、祭山、祭龙潭、祭羊等大小100余类）及韩规绘画、韩规文学、韩规舞蹈、韩规工艺等。

2000年初，在族内有影响力的老干部和学者胡镜明、马红升、胡文明等人的倡导下，宁蒗县籍的普米族干部与村民一同创办了普米族韩规文化传习班，他们从滇川交界的木里县依吉乡请来一位知名的韩规，与之商定用六年的时间驻扎在新营盘乡牛窝子村悉心传授韩规文化。这位韩规名叫措皮·迪吉偏初，男，1959年生，据说他的祖上有25代人是韩规，他于15—16岁便从其父习韩规，现已是该地知名的大韩规，能念诵韩规书面经书100余部（2000余册）和口授经100余部，能主持大小100多个道场仪式，能跳10多种韩规舞。2000年清明节，措皮·迪吉偏初应邀到牛窝子村收徒授业，迄今已招收三期传习班学员，合计22人，年纪最小的15岁，最大的35岁，均为普米族，且祖上多为韩规。措皮·迪吉偏初给每期学员制订了三年的学习计划：第一年为教藏文的识字阶段，学会拼读字母并朗诵经文；第二年学做一般的道场仪式、捏面偶、习诵经书；第三年为跳神、坐经、受戒、出师（通过七七四十九天面壁，不见天日方能出师），主持大的道场，方可毕业。从我们调查的情况看，这一目标是可以实现的。

1.2.4 产业保护

普米传统文化有很多物化的东西早就是产业，如醅酒文化、猪膘文化、纺织文化等，但是，它们都是传统意义上的文化产业，重要的是如何将它们转化为现代文化产业。另外，部分原本不是产业的东西可以变成产业。如搞文化旅游，就有很多普米文化可用作旅游资源。在这方面，罗古箐旅游开发有限责任公司，就做了有益的探索。该公司于2001年制定了《兰坪普米族民俗风情旅游资源开发策划》，期望以这个有文化品位、文化实力和文化个性的产业来带动旅游。

罗古箐位于通甸乡，当地普米语言谓"吉利吉"，意思是红岩石很多很美的地方，主要有地质地貌、冰雪、水文、植物、花卉、气象等自然景观和古文化遗址、古建筑、摩岩石窟、英雄轶事、碑碣、园林、古驿道、民族风情、名特产品为主的人文景观。是由罗古箐森林（含一寨、一坝、二谷、九溪、十八岭）和周边的普米族村寨组成，总面积约 60 平方公里。总的来看，罗古箐省级自然保护区的森林覆盖率、灌木覆盖率都很高，草场面积也较大，植被保存完好，加上居住在罗古箐森林周边的普米族文化积淀深厚，为开展生态旅游、普米族民俗旅游提供了十分有利的条件。

2001 年，由普米族农民企业家和国生与和德贵二人合股经营的首家以开发旅游资源为主的私营企业——罗古箐旅游开发有限责任公司注册成立，主要开发兰坪普米族民俗风情旅游资源，使之成为独特的旅游文化产品。该公司拥有固定资产 500 多万元，先后投资开发德胜三叉河到大羊场公路 24 公里，投资 170 万，拓宽改造德胜加工厂到罗古箐 6 公里游路，投资 50 万；建设罗古箐山庄 3200 平方米，投入 250 万元，建成标准床 110 个；修建饮用水库一座，投资 15 万；环保投资 10 万元。五年来，公司采取了多种旅游营销策略，加大景区的宣传力度，并开展了一系列促销活动。特别是加大罗古箐情人节的包装、宣传、优化力度，逐步把罗古箐传统情人节提升为"东方情人节"，成为滇西北旅游地区的一个亮点和卖点。与此同时，该公司还不惜血本，不遗余力地推动普米文化的保护与发展。五年来，公司做了大量的呼吁、组织、设计项目、实施工作。遗憾的是，在兰坪普米族地区，做一个有地方文化特点的产业实属不易。目前，该公司因外部环境欠佳，通达条件未能改善等原因，使其文化传承、人才培养、促成文化产业等设想处于搁浅状态。

二、存在的主要问题

尽管普米族现在仍有丰富的文化艺术形式和活动，但由于普米文化总体上处于弱势地位，社会存在基础有日渐狭窄的趋向，因而其生存也遇到了前所未有的危机，甚至有消失的危险。集中表现在：

2.1 普米语——即将消亡

普米语的使用情况分为如下三种类型：

第一种类型，单纯使用普米语区，包括兰坪县河西乡、通甸镇和宁蒗县拉伯乡、永宁乡、翠依乡、西川乡、金棉乡、新营盘乡、红桥乡与玉龙县九河、石头、鲁甸、鸣音，维西县攀天阁、皆菊等村以及永胜县的松平乡等。这些地方的普米族仍然保留和使用着普米母语，虽然他们的语言中逐渐多地引进和借用汉语和其他民族语言，但普米语仍是生活中的执行语言，这种类型的普米族约有19000人，约占普米族总人口的60％。

第二种类型，普米、汉和其他民族双语使用区。这种类型又可以分为以下四种情况：

（1）普米、汉双语使用区，以汉语为主。包括兰坪县的拉井镇和金顶镇，宁蒗县大兴镇包都村、辣子洞村、翠依乡的辽别村、白叉河村、阿嘎洛村，红桥乡的干坝子村、黄腊老村、金棉乡道士村、节腊村，宁利乡火头村、和家村以及永胜县团街乡，这些地方的普米族均与汉族杂居，都通汉语，除了40岁以上的人会讲普米语外，其他人大都不会讲普米语了。此外，居住在城镇的普米族儿童已经抛弃自己的母语，改操汉语了。属于这种类型的普米族约有4000人，占普米族总人口的12％左右。

（2）普米、纳西（摩梭）双语使用区，以纳西（摩梭）语为主。包括丽江市玉龙县石鼓乡红岩村、宁蒗县永宁乡嘎尔村、巴祖村、落水村以及迪庆藏族自治州香格里拉县金江乡，这些地区的普米族长期以来与纳西族（摩梭人）杂居，其语言受纳西（摩梭）影响很大。除50岁以上的老人会讲普米语外，50岁以下的人特别是青少年，都不会讲普米语了，他们在日常生活中都使用纳西（摩梭）语。属于这种类型的普米族大约3000人，占普米族总人口的9％。

（3）普米、白双语使用区，以白语为主。包括兰坪县通甸乡的水奉、龙塘、弩弓、箐头等村，这一地区的普米族长期与白族杂居，都通白语。除50岁以上的人会讲普米语以外，大多数的人都不会讲普米语了，属于这种类型的普米族约有3000人，占普米族总人口的9％左右。

（4）普米、彝双语使用区，以彝语为主。包括居住在宁蒗县战河乡木耳坪村的普米族，长期杂居在彝族之中，现在50岁以上的人还会讲普米语，其余的只会讲彝语了。不论在家或在村寨中都使用彝语交际。

第三种类型，普米语消亡区。包括兰坪县石登乡、回龙、庄河等村，金顶镇金龙、高坪、干竹河等村，拉井镇长河、桃树、挂登等村，这些地区的普米族长期与白族、傈僳族交错杂居。早在中华人民共和国成立初期，不论成人还是儿童，不再使用普米母语，而改操白语或傈僳语了。

以上事实表明，不仅使用普米语进行交际的场合越来越少，而且普米语使用者的绝对数正在逐渐减少。我们估计，如果不采取措施，到21世纪末，在普米族的绝大部分地区，其母语将会被汉语及其他强势民族语言所取代。显然，普米语言的消亡必将导致其独特的文化、历史与生态知识的消亡，这将是无可挽回的损失。

2.2 普米族民间文化——危在旦夕

普米族民间文化包括民间文学、民间艺术和民俗三大部分，是一种前文字文化，如今面对强大的现代文化信息流，其民间文化的许多方面不可避免地处于危在旦夕和即将消亡的境地。据此次调查了解，现在普米族中50岁以下能够演唱普米族传统民歌的人寥寥无几，40岁以上能听懂古歌的人很少，年轻人对自己民族的传统文化已经不知道，大部分人也不感兴趣，他们认为外面的生活方式和外来的文化更好。在绝大部分普米族地区，本民族服饰在民间已基本消失，只有个别老人和作为演出服装还偶尔穿着。普米族特有的竹笛、葫芦笙、琴弦（口弦、三弦、四弦）、皮鼓等民间器乐，只有极个别人会做其中一部分，同时消亡的还有与它们同时存在的古老民族舞蹈。民族特色浓郁的民间手工艺、纺织（如麻制品、毛制品等）、竹编（竹盒、箩筐、簸箕、筛子、衣筐等）在这一代就要失传，刺绣只有少数的老年妇女还会，同样濒临消亡。与民族信仰和民族意识有关的风俗习惯、传统节祭、岁时礼俗、生活礼仪等大部分已经消失，普米族典型的木建筑"金妈给座"——"母屋九间"已经只剩下3栋。

2.3 韩规文化——濒临失传

中华人民共和国成立前，居住在金沙江以北宁蒗、永胜等县境内的普米族，村村有韩归，寨寨有经堂，村寨上方有集体活动场地"塔瓦"（天香塔），村寨下方有嘛呢堆，家家房前有"松塔"，每天早晨烧香烟雾浓浓升空，到处听到念经声。每年正月春节期间，户户屋顶上换上新的各色各样的"甲才此木"（经幡）迎风飘扬。这是全民信仰韩归教的象征，是普米族村寨的象征。人人尊敬韩归，保护经堂、经书和法器，即使是发生冤家复仇械斗，也不会破坏神物和法器等。

据20世纪50年代初的统计，仅宁蒗县的知名韩归就有60多名。但由于民主改革和社会主义改造时对传统文化的否定，韩规教停止传承，紧接着"文革"十年极"左"路线又盛行一时，所谓"破除迷信，移风易俗"，缴毁了大量的经书和宗教文物。韩归经师被管制劳动，经堂无人管理而报废。开展"破四旧、立四新"，更把韩归当作搞封建迷信的"牛鬼蛇神"，成为被"横扫"的对象，毁尽了私人收藏的经书、神具、法器等宝贵文物，活着的韩归也受到了批判，全民停止韩规教信仰活动。1996年，全县最后一个韩归经师嘎诺迪基辞世，这意味着宁蒗县境内的普米族韩归教文化陷入了彻底断层的局面。

三、原因分析

认真分析导致普米文化保护与发展中的危机与困难，其主要原因在于以下几个方面：

3.1 认识的误区与偏见导致普米族文化空间的缩减与普米族民间文化的消失

任何一个古老的民族，其文化传承不外乎有这几个途径，即通过文字传承、口承、王朝更迭等。普米族是一个历史悠久的民族，数千年间从未中断过的民间文化，主要靠口承这个途径。历代统治者对普米族文化艺术大多持否定和轻视的态度，这种意识在普米族地区至今还很有市场，有些人认为普米族传统文化大多是落后的、封建的、迷信的，这种认识对保护和传承普米族传统文化遗产很不利。由于对普米族民间文化认识的偏颇，有的人无视普米文化本身的传承特点，把普米族传统文化艺术作为猎奇、招商引资、旅游的手段。

从普米族自身而言，对本民族文化的保护与发展工作的认识虽比改革开放初期大大提高了，许多普米族干部、群众在其古老祖先创造的遗存面前，常怀一种敬畏之心，认识到保护祖先的历史遗存，留下祖先的记忆非常重要。但总体上看，他们对本民族文化缺乏深入理解，对本民族传统文化的精华缺乏深刻的认识。因此，迄今为止，就如何组织实施好"普米文化的保护与发展"工作，缺乏充分的思想准备和工作准备。

3.2 大分散、小聚居的分布特点使普米族传统文化特色逐渐消失，加大了保护与发展的难度

普米族在中国仅有 33600 人，但在滇西北却横跨 3 个市州、8 个县区，星星点点地分布在 100 余个自然村寨，其人口分布基本处于与其他民族交错杂居和混居的状态。由于历史上形成普米族大分散、小聚居的特点，从语言、文化、习俗和宗教上，都受到其他民族的影响，如永宁泸沽湖畔的普米族，有摩梭化的倾向；翠依一带的部分普米族，已趋同于傈僳族；战河、西川的部分普米族，有许多习俗已被彝族同化；玉龙县的部分普米族，更多地接受了纳西文化；兰坪的部分普米族从服饰、歌舞等观察，明显的是白族特色；许多在机关中长大的普米族的新一代，已经不会讲母语，对自己民族的来龙去脉缺乏了解。口传心记是普米族文化的精髓，语言文化习俗的丧失，使文化的特色正在逐渐消失。甚至有兰坪

县一家普米族四兄弟民国年间到几个不同地方经商,民族识别确定民族成分时分别归属了四种不同民族的情况发生。

3.3 政府资金投入严重不足,缺乏有力的扶持

当前,各地普米族文化保护经费紧缺,无论国家或是地方政府都没有设立专项的普米族文化保护基金。目前,已启动的普米文化保护项目都是民间自发组织实施的,如韩规文化的传承保护费用,就是宁蒗县普米族干部和群众从各自有限的收入中节省出来的。韩规何品初每年的工资7200元由宁蒗籍普米族干部捐资发放,粮、油和蔬菜由牛窝子村民分摊;有关普米文化书籍的出版经费则是由普米族学者和干部通过到处"化缘"方式解决。缺乏相应的财政金融环境,不仅延缓了普米文化的抢救和保护工作,而且在一定程度上阻碍了普米文化产业的健康发展。

3.4 现代技术和传媒的冲击

在认识局限的现代化趋势和理念的影响下,新的建筑材料和建筑技术,代替了普米族传统的木屋。普米木楞房一天天消失,木屋及其村落不存在了,其负载的文化记忆和文化场景也就消失了;特别是电视的介入,对民间文化的冲击更是致命的。现在普米山寨基本上都用上了电视和地面卫星接收器,它把普米人的生活带入了新的天地,传统民间文艺在主流文化面前节节败退。

3.5 打工潮的影响

我们在调查中发现,上个世纪末,尤其本世纪初,普米族地区外出打工成为一股潮流。山寨的年轻人,甚至中年人,有60%左右外出打工。大规模的外出打工给民间文化至少带来两方面的影响:一方面是民族民间文化缺乏传人,因为出去的都是有文化、有思想的年轻人,这些人本来是传统文化的当然传人,他们的外出,造成了民族民间文化没有人可传;另一方面是,到城市和发达地区打工的人在异地很快接受了主流文化,背离家乡传统。

3.6 发达地区的文化冲击

自20世纪90年代后,不断有发达地区的文化商人到普米族地区收购古老经卷、布画、家具、服饰等,以十分低廉的价格收购,高价销到发达地区甚至国外。由于地方没有相关的保护法规,无人也无权干涉。现在普米族地区精美的民间工艺品已流失殆尽,没有任何办法找回。

3.7 市场狭小，缺乏经济实力和现代传媒的支持

如同越是稀有物品越珍贵一样，人口较少民族文化也由于稀有而显得珍贵。但在现实生活中，不同民族文化发展遇到的问题有所不同，其发展机遇也大不一样。如与普米族毗邻而居的纳西等民族的文化，凭借着人口多、经济实力雄厚和技术先进的优势，传播的范围很广、影响很大。但普米族的文化由于市场狭小、缺乏经济实力和现代传媒的支持，其发展空间和影响很有限。特别是当文化作为产业进行市场化经营的时候，经济利益的驱动对民族文化的发展起到了很重要的作用。而普米族由于直接接受本民族文化的人口数量少，文化生产不容易形成市场规模和效益。此外，普米族利用新闻出版、广播电视等传媒手段传播本民族文化也很有限。正是基于以上的事实，普米族文化已经变得极其脆弱，很容易受偶然事件的影响而造成文化传承的中断，与那些人口较多的民族相比，其文化发展遇到的困难更多。

3.8 保护和研究工作力度不够

随着时光的流逝，一批掌握传统文化的老人将有价值的文化带进了坟墓，物欲横流的商品经济大潮又无法使一批朝气蓬勃的年轻人静心学习；国家苦心培养的本民族一批硕士生、大学生也因种种原因，用非所学。掌握民族文化遗产保护理论与技术的尖子人才、高层次专家极度匮乏。普米族地区没有健全的和专门从事普米文化保护和研究的机构，就连普米族最集中的兰坪白族普米族自治县在文化保护和发展方面至今仍处于"三无"状态，即无机构、无人员、无经费。这些年来，参与普米族文化保护与发展工作的人都是一些业余人士，出于业余爱好，或是普米族族内有民族危机感的人。平时做关于普米族文化保护与发展方面的课题，也是临时抽调，组建人马。虽然一批有民族责任感的老干部和学者挑起了文化传承的重任，但普遍存在的一个事实是：人才队伍参差不齐，尤其缺少具有推动全局和使命感的学者，年轻学者不愿意花费数年乃至一生的时间，去从事普米族文化研究事业。不仅如此，即使在教育和科研机构受过专业训练的大学生、研究生，受市场经济和所在单位各方面的影响，流失的也为数不少。

四、对策与建议

普米族地区虽然在保护民族文化遗产方面做了大量的工作，取得了可喜的成绩，但面临的形势仍然十分严峻。传统文化的消亡意味着整个民族的消亡，这绝

不是危言耸听的论调。因此，迫切需要在已有的工作基础上进一步加大挖掘、抢救、保护的力度，使民族优秀传统文化遗产得到最大限度的保护，为普米族地区建设社会主义新农村，全面建设小康社会和构建和谐社会服务。

通过深入的调研和采访，我们真切地感受到，对于普米族传统文化的危机需作出富有建设性的回应。于是，我们在初步探讨的基础上提出如下对策与建议：

4.1 营造良好的舆论氛围，在全民族中达成共识

文化是人类自我发展的精神基因。与生物多样性一样，每种民族文化都有其区别于他文化的特质，每个民族都有其优秀的文化传统值得保护。如果说现代化的实现，不能以牺牲民族文化作为代价，那么，少数民族现代化的实现，同样应该是各民族生活方式、人生理想、价值观念、民族精神、民风民俗与现代文明的发扬光大，而不是相反。尤其在全面建设小康社会的今天，大力发展经济，单纯追求物质财富快速增长只是小康社会建设的一部分内容。从人的全面发展来看，从构建和谐社会来看，除了物质需要外，更高的是精神需求，保护民族传统文化遗产，发展先进文化，打造文化产业，目的不是为了产值的增长，追求政绩，而是满足广大人民群众精神生活的需要和人的全面发展的需要。因此，保护民族文化遗产是落实科学发展观、构建和谐社会的战略性问题。

有鉴于此，就今后普米文化的保护与发展而言，应当切实树立这样几个观念：一是树立文化是人类赖以生存和发展的根与脉的观念；二是树立文化是人类的精神食粮和人类永恒财富的观念；三是树立文化的多样性与生物多样性一样，决定着人类的和谐、和平相处的观念；四是树立全民保护意识，动员社会力量，广泛参与的观念（保护重在参与，一方面争取国家部委、国际社会的参与和支持，一方面争取各级领导干部和群众的参与和支持，从而形成上下联动、上下互动的局面）；五是树立依法保护与经营文化的观念，广泛吸收民间资金加强保护工作；六是坚持在发展中求保护，在保护中求发展，在传承中求保护的理念。在这些观念的指导下，建立一套普米文化保护与发展的工作机制，开展各种形式的宣传活动。当前，尤其要大力宣传保护民族文化对于维护文化多样性，对增强民族意识、振奋民族精神、教育后人、加强民族团结、构建和谐社会、增强民族凝聚力和普米族经济社会可持续发展中的意义和作用。通过加大对普米文化的宣传，从而唤起本民族对自己传统文化的保护意识和文化自豪感，在顺应工业化、城市化、市场化和国际化的潮流与共享现代文明成果的进程中，保留自己的优秀传统文化，并通过民族传统文化在自身前进道路上的不断创新，实现富有鲜明民族个性和特色的现代文化创新。

4.2 利用法律手段进行保护

面对我国人口较少民族处于弱势地位的特殊性,我们应该在大力宣传民族文化遗产保护的同时,完善立法机制。尤其是在普米族地区,保护民族文化遗产,涉及的部门和范围很广,各县人大应根据普米族文化保护与发展的需要,尽快制定包括普米族文化在内的人口较少民族文化遗产保护法律、法规,建立起国家、省区、市(州)、县级多层次保护层级。无疑,在人口较少民族文化保护与发展立法过程中,有的法律制定需要从零开始,有的则不必另辟蹊径,仅需在原有相关法律中补充人口较少民族文化的内涵,加大人口较少民族文化保护与发展的分量,细化人口较少民族文化保护与发展的内容。

需要指出的是,在用法律的手段规范和保证人口较少民族文化的保护和传承过程中,要善于借鉴国内外保护民族文化遗产的成功经验。立法保护是国际社会保护文化遗产的通常做法,也是最有效的保护手段之一。早在1950年日本就颁布了《文化财产保护法》,1962年韩国也颁布了《文化财产保护法》,所以这两个国家的文化遗产得到了很好的保护。在现代化的进程中,随着自然生态和文化生态的破坏,1972年联合国教科文组织通过了《保护世界文化和自然遗产公约》,1997年通过了《人类口头与非物质遗产代表作》的决议,2001年发布了《世界文化多样性宣言》,2003年通过了《保护非物质文化遗产公约》。在国际大背景的影响下,中国国内也积极做出响应,学者们纷纷提出保护的建议。云南省于2000年率先制定了《云南省民族民间传统文化保护条例》,与此同时,《中华人民共和国非物质文化遗产保护法》也正在制定中。这些法律条文对各国各地区的传统文化遗产的保护起了非常重要的作用。现在,最为要紧的是普米族地区的各级政府和相关职能部门要尽快拿出实施办法,充分发挥上述法律、法规在抢救、保护、传承人口较少民族文化中的重要作用,真正做到有法可依,有法必依,执法必严,违法必究,不能将这些法律法规当成摆设。

4.3 建立经费投入机制

对于人口较少民族文化遗产的保护水平、层次高低,从根本意义上讲,只有强化政府职能,出台必要的保障措施,实施人口较少民族文化扶贫工程,从人、财、物方面给予保障,才能从根本上解决问题。事实证明,人口较少民族文化处于弱势地位,其保护和发展具有更多的公益性质,更需要国家在政策、资金等方面予以扶持。无论是国家还是普米族地区的各级政府,都要建立多元化融资体系,并设立专项文化保护基金,建立应急启动机制,对于即将消失的普米族文化,则要实行特别经费支出政策,加强对核心民族文化保护区的投入。从普米族的情况看，目前兰坪县河西乡箐花村普米族文化保护区已入选云南省第一批非物质文化保护区保护名录。此外，罗古箐普米族生态文化保护村、挂登、弩弓普米族服饰与歌舞艺术保护村，以及宁蒗县拉伯乡措皮甸、阿嘎甸普米族文化保护区、新营盘乡牛窝子村韩规文化传承区等也正积极申报保护名录。上述保护区建设项目和内容包括外连道路、水利灌溉与防洪、电力与通讯、环境整治、社区道路网、社区博物馆（民俗馆）和社区民族文化中心等，均需各级政府加以扶持，方能最终建成普米族地区社会主义新农村的样板。

4.4 建立普米文化保护协会和专门研究机构

传统文化的消失，将使普米族这一弱小民族，在文化纷呈的世界中迷失自我，迷失文化，迷失特色。而其传统文化的传承渠道畅与不畅，管理保护如何，直接决定着其生存的质量与水平。为了加强普米族文化的研究保护工作，2002年，普米族民间人士以兰坪县为基地成立了"西番文化传播中心"，不仅开展了"释毕（祭司）文化传习活动"，还协助陈哲先生实施了"土风计划"。2004年成立了全国第一个普米族群众性、学术性团体——云南省民族学会普米族研究委员会。该研究委员会成立以来，团结和组织广大的会员，开展普米文化的调查与研究，举办不同形式的文化学术活动（先后与普米族地区的政府部门合作举办了两次全国性的普米文化学术研讨会，就如何保护与合理利用普米文化作了进一步的理论探讨），编印每年一期的会刊《普米族研究》。同时，给予民间从事普米民俗文化抢救、保护和传承的团体和个人必要的指导和帮助，促进普米族民俗文化的开发和利用。2006年在宁蒗县民族文化研究所和普米族各界人士的共同努力下，宁蒗县成立了旨在保护普米韩规文化及传统习俗的民间团体——宁蒗县普米族传统文化保护协会。从发展趋势看，酝酿和筹备成立普米文化保护与发展基金会以及设立地方普米文化研究专门机构也势在必行。毋庸讳言，随着这些民间团体及专门研究机构的成立，普米文化保护与发展必将步入新的阶段，即利用现代化手段，进一步开展普米文化普查，摸清家底，并建设好普米文化及传承人信息资料库，完善必要的保护措施，为今后的工作夯实基础。

4.5 对普米族文化遗产进行全面的盘查摸底和清理

对于任何一个族群的文化而言，是靠不同人群共同传承而得以延续和发展的，多元和多样的文化形态，构成一个民族的文化。同样，普米文化也并非单一体，而是综合体，它包括物质层面、制度层面以及精神层面的内容。但就其构成而言，大致又可分为三部分，即民间文化、韩规文化、仿藏文化（藏传佛教文化）。这几种文化并非在同一个时间平面上互相绝缘的块板结构，而是互相渗透、互相补充，有机地存在于普米族社会之中的。可是，迄今为止，很多人对于普米文化遗产的整体状况认识不清，心无底数，上述普米文化遗产有的还未挖掘，还有许多未进行抢救。因此，今后数年普米族地区的政府部门责任重大，理当就本辖区的普米文化遗产做彻底的普查登记。通过普查，摸清普米文化资源的家底，并在此基础上划定一定的保护区域，建立保护区（村）和保护项目，对于有价值而又濒临消亡的进行优先保护。

进入新世纪，我们欣喜地看到，普米族聚居所在的县域都出台了《民族民间文化保护工程实施方案》，并成立相应的组织机构，关键是组织实施的问题。各地在实施过程中要严格按照"保护为主，抢救第一，合理利用，继承发展"的工作方针和"政府主导，社会参与；长远规划，分步实施"的原则。在实施前要拿出科学合理又切实可行的规划，规划要根据本地实际，分轻重缓急，有步骤地进行。然后拿出具体实施方案、调查提纲、表格。实施方案要科学合理，切合实际，要有明确的普查、重点调查、复查、整理、归档录入、建库等步骤；调查提纲和表格要全面科学，便于操作；调查时要全面细致、真实记录、突出重点、手段齐全、资料完整。最后才是整理建库，建立"普米族民族民间文化遗产数据库"。就目前来说，挖掘、抢救是重中之重，迫在眉睫，刻不容缓。

4.6 建立民族文化遗产综合评估体系

在对普米族文化遗产进行全面清理盘查后，必须对现存的和可能恢复的文化遗产进行评估，这种评估实际上是对文化遗产的价值评判过程，要请有关方面的专家参与。事前要制定科学合理的、可操作的评价方案。评价的内容应包括文化遗产的历史渊源、发展变迁情况、现存的状态、文化拥有者或传承人的情况、在本民族文化遗产中的地位和价值、在国内外同类文化遗产中的地位和价值、传承和开发利用前景等等。在科学评估的基础上，确定其保护级别，并编号登记注册，分轻重缓急，分步骤实施相应的保护措施。

4.7 把民族文化生态保护村建设与保护传承民族文化遗产结合起来

民族文化保护村既是保护民族传统文化的基地，又是具有现代色彩的民族文化载体。它植根于深厚的本土文化底蕴，又与现代文明相对接，能满足现代民族生活的需要，是少数民族安居乐业、富足、和谐、温馨的生存空间。如前所述，目前普米族地区正在着手建设一批民族文化生态保护村。在进行这些村寨的建设时，可以把民俗、民间文艺、民间工艺的传习点建设结合起来。战后的日本，为了抢救传承民间传统文化，开展"一村一品"活动，在乡村办了许多传习所，有意识地传承民间文化。另外，陈哲先生倡导实施的"土风计划"等，也为我们树立了榜样。普米族地区还有不少民族文化生态保存完好的村寨，可以在基础好的村寨组织传承一种或几种文艺、工艺、绝活，作为一种示范，以点带面，以唤醒民族文化的自我意识，并保证普米族地区的主要民俗、文艺活动和民间工艺能够传承下去。

4.8 把旅游资源开发、景点建设与保护传承民族文化遗产结合起来

普米族地区由于自然旅游资源和人文旅游资源都十分丰富，随着基础设施和旅游市场的日趋改善，普米族地区的旅游业处于快速发展之中。鉴于自然旅游资源和人文旅游资源的巧妙融合是当今旅游业打造旅游品牌的发展方向和普遍的做法，普米族地区在开发旅游资源和打造旅游品牌时，要高度重视自然与人文的融合，这种融合，不仅丰富了景点的内容，使旅游景点锦上添花，而且还是保护和传承民族传统文化的极好途径，是相得益彰、两全其美的事。因此，对于今后普米族地区的旅游业的发展而言，关键在于抓住云南和大香格里拉旅游业方兴未艾的机遇，趁势而上。同时，努力发掘、开发丰富多彩的普米文化、展示多方面、多角度的普米文化，打造民族文化旅游精品线路和景点。这些都是提升普米族地区旅游业的档次和魅力必不可少的战略举措。

4.9 把文化的创新与保护传承民族文化遗产结合起来

保留、创新、繁荣是文化运动的一般规律。民族传统文化的创新是指传统文化的自我更新，对异文化的移植或将异文化本土化。历史证明，民族文化资源是文化发展创新的源泉，离开了民族传统文化的土壤，文化的发展创新就成了无源之水，无本之木；反过来，发展创新是保护民族传统文化的出路所在。我们说保护人口较少民族传统文化不是不让其发展，更不是保护落后。文化的发展变迁是常态，没有绝对不变的文化，所谓"原汁原味"是指文化的基本形态和精神内核。那种把少数民族传统文化封闭隔离开来的做法同样是行不通的。

4.10 把生态环境保护与保护传承民族文化遗产结合起来

人类依赖自然生态环境而生存，生态环境靠人类的精心保护而存在。因此民族传统文化保护必须同时保护好民族文化赖以生存的生态环境。任何民族的文化都有其生态背景，如民族的生产方式、生活方式、民居建筑、民族性格、思维特征、审美情趣等等，都与地理生态环境有密切联系。实践证明，少数民族社区自然物是聚落群体数千年的保护而得以存在的自然遗产，它和所有物质的精神的文化因子一样，都能对创造美好的未来提供发展的基础和动力。普米族在长期求生存、求发展的实践中，认知人与自然共生共存的发展规律，从而形成富有价值的

生态伦理道德观和固有的生态文明。其与生态伦理道德观有内在联系的自然崇拜、图腾崇拜、祖先崇拜、民族习惯法、村规民约等对生态环境都有积极的保护作用。因此，在开展普米族文化遗产保护的过程中，应对他们创造的传统生态文化智慧进行认真挖掘与弘扬，并结合国家西部大开发的机遇，狠抓生态建设，重新协调人与自然的关系，通过生态重建来保持普米族传统文化的延续。

4.11 加强和重视博物馆在民族文化遗产保护过程中的特殊作用

长期以来，不论是国际上的博物馆还是国内的博物馆，只把文物（即有形文化遗产）列为抢救、征集、宣传展示的对象，忽视了对无形文化遗产的抢救和保护。实际上，博物馆不仅要抢救、保护、展示、研究文物，同时也要把非物质文化遗产列为主要的工作范围。我们都知道，有形文化遗产和非物质文化遗产是不可分离的有机整体，特别是对民族文物来说，如果在博物馆展出的都是孤零零的、静态的实物，不对一些实物的流程、使用过程和环境加以展现，就显示不出活态的文化。同时，很多非物质文化遗产又要依附于有形文化遗产而存在。如传统制陶工艺传承依附于陶器，演奏音乐必须借助乐器，建筑工艺依附于建筑等等。目前，普米族地区没有一所博物馆，甚至连一个像样的普米文化陈列室也没有，因此，迫切需要在普米族地区建立至少一所普米族文化博物馆，从而加强对非物质文化的抢救和保护，有计划、分步骤地记录、拍摄一些民间礼仪、仪式、舞蹈、工艺、技艺等，使博物馆成为普米族鲜活文化的保留地。

4.12 进一步提高民间艺人和文化人的地位

在本次调研过程中，我们还发现，普米族地区民间艺人的老化现象十分严重，不少大师级的艺人已辞世，健在的艺人中真正有传人的也极少。年青一代都不愿学习民间文艺，除枯燥难学的因素外，关键是民间艺术、民间艺人地位还不高，没有良好的生存环境。目前，虽有普米族民间艺人和发元、杨国栋、杨文铎、杨根保、措皮·迪基偏初等五位分别列入省、市（州）民族民间艺人保护名录，但这仅仅是众多应当进入文化遗产保护中的极少部分，即便是这些已经进入保护名录的艺人，还存在着重视不够、扶持不足的问题。因此，提高民间艺人的社会地位，给他们适当的津贴非常必要。如果全社会形成了尊重民间艺人的氛围，就会有很多人学习民间文艺。同时，各地文化人青黄不接的现象也十分严重，不少县市已难以找到热爱民族文化的文化人。如果文化管理和创作单位后继乏人，也是十分可怕的。因此，要提高文化人的地位，改善他们的工作条件，让更多的年青一代积极投身于民族文化的挖掘、抢救、保护、传承、创新工作中。

其实，就普米文化的保护与发展而言，抓住了人才问题就抓住了根本。任何一种文化的保护与发展都必须以一批舍身求法的专家学者的研究成果作为基础，而这方面恰恰是普米族地区的薄弱环节。普米族文化尤其是普米族的韩规（释毕）文化，虽可谓博大精深，但目前研究成果还不多，顶尖的普米文化研究专家还很少。因此，为了加强普米文化的保护与研究工作，其一，要拓宽人才的视野和范围，长期以来，我们的人才观有一个误区，认为只有那些受过学校专门教育、手中捧有文凭的识书断文者才叫人才，才叫专家。但是，随着"中国民间文化遗产保护工程"的启动，这种观念应该有很大的改变，那些为丰富民众生活，不遗余力地在人民大众间传播、传承民俗文化的不识字者，也应当划入人才的范围。其二，要培养一批有真才实学的普米文化工作者，这是一项十分重要的工作。首先要加快普米文化研究机构的建设，促进学术繁荣；还要为研究者们创造良好的社会与工作环境，疏通民间文化传承者与学者之间的联系渠道；三是建立健全激励与约束机制。

总之，民族文化遗产是劳动人民创造的，守住这份遗产是全体人民的事。全社会要形成强大的合力，都来关心和支持民族文化遗产的保护传承工作。首先，通过政府的积极引导、强劲的舆论宣传、社区的广泛参与，在全社会形成强烈的自我意识和危机意识，这是保护和传承的前提；其次，要有紧迫感。当前，民族传统文化已引起了各个方面的重视，我们的文化资源被掠走，人才被挖走，品牌被抢先注册，形势十分严峻，如果我们还不觉醒，不仅会失去机遇，而且会失去发展的后劲。其三，要加大宣传力度。各大媒体要大力宣传保护、传承民族文化的重要性，向社会各界和外界宣传普米族丰富的文化资源，呼吁保护民族文化的重要性和紧迫性；其四，相关的大专院校和科研机构要积极参与，提出科学合理的建议，并投身到民族优秀传统文化的挖掘、抢救、保护、传承工作中；其五，吸收社会自愿者参与民族文化的保护传承工作；其六，各级政府每年在民族文化保护传承上做几件实事。只有人人都认识到民族文化遗产对人类生存发展的重要性，对构建和谐社会的重要性，对每一个人的重要性，形成普遍的共识和文化自觉，人口较少民族文化的保护与发展才有良好的社会基础。这是一个充满希望、朝气、探索精神的时代，我们同样有理由相信，我国人口较少民族通过对传统文化的不断创新，通过政府的民族传统文化政策的实施，通过自身对现代化的调适，完全有可能在现代化与传统文化之间寻找到富有生命力与活力的结合点、生长点，从而实现富有民族传统文化特色的现代化。

云南芒景布朗族文化保护与发展调查报告

张晓琼　刘亚雄　许江梅　周晓红　王力赓　罗建华

　　芒景村委会是云南省思茅市澜沧拉祜族自治县惠民哈尼族乡所辖的一个布朗族村委会。全村有布朗族 545 户，分别占全村总户数和总人口数的 93%。这里的布朗族还保留着较为完整的民族文化，布朗族传统的祖先崇拜与古茶文化至今不仅依然留存，而且随着市场经济向少数民族乡村的渗透，古老的传统文化正在重新振兴，以适应市场经济的发展，同时也企图以传统文化的振兴来保护和发展民族文化，促进社会经济文化的协调发展。正是基于芒景布朗族传统文化在当代的自我振兴与发展，以及通过振兴和发展民族文化对当地社会经济文化和谐发展所起到的良性互动状况，本调查组[①]选择了芒景布朗族村作为调查对象，希望以芒景布朗族村作为当代布朗族通过振兴与发展传统文化以促进社会经济发展的典型案例，提供制定人口较少民族实施社会文化分类发展指导政策及措施的决策参考与理论支持。为此，本课题组先后于 2006 年 2 月和 10 月，对芒景村委会所属的五个布朗族村民小组进行了为期 15 天的驻村调查。经过我们的调查，得到了一些初步的认识。

一、芒景村自然地理概况

1.1 澜沧县与惠民乡概况

　　澜沧拉祜族自治县位于云南省西南部，地跨东经 99°29′—100°35′、北纬 22°01′—23°16′之间，地处云南省西双版纳、临沧、思茅三州市交汇处，东面隔澜沧江与景谷县、思茅市相望，南与云南省西双版纳傣族自治州勐海县为邻，西

---

　　① 调查组由云南省委党校张晓琼为组长，成员有思茅市委党校刘亚雄、许江梅，云南大学民族研究院周晓红，昆明三宇工贸有限公司王力赓、罗建华，本研究报告由张晓琼执笔撰写，王建民教授对调查进行了指导，贾仲益副教授对报告进行了文字修改。

与思茅市的西盟县、孟连县相接，北靠云南省临沧市的双江县和沧源县。澜沧县是一个边境县，南部的糯福乡和西部的雪林乡与缅甸接壤，国境线长80.563公里。全县总面积8807平方公里，下设21乡2镇、158个村民委员会、1944个自然村、2753个村民小组。① 县人民政府驻勐朗镇，距思茅市173公里，距昆明市693公里。

据第五次人口普查统计，全县共有106698户，464630人。县内居住着拉祜、佤、布朗、傣、哈尼、汉等27个民族。其中人口在千人以上的民族有拉祜、汉、佤、哈尼、彝、傣、布朗、回等8个，少数民族占全县人口总数的77.25%。人口密度为每平方公里52.7人。人口自然增长率为4.0‰。② 从人口数量与县域面积来看，澜沧是一个人口大县。

澜沧拉祜族自治县是全国唯一的拉祜族自治县，由于地处边疆，山区、半山区占了全县土地面积的98.8%以上，加之各少数民族历史文化背景各异、社会发育程度参差不齐，据2005年末统计，全县完成农业总产值7.5亿元，增长10.3%；完成地方财政收入4803万元，同比增长39.5%，支出38424万元，同比增长26.4%；城镇居民人均可支配收入4826元，增加141元，农民人均纯收入912元，增加64元；粮食总产量16.1万吨，农民人均有粮317公斤。③ 按人均有粮300公斤、人均纯收入637元的温饱标准测算，全县尚有51478户211063人属贫困人口，因此澜沧至今依然是国家级特困县和国家、省、市重点扶持的民族贫困县。④

澜沧地处横断山脉怒山山系南段，境内山脉多为西北向东南走向，地势西北高、东南低，大小山峰绵延纵横，遍布全县。最高的麻粟黑山海拔2516米，为全县最高点；全县最低点为东南部雅口乡勐矿，海拔580米。全县基本为山区、半山区。在江河沿岸，有一些地势相对平缓的小平坝，其中面积在一万亩以上的平坝只有5个，是水稻、甘蔗和亚热带作物的主产区。澜沧全境属亚热带山地季风气候，由于地形地貌复杂，海拔高差悬殊较大，又具有北热带、南亚热带、中亚热带、北亚热带和温带等气候类型，气候垂直分布明显，立体气候特点突出。全县大部分地区基本上无冬季，春秋季长，夏季较短，干湿季分明，干季从10月下旬开始至次年的5月中旬结束，湿季从5月中旬开始至10月下旬结束，其中雨量最集中的是6—8月。年平均气温19.7℃，年均降雨量1634.8毫米，平均

---

①②④ 参见澜沧拉祜族自治县人民政府编制：《澜沧县惠民乡芒景布朗族村2005年扶持项目实施方案》，第1页，2005年8月。

③ 参见石春云2006年《政府工作报告》，澜沧拉祜族自治县第十二届人民代表大会材料，2006年1月10日。

无霜期350天左右,日照百分率达51%。① 由于气候温和,动植物种类繁多,全县主产为水稻、陆稻、玉米、大麦、豆类、花生、薯类等粮食作物和油菜、甘蔗、茶叶、咖啡等经济作物。因此澜沧又是一个农业经济大县。

在种类繁多的农经作物中,作为云南大叶种茶和云南普洱茶的原产地,茶叶的种植与加工成为澜沧县的主要支柱产业之一。2005年全县茶树面积已发展到15.8万亩,茶叶产量6100吨,销售收入8210万元,实现产值9100万元,农民从茶叶获得的收入达3090万元。

芒景布朗族村所属的惠民哈尼族乡位于澜沧县境的南部,东与发展河乡接壤,南与西双版纳傣族自治州勐海县的勐满乡毗邻,西连糯福乡,北与酒井乡交界,素有澜沧南大门之称。乡政府驻地旱谷坪距县城50公里,距西双版纳傣族自治州勐海县城69公里。全乡国土面积394平方公里,耕地面积28220亩,人均可耕地面积1.9亩。②

惠民系傣语地名,是"回命"二字的转写,"回"为"箐","命"为"熊",含义为熊多的箐,因此地过去箐深林密,野熊经常出没,故得名。现辖区内尚有回命村民小组。惠民1983年以前分属糯福公社和酒井公社,1984年恢复区、乡建制,将原属糯福区的景迈、芒景、芒云、旱谷坪、付腊划出设惠民乡,1988年改建为惠民哈尼族乡,乡政府设在旱谷坪村。目前惠民哈尼族乡下辖5个村民委员会、47个自然村、57个村民小组,全乡2005年共有3787户14920人,人口自然增长率为3.7‰。总人口中农业人口3265户13312人,少数民族人口12506人,占人口总数的83.8%,其中哈尼族人口5586人,占总人口的37%。③此外还有傣、布朗、汉、彝等民族生活在惠民乡境内。

惠民乡属山区、半山半坝地区,南朗河由北至南贯穿全境。南朗河以西的景迈、芒景两地属山区,南朗河以东的芒云、旱谷坪、付腊三个村靠近勐海县的勐满乡,地势较平缓,属半山半坝区。全乡海拔最高点为1781米,最低点600多米。气候温和、四季如春,年平均气温18℃—20℃,年降雨量2500毫米左右,雨量充沛,光照充足,适宜种植水稻、玉米、茶叶、甘蔗、芒果、荔枝、龙眼、橡胶等粮食作物和经济作物。乡境内有铁、锰、金、银、铜、锌等矿产资源,以铁矿储量最多,达22.8亿吨,主要分布在乡政府机关驻地5公里左右。

由于惠民乡所处的地理气候条件,使茶叶的种植与加工成为全乡的经济支柱产业。全乡千年古茶园约有2.8万亩,台地茶和生态茶园面积3万余亩,2004

---

① 澜沧拉祜族自治县地方志编纂委员会编:《澜沧县情(1991—2000)》,第1页,云南科技出版社,2003年。

②③ 澜沧拉祜族自治县人民政府编:《澜沧县惠民乡芒景布朗族村2005年扶持项目实施方案(少数民族发展基金)》,第11页。

年茶叶产量达 142.7 吨。除茶叶外，甘蔗是惠民乡的另一重要经济支柱产业。全乡现有甘蔗面积 8000 余亩，产量约 31000 吨。茶、甘蔗已成为全乡各族群众的主要经济收入来源。

1.2 芒景布朗族村概况

芒景布朗族村位于惠民乡南部，距乡政府驻地 30 公里，距澜沧县城 80 公里，全村辖芒洪、芒景上、下寨、翁基、翁洼、那耐 6 个村民小组，除那耐村民小组是哈尼族村外，其余 5 个村民小组全为纯布朗族村寨。芒景村委会共有 593 户 2424 人①（2005 年统计数为 585 户 2402 人），其中布朗族户数 545 户 2263 人，分别占全村总户数和总人口的 93%，全半劳动力 1696 人。

芒景布朗族村地处山区、半山区，山区面积占 83%，17% 为河谷。境内海拔最高点为 1700 米，平均海拔高度 1275 米，年降雨量 1800 毫米，年平均气温 18℃—20℃，无霜期 345 天。境内主要河流有南麦河及诸条小箐。全村地势平缓，土质肥沃，气候温和，四季如春，极其适宜茶叶、甘蔗、玉米、香蕉等热带亚热带作物的种植与生长。

芒景全村有土地 181395 亩，人均土地 75 亩；其中耕地面积 7342 亩，水田面积 2429 亩，旱地面积 4678 亩，坡度在 25 度以上的耕地面积约 1925 亩左右，占耕地总面积的 26%；森林面积 90211 亩，人均有林地面积 37 亩，森林覆盖率为 49.7%。②

据统计，2005 年全村农村经济总收入 458.7 万元，其中农业收入占总收入的 97.3%；农民人均有粮 560 公斤，农民人均纯收入 952 元。经济作物主要以茶叶和甘蔗为主，现有茶园面积 10900 亩，其中古茶面积 4400 亩，台地茶 6500 亩；甘蔗 2000 余亩。③

二、有关芒景布朗族研究文献资料的回顾

思茅市是中国布朗族主要的分布地区之一，其境内的布朗族聚集地与西双版纳、临沧市的布朗族聚集地几乎连成一片，历史上语言相通、习俗相近，因此在有关布朗族的研究文献资料中几乎都有关于思茅布朗族的记述与研究，如王国祥

---

①③ 澜沧拉祜族自治县民族宗教事务局、澜沧县惠民哈尼族乡人民政府编：《思茅市澜沧县惠民乡芒景布朗族村人口较少民族发展项目建设规划（2005—2007 年）》，2006 年 5 月（未刊稿）。

② 澜沧拉祜族自治县人民政府编：《澜沧县惠民乡芒景布朗族村 2005 年扶持项目实施方案（少数民族发展基金）》，第 16—17 页。

的《布朗族文学简史》(1995)、穆文春主编的《布朗族文化大观》(1999)、赵瑛的《布朗族文化史》(2001)、俸春华的《澜沧江畔布朗人》(2003)等有关综合介绍与研究布朗族文化的著作中，都以程度不等的篇幅提到了思茅的布朗族，但专门介绍和研究芒景布朗族社会与文化的内容则相对较少，其中又以王国祥先生的《布朗族文学简史》收集、整理和介绍芒景布朗族文化的内容为多。由于王国祥先生的著作主要研究布朗族的文学史，因此对芒景布朗族文化的收集、整理和介绍主要也集中于对芒景布朗族口头文学作品的介绍，如神话、传说、史诗、歌谣、叙事诗、民间故事等。而在这些流传于芒景布朗族的不同体裁的口头文学作品中，尤以歌颂和祭祀布朗族民族英雄及祖先叭哎冷的作品为多，如祭祀时唱《我们是叭哎冷的子孙》的歌谣，民间叙事史诗及散文故事《哎冷传》，以及有关哎冷为布朗族留下吃穿不完的宝物——《皎诺帕》，从此让布朗族所在的格朗西贺山上长满茶树，布朗族也从此学会了种茶营生，成为中国最早栽培茶树的民族，布朗族所在的地方也成为驰名中外的云南普洱茶的原产地和主产区。《布朗族文学简史》所收集和记录的有关哎冷的传说和布朗族栽培、利用茶的故事，为今日芒景布朗族的生活环境及景迈山千年万亩古茶园的留存所印证。

　　除上述公开出版的布朗族文化研究著作外，有关芒景布朗族研究的文献资料大多以调查资料为主，在此基础上所作进一步研究的成果则较为少见。在这些基础调查资料中，目前所见的文字调查材料最早的是1956年由芒景工作组所作的关于《糯福区芒景（布朗族）寨社会经济初步调查》（手写稿），由于当时的政治背景，这一调查重点在对芒景布朗族社会经济状况及阶级矛盾方面的调查与分析，但同时也对芒景布朗族的民族来源、社会制度、生产力水平、生产资料占有情况、民族之间及村寨之间的关系等各方面情况做了较为详尽的调查，是针对芒景布朗族迄今为止所能见到的最早记述其当时社会经济政治状况的文字材料，对于了解中华人民共和国成立初期芒景布朗族的社会发展状况提供了重要的参考，同时也是有关芒景布朗族情况的最早的基础性资料。此资料现藏思茅市档案局。

　　此外，就是国家民族事务委员会民族问题五种丛书之一的中国少数民族社会历史调查资料丛刊系列中，由云南省编辑组编辑整理出版的《布朗族社会历史调查（三）》(1986)中，收录了1980年由颜思久调查整理、芒景布朗族末代头人"鲜"苏里亚讲述的《澜沧县糯福区布朗族调查》，以及1984年由思茅地区民宗局徐永安先生调查整理、芒景布朗族末代头人苏里亚、阿里亚、苏国荣等讲述的芒景村布朗族调查情况（徐永安：1990、1991）。

　　这两次调查，对芒景布朗族的历史源流及迁徙传说、丧葬祭祀、婚姻家庭、亲属称谓、命名习俗、生产方式、农事节令、政治组织、社会管理、社会分层、文学艺术和宗教、物产等做了较为全面的调查与了解，这是有关芒景布朗族社会情况和民族文化最为全面的两份调查资料,为芒景布朗族研究提供了珍贵的基础性资料。

由以上有关芒景布朗族研究文献资料的回顾可以看出,对芒景布朗族社会文化的关注和研究以资料和情况的调查、收集、整理为多,在这些材料的基础上进行分类研究的较少,除王国祥先生对芒景布朗族口头文学的研究较为详尽外,其他方面的研究几乎还处于空白状态,大多都只停留在介绍性的层面,这在一定程度上也反映了作为人口较少民族之一的布朗族及其社会文化所处的边缘与被忽略状况。

三、芒景布朗族社会文化状况及其特点

3.1 芒景布朗族与茶

我国是茶树的原产地,而澜沧是茶树原产地的中心地带之一,同时也是云南大叶种茶的主要原产地。历史上原生野茶树分布面广量多,虽因开荒多数被毁,但在县境的东、西、北部地区的一些高山原始森林地带,至今还留存有大片的野生古茶树林。除了野生茶树外,澜沧县境内人工栽培茶树的历史也十分悠久,富东乡邦崴村具有千年历史的古茶树,就是至今留存下来的极为珍贵的野生型与栽培型间的过渡类型,它反映了茶树发源与早期驯化和利用的同源。

惠民乡境内分布在芒景、景迈辖区内的"千年万亩古茶园",则是澜沧县境内最大的人工栽培型古茶园,也是目前已知的人工栽培型最大古茶园。古茶园范围包括景迈、勐本、芒埂、糯岗、芒景、翁基、翁洼、芒洪等村寨,以景迈、芒景分布较为集中。据芒景原缅寺木塔石碑文记载,古茶园为当地布朗族和傣族的祖先所开创,茶树种植历史最早可追溯到公元696年,距今已有1300多年,被誉为天然茶文化历史博物馆。古茶园中的茶树,大部分树冠挺拔,枝叶茂密,品种优良,发芽早,叶质柔软厚实,是享誉中外的"普洱茶"的主要原料,也是当今最好的天然保健饮料。寄生在古茶树上的"螃蟹脚",具有清热解毒、健胃、防治血管硬化、消除各种疲劳之功效。

据芒景布朗族传说,芒景的布朗族是由其部落首领叭哎冷率领着从"绍兴绍帕"迁来的。在长期的游动、迁徙过程中,由于地理及生活环境不断变化,吃的食物也十分复杂,部落中疾病发生频繁。一次,部落族群全都患上了重病,站的站不稳,爬的爬不起来,在深山老林中全都昏睡不醒。族群中的一个人不知不觉从一棵树上摘下一片叶子含在嘴里,便安稳地睡着了。一觉醒来,顿觉头脑清

醒,眼睛明亮,全身舒服。他马上把这个感受告诉同伴,并禀报了部落首领叭哎冷。叭哎冷马上叫醒昏睡的众族人,让大家都来摘这棵树的树叶吃。不久,众族人的病情都好转了,感觉身体舒服多了,精神也好起来了。部落首领叭哎冷就对大家说:"既然是这棵树救了我们的命,大家就要把它的叶子记好,树皮看好,给它磕一个头,永远记在心上。以后每当看到这样的树,族人都要为它打上记号,记住它的地点、位置"。从此,这种野生食物(布朗话称为"得责")就成为布朗人的救命药,随时携带在布朗人身边,并逐渐变成了布朗人生活中不可缺少的食物。

佛历713年,哎冷族群发现"来岗发"(今芒景山)远看像一只大象,近看山顶好像顶着天,而且这里土地肥沃、森林茂密、百花盛开、雨水充足,又远在天涯,其他族群不可能到来,是建家立业的好地方,于是哎冷便率领族人在这里安营扎寨,建盖房屋,并大量进行人工种植茶树。随着种茶历史的久远,一代一代的布朗祖先辛勤劳作,茶树从几棵到数棵,从一片到连片种植,逐步形成了壮观的茶园。最后,茶树成了芒景布朗人的金树银树。布朗人的祖先和首领叭哎冷在临终前留下遗训说:"我要给你们留下牛马,怕遭自然灾害死光;要给你们留下金银财宝,你们也会吃光用光。就给你们留下茶树吧!让子孙后代取之不完、用之不竭。你们要像爱护自己的眼睛一样爱护茶树,不要乱砍乱摘,不要让火烧着。要一代传给一代,继承发展,决不能让别人夺去。我会在九泉之下保佑你们平安生活。"族人感激叭哎冷,问他说:以后我们要怎样供奉您呢?叭哎冷回答:其他的没有什么要求,只要你们每年杀条老水牛,杀一只鸽子为我祭奉就行了。从此以后,布朗族的祖先叭哎冷也被族人称为"茶祖",芒景的布朗人每三年都要找一条牛角和牛耳朵一样高的、头上有两个牛毛点心的水牛作为祭品,其间的两年,每年要杀六只公鸡(当鸽子)为叭哎冷"祭贡"。这就是芒景"茶祖节"的来历。[①]

芒景布朗族关于人工种植古茶树的传说与历史,已为留存至今的芒景景迈万亩古茶园所印证。历经千年风雨依然充满生机的古茶树,似乎也在诉说着与繁衍生息在这块得天独厚的沃土上的布朗族传承久远的渊源关系。而布朗族是最早训化、栽培与利用野生茶的民族,不仅有芒景万亩古茶园为证,在笔者所走过的沿澜沧江一线分布的布朗族聚居地方,大都同时伴有人工种植的古茶树群或野生茶林,如与澜沧县在地理上连成一片的西双版纳勐海的布朗山老曼峨、章朗、临沧双江的邦丙、南协等布朗族村寨,也都在展示着布朗族与茶的渊源关系。

---

① 芒景村苏国文讲述,同时参见由苏国文翻译整理的泰文《布朗志》,其原件来自于缅甸掸邦木埝布朗族村佛寺。

芒景布朗族不仅最早驯化与栽培野生茶，而且在利用和开发茶的使用价值方面也做出了极大的贡献。布朗族从一开始就把茶作为药物来使用，后来发现了茶的食用功效，至今芒景布朗族还保留着用新鲜茶叶做菜的传统。

由于茶的功效被逐渐发掘出来，茶也成了送给当时的傣族统治者的主要"贡品"。布朗族祖先叭哎冷在与傣族公主结亲时送给傣王召孟勐的最高礼品就是茶。① 后来芒景布朗族给孟连土司每三年要上一次大贡，每年上一次小贡，无论大贡、小贡，茶叶都是首要的贡品。② 后来，随着交换关系的发展，茶曾被当作"交换物品"进行交换和"商品"出售。芒景因为有万亩古茶园而曾经是一个大的茶叶买卖之地，布朗人称之为"嘎烘"（意为大的买卖茶叶的地方），每年都有众多的商人，赶着上百匹马到这里买茶驮茶。由于布朗族称所有的绿叶为"拉"，为了将茶和其他食物和药物区别开来，茶祖叭哎冷为茶起了一个特殊的名称叫"腊"，是"拉"的滑音。从此，茶有了特定的名称"腊"。其他部落和土著族群尽管语言不同，但都随布朗人称茶为"腊"，一直延称到今天。③

布朗人自从发现了茶以后，就以茶为生，因此他们对茶树非常敬重，把它作为自己生命的一部分，并且认为茶树都有魂，并流传四方。在采摘时都要对茶树举行祭拜仪式。在部落时代，每当春茶开采前，要由部落头人预先挑选一个黄道吉日，到某一棵茶树前举行祭拜仪式，由头人亲手开采第一把茶叶，然后其他族人才能开采。④ 这成了布朗族保留至今的祭茶魂习俗。

为了保护好茶园，布朗人还摸索出了对茶园的管理经验。由于茶树是布朗部落族人共同种植的，因此茶园最早是作为布朗部落的共用财物，共同种植、共同管护、共同享有。随着部落族群的不断繁衍壮大，必须分寨移居部分族人。每分出一个寨子就分出一片茶园。后来寨内又将茶树分到各家各户。分开后的茶园设有防护线，在防护线内规定不得种田种地。茶园所在山岭作为神山保护，不得乱砍滥伐，不得超越各自分得的茶园界线采摘。由这一管理传统所形成的芒景茶园与农田的分布格局，至今依然保持着，这是芒景和景迈的农田距离村寨都比较远的缘故。

3.2 芒景布朗族茶叶生产的历史与现状

3.2.1 芒景布朗族茶叶生产的历史回溯

布朗族自从认识了"得责"以后，就开始人工种植野生茶树。一开始种植是

---

① 参见由苏国文翻译整理的泰文《布朗志》。
② 参见思茅行署民族事务委员会：《布朗族研究》，第90页，昆明：云南人民出版社，1991年。
③ 参见由苏国文翻译整理的泰文《布朗志》。
④ 苏国文讲述。

用茶籽直播，即用一根木棍在原始森林的空地里钻一个洞，然后把茶籽放进洞内盖土踏实，随后逐渐长出茶苗。由于芒景一带的原始森林里土壤肥沃、疏松潮湿、气候十分适宜茶树成长，因此人工种植野生茶树生长良好、发展迅速，逐渐为周围的其他民族所仿效，形成了今日连片种植的万亩古茶园。布朗族最早采用茶籽直播种植茶树，省种、省工，种植成本低，易于大面积种植，而且直播能让茶苗根系扎得深，抗寒抗旱等抗逆性强，这也是芒景、景迈万亩古茶园能够保存至今而不毁的原因所在。[①] 这可以说是布朗族茶叶生产的初始阶段。

随着茶树的大量种植和茶叶的普遍食用和饮用，布朗族逐渐摸索出对茶叶的加工制作方法。开始时制茶很简单。茶叶一年中一般分三个季节采摘，一是春茶，二是夏茶，三是谷花茶，无论是哪一个季节的茶叶，布朗族都是把鲜叶采来后，用铁锅炒热，然后用手反复揉搓，使茶叶裹紧后，用太阳晒，逢雨天就放到火炕头的篾笆上烘干，而后筛选分出三个等级：一级是叶子裹得不紧的称为"腊然"，一级是叶子裹得很紧的称为"腊标"，一级是只有一芽的称为"腊各醒"。根据不同的等级，进行交换和出售的价格不一样。[②] 这一传统手工加工制作方法至今依然为芒景布朗族所延续。笔者一行在芒景调查期间，正值采摘春、秋茶时节，大多数村民家都将采来的鲜叶以这种传统加工方法加以杀青，制成干毛茶以备出售或再加工。

随着茶叶产量的增长，芒景、景迈茶山因产茶而出了名。各地茶商纷纷涌入芒景，用食盐、粗布、小百货等换取茶叶。为方便携带、运输和交易，布朗族在干毛茶的基础上，又发展出了扁茶（"团腊"）和竹筒酸茶（"棉"）。扁茶是把加工好的干毛茶放入小布口袋，蒸熟后，用木制的模具挤压而成。与普洱饼茶的成型过程一致。今日芒景的一些村民也仍在用此方法加工饼茶或砖茶。竹筒酸茶则是布朗族特有的特色茶，鲜叶采来后，先漂洗干净，然后放入竹筒里，再加入适量的水，并将竹筒口封牢，存放五至七日后就可食用。这一特色茶在很早的时候是布朗族祭神时的贡品，以后成为送给傣族统治者的标志性贡品。竹筒酸茶除作为饮品外，还可作为菜食用于佐餐。

近代以来，地方政府对茶叶生产也比较重视。民国十五年（1926年），澜沧县政府曾购茶籽下发各地种植，并颁布《澜沧县强迫栽种茶桐章程》，规定每户每年至少种100棵茶树。1933年3月，孙中山逝世纪念日，县政府命令每户种3棵茶树。民国时期地方政府的规定和命令虽未广泛推行，但也在一部分地区种植

[①] 贺正钢：《万亩古茶园的恢复改造与保护》，《澜沧县文史资料》第三辑，政协澜沧县委员会，2005（思新出［2005］准印字第75号）

[②] 参见由苏国文翻译整理的泰文《布朗志》。

了一些茶树，对各地的茶叶生产起到了一定的推动作用。然而，由于当时茶价低廉，加之国民党政府苛捐杂税繁重，茶家不堪重负，往往抓了茶叶缺了粮食，忙于种粮又荒了茶叶，茶粮矛盾十分突出，导致大量茶园荒芜，严重影响了茶叶生产。据1949年统计，当时全县共有茶园4400亩，产量8.2万公斤，主要分布在惠民、富邦、木戛、文东等地。[①]

3.2.2 芒景布朗族茶叶生产现状

中华人民共和国成立后，党和政府十分重视景迈茶山的茶叶生产。采取措施，积极解决茶粮矛盾，制定了茶叶补助粮政策，专门在景迈茶山建立了粮管所，从外地调入粮食供应茶农口粮，缓解了茶粮矛盾，茶叶生产得到了快速恢复和发展。与此同时，加强了对茶叶栽培管理的技术指导，从各区乡茶叶主产区抽调有一定文化、热爱茶叶生产的青年农民到云南省茶科所进行培训，回来后到各自茶区担任茶叶技术辅导员。县政府还从茶叶改进费中拨出专款发给茶叶辅导员生活补助费，以保证茶叶技术辅导员能够长期稳定地从事茶叶辅导工作。由于景迈茶山是澜沧县茶园面积最大、产量最多而又比较集中的茶叶主产区[②]，因此景迈和芒景每个产茶村寨都有一个茶叶技术辅导员，还有一名专业技术干部带领共同开展工作。主要任务是恢复荒芜茶园，结合实际改造低产茶园。对景迈古茶园曾采取了改土（深耕施肥，改坡地为台地）、补苗等措施改造古茶园，但因古茶园面积大，将大茶树刈台更新后，势必在几年内影响茶叶生产，且管理较难，因此没有普遍推行。在改造古茶园的同时，扦插育苗推广优良品种，保护生态环境，严禁砍伐原始森林，防治病虫草害等。从1966年起，先后在各区（镇）、乡建立茶籽育苗和扦插育苗基地，并推广开挖水平台地和种植沟，建立密植速生丰产新式茶园，带动了全县茶叶生产的恢复和发展。芒景大约在1969年开挖了第一坡台地茶，[③] 也开始种植了首批台地茶。然而，刚刚掀起的种茶热潮由于"文化大革命"被破坏了。

十一届三中全会以后，茶叶的生产再次被提到了议事日程。澜沧县提出了统一规划、连片种植、建设茶叶商品生产基地的设想，一个片要有500亩以上。按照这一计划，全县建成了500亩以上连片茶叶基地50个。自1984年开始，芒景和景迈的新植台地茶园面积迅速增加。进入20世纪90年代以后，随着茶叶市场的日渐升温，茶叶种植面积也迅速扩大，以至于芒景在短短的十余年中，台地茶种植面积就达到了6000多亩。

---

① 参见《澜沧拉祜族自治县志》，第212页，昆明：云南人民出版社，1996年。
② 贺正钢：《万亩古茶园的恢复改造与保护》，《澜沧县文史资料》第三辑，政协澜沧县委员会，2005年（思新出 [2005] 准印字第75号）。
③ 惠民哈尼族乡人大主席苏国良访谈。

随着茶叶市场从升温到暴涨的变化，尤其是随着普洱茶的健康价值被市场重新认识，纯生态的芒景古树茶市场价格也一路飙升，使村民对茶叶的种植与加工充满热情。据调查，芒景六个自然村寨中，除了那耐没有古茶树外，其余五个布朗族自然村都分布在古茶园的范围内，因此布朗族农户几乎每家都有多少不等的古茶树，加上台地茶，平均每家有茶地基本都在十余亩左右，多的可达几十亩。茶和甘蔗的种植成了村民的主要经济来源，而粮食的种植与生产基本上已退居次要地位，主要用于满足家庭消费。

然而，尽管茶叶尤其是古树茶的市场价格上涨，为布朗族茶农带来了较好的经济收入，但由于芒景布朗族生产力水平比较低，传统生产方式比较粗放，基本上还处于刀耕火种的生产状态，因此整个生产生活都还处于比较原始的状态。中华人民共和国成立后，虽然政府给予了多方面的帮助，尤其是对于甚有优势的茶叶种植给予了多方面的帮助与扶持，但由于起点低，积累少，对茶的种植、采摘、加工基本上还是延续传统的方法。因此茶叶的附加值较低，虽然茶叶市场好，但茶叶尤其是古树茶每个季节的采摘量有限。布朗族的总体收入水平虽然有所提高，但提高幅度并不大，大部分人家仍处于温饱解决、但仅能维持的状态，没有余钱投入茶叶或其他经济作物的扩大再生产和进一步加工，少部分家庭甚至还没有解决温饱问题。据 2004 年统计，六个自然村中，人均收入都低于 1000 元，只有芒洪自然村人均收入达到了 1000—1300 元的水平。2005 年，芒景村年末茶叶采摘面积只有 4783 亩，年内茶叶总产量 434904 公斤，年内茶叶出售量为 424904 公斤。当年农业总收入 4461976 元，其中种植业收入达 3432289 元，[①] 占到总收入的 77% 左右，可见种植业收入在芒景布朗族收入中所占的比重，而其中茶叶的收入又占了大头。

随着茶价的上涨和茶叶市场的火爆，芒景部分经济条件较好的农户开始开办茶叶加工厂，收购本村或景迈的茶叶进行初加工。截止 2006 年底，芒景共有 12 户农户开办茶叶初制所，其中 9 户在芒洪，3 户在芒景，这是统计资料中芒洪自然村人均收入超过千元的重要原因。12 户中，除 1 户为景迈到芒洪上门的汉族户外，其余都是布朗族户。茶叶初制所户年均纯收入 10 万元左右，规模大、资金充足的收入大多在 20 万元以上。在开办茶叶初制所的农户中，大多为现任大、小村的村干部，如芒景布朗族乡（小乡）的首任乡长、现惠民乡人大主席家，现任芒景村委会主任及其兄家，现任芒景村委会党支部书记家等。其中现任芒景村委会主任小南坎之兄金选的茶叶加工厂规模最大。

芒景有能力开办茶叶加工厂的农户，不仅原有经济基础较好，其所拥有的社

[①] 参见芒景村委会 2004、2005 年农村经济统计年报表。

会资源也是一个重要因素。如芒景村党支部书记刀兴明，48岁，自1984年开始就担任芒洪社社长，2000年起担任村委会党支部书记。在出任村干部之前，早在1976年就购买了一台手扶拖拉机跑运输，1986年手扶拖拉机换成了客货两用农用车，同时还经营一个小卖部，1997年开始做茶的生意。多年的运输为其积累下较为雄厚的经济基础，多年的村干部则为其建立了广泛的社会关系，还有多年的社会交往与商品交易经验，这一切都为他的茶叶加工厂的开办和发展奠定了较好的基础；村委会主任小南坎及其兄金选，是芒景布朗族末代头人"叭"阿里亚的儿子。小南坎初中毕业后回乡，搞过共青团工作，当过农科员，2003年当选为村委会主任，有古茶地20亩（每亩有古茶树约30棵），台地茶20亩，2006年初开办茶叶初制所，当年收入14万元。

芒景布朗族中的茶叶初制户之所以以村干部为多，除上述原因外，也与澜沧县开展的"云岭先锋"工程活动有关。这项活动鼓励党员、干部带头致富，因此书记、主任及党员干部都带头致富，致富后再互动结对帮扶贫困户。如村委会主任小南坎就率先承包了300亩甘蔗，自己家只种100亩，其余200亩转给结对帮扶的20户贫困户，并为其提供贷款、种苗、化肥和农药，以帮助结对户能够顺利开展生产，小南坎每吨提15元用于交承包费。据小南坎介绍，他所帮扶的20户贫困户，过去每户收入平均只有500元左右，经过两年的帮扶，现在每户仅甘蔗一项收入平均就达到了6000－7000元，多的到10000元左右。除小南坎外，支书、副主任，还有几个小村的村长（村民小组组长）也都按照这一模式，承包土地、结对帮扶。由于带头致富、结对帮扶示范作用发挥得好，2004年，村委会主任小南坎、支部书记刀兴明、副主任李晓明都被澜沧县委组织部授予"云岭先锋工程党员模范户"称号。

芒景村没有茶叶加工厂的农户，如果能够开展多种经营，如跑运输、开小卖部、摩托修理、屠宰等，再加上茶、蔗、粮，则经济收入和生活水平也较高。如果是既无加工厂，也不搞多种经营，家中古茶树和台地茶或甘蔗地又不多的农户，经济收入就比较有限。而这种状况是大多数芒景布朗族的现实境况。

3.3 布朗族传统茶文化在当代的振兴与发展

3.3.1 芒景布朗族传统文化及其特征

芒景布朗族在长期的迁徙过程中形成了与傣族交错杂居、比肩为邻的居住格局，加之中华人民共和国成立前古老的布朗文化在与傣族长期的交往过程中吸收和融合了大量的傣族文化，芒景布朗族文化也因此具有傣文化与布朗文化相互交融的明显特征。在宗教方面，历史上芒景布朗族全民信仰南传上座部佛教，其生活方式、婚姻习俗、岁时节庆、丧葬祭祀等等都有着浓厚的上座部佛教的影响，如每年春耕开始之前都要请和尚、佛爷来滴水、念经，以保佑全年风调雨顺、五谷丰登；结婚时要到佛寺请佛爷祝福、拴线；男孩长大后要到佛寺做和尚，并同时获得佛名，习得做人的道理及处事的原则，同时也从佛寺学习本民族的历史与文化，成为本民族文化的主要传承者；家中死了人，要请佛爷、和尚来念经超度；主要节日如新年节（桑堪节）、开门节、关门节，布朗族都要到佛寺去赕佛、听经、纳福；由于布朗族没有文字，布朗族的历史传说、歌谣故事等等，都借用傣语傣文来记录和传唱，生产生活中使用傣历纪年纪事同时也使用佛历。可以说布朗族的生产生活几乎都与佛教文化有着密切的联系。

尽管上座部佛教对芒景布朗族文化影响巨大，甚至已经成为布朗文化的特色之一，但芒景布朗族仍然保留着许多本民族的文化传统，其中最为突出的就是对布朗族祖先同时也是民族英雄、茶祖艾棱（叭哎冷）业绩的怀念与祭祀。在每年最隆重的新年节（桑堪节）庆祝仪程中，庆祝新年的活动主要集中在前两天，第三天就是芒景全村布朗族祭祀共同的祖先和英雄叭哎冷的盛大祭祀仪式。祭祀时间一般在农历六月初七。祭祀期间，全村人不能下地生产劳动，外人一般不得进入寨子。祭祀仪式依照叭哎冷的遗嘱，每三年大祭一次，要选用生得肥壮、牛角和牛耳朵一样高的、头上有两个牛毛点心的水牛作为祭品，祭祀地点在芒景上寨的后山上（也称哎冷山），原哎冷居住的遗址处，祭祀时全村人都要对叭哎冷跪拜磕头，祈求护佑。随后剽牛献祭。大家载歌载舞，以示庆贺。仪式的最后，全体村民要呼喊茶魂，祈求茶祖对布朗族和古茶树的保佑。呼喊茶魂后，仪式结束。

除了祭祀共同的祖先叭哎冷外，布朗族每家都还保留着祭祀自己亡故的父母亲人的习俗。祭祀时用芭蕉叶包一些糯米饭和菜肴送到佛寺里请佛爷念经滴水。布朗族认为，只有请佛爷念过经后，所祭的东西亡灵才能享受到。这是布朗族传统宗教与上座部佛教相结合的结果。

除保留着古老的祭祀仪式外，芒景布朗族在信仰上座部佛教的同时，仍继续保留着对鬼神和自然的崇拜。当碰到天灾人祸或是家人生病不愈时，在请和尚、佛爷念经驱灾的同时，往往也请寨中长老为之举行驱鬼仪式。这种状况在佛寺被破坏、佛爷、和尚大都还俗回家后，在芒景就更为普遍。笔者一行在驻村调查期间，就曾碰到村中村民举行驱鬼仪式的情况。

芒景布朗族与茶的渊源关系，使布朗族对茶及祖先叭哎冷留下的衣食之源古茶树林有着深厚的敬重之情。在每家每户的古茶园里，都有一棵古茶树被视为自己家的茶魂树，每年都要举行祭祀仪式，一般在春茶开摘之前，都要向茶魂树献祭饭菜，请茶魂保佑自己家的茶能够长得好、发得多，从而带来好收成。

由以上叙述可以看出，芒景布朗族的文化渊源既有傣文化的融入，更有上座部佛教文化的渗透，同时又保留着自己古老的文化因素，这三者的完美结合，是通过对芒景布朗族起源的传说和对茶的祭祀而得以实现的。至今芒景布朗族奉为祖先和英雄的叭哎冷，娶的是景洪傣王召孟勐的第七个女儿南发来公主，叭哎冷因此被任命为管理芒景等地的行政长官"叭"，为此哎冷在芒景和景迈被称之为"叭哎冷"；而七公主的到来，则为芒景的布朗族带来了傣族先进的农田耕作方式，布朗族因此学会了开挖梯田和种植水稻，同时也为哎冷在景迈山进行大面积人工种茶起到了积极的作用。七公主的到来，还为布朗人带来了纺织技术，使布朗族从用树叶、兽皮遮身避寒，逐步穿上了衣裙。同时，也为上座部佛教传入芒景布朗族社会奠定了基础。正是虔诚信仰上座部佛教的七公主的引导，使芒景的布朗族从此皈依佛法，成为上座部佛教的忠实信徒。[①] 傣族七公主的到来，为芒景布朗族社会的文明进步做出了突出的贡献，因此七公主与叭哎冷一样，受到芒景布朗族的尊重和爱戴，被称之为"族母"。每当祭祀叭哎冷的时候，与芒景比邻而居的景迈傣族也会来参加，而由于这样的历史渊源，景迈的傣族一直有与芒景布朗族联姻的传统。如芒景村委会现任主任小南坎的母亲、芒景布朗族末代头人阿里亚的妻子就来自于景迈傣族。由此可以看出，芒景布朗族的文化特色显示出浓厚的傣族和南传上座部佛教文化与布朗族原始文化相交织的典型特征，正如芒景下寨79岁的达南丙老人所说：布朗族祖先叭哎冷与小乘佛教（南传上座部佛教）规矩的结合，形成了布朗族的古老传统。而布朗族文化中，又以布朗族古老的祖先崇拜与古茶文化最有特色。

3.3.2 芒景布朗族传统茶文化在当代的复兴与发展

芒景布朗族传统文化在中华人民共和国成立后，随着新的社会政治组织的进入，逐渐受到新文化的改造与影响。但直到20世纪50年代初，大多数的传统习俗还保留着，如传统节庆的举办、对祖先叭哎冷的祭祀等。1958年以后由于"大跃进"、人民公社乃至"文化大革命"等政治运动的发动，随着"破四旧、立四新"横扫一切，芒景布朗族传统文化遭到了严重冲击，佛寺几乎全部被捣毁，佛爷、和尚大都被迫还俗回家，民族传统节庆不再举办活动，对祖先和茶魂的祭祀也被禁止，佛事活动大多转为地下，村民自己在家中悄悄进行。在长达20多年的时间里，传统文化销声匿迹，以至于在这一时期成长或出生的新一代布朗族，对本民族的历史与文化了解甚少，对传统的宗教习俗、村规民约知之有限，以至于使老人们对年轻人没有规矩、不知为人处事、尊老爱幼深感遗憾，对村寨中出现的一些在过去几乎不可想象的现象，如偷盗、赌博、打架斗殴等深感痛心。1978年拨乱反正以后，

---

① 据芒景布朗族第七代传统头人苏国文讲述。

党的民族宗教政策逐步得到恢复和落实，人民群众的宗教要求逐渐萌发。在这样的背景下，1983年，时任芒景布朗族乡乡长的苏国良默许了村民的要求，对祖先叭哎冷的祭祀自发地得到了部分恢复。

2004年，芒景布朗族末代头人"鲜"苏里亚的儿子苏国文自澜沧县教育局退休后回到了芒景村。在他的大力倡导与呼吁下，布朗族传统文化逐步得到了有意识有计划的恢复与发展。2004年，首次举行了由村中老人与村委会共同发起组织的全村规模的"茶祖节"，曾经淡忘或支离破碎的对祖先的记忆逐渐得到了恢复，年轻人从老人们嘴里听到的有关祖先的传说和茶魂的祭祀在现实中得到了印证，对祖先和古茶的敬畏之心随之也开始产生。此后，在苏国文的多方努力下，在县、乡政府及有关部门的支持下，建盖了哎冷寺，塑造了哎冷及七公主的塑像，为满足村民对祖先的拜祀和缅怀提供了场所；同时，倡导村民在自己的古茶园中恢复对茶魂的祭祀，通过树立对茶魂的敬畏之感，以达到对古茶的保护与合理采摘并重的目的。

苏国文及芒景村委会之所以首先从对茶祖的祭祀和对古茶的保护开始布朗族民族传统文化的恢复，是因为随着普洱茶市场的火爆，作为纯粹绿色生态饮品普洱茶的最好原料之一——芒景古树茶的价格也日渐上涨，这给尚不富裕的芒景村布朗族带来了致富的希望。2004年以来，芒景村的古茶鲜叶卖到了30元/公斤（春茶），干叶（春）达到了120元/公斤甚至更高的价位，各路茶商纷纷涌入芒景，坐守争收古茶叶。在这样的背景下，出现了部分村民为了经济收益，不顾多少年留存下来的对古茶的保护性采摘传统而对古茶实行破坏性的掠夺采摘，不顾季节多采多摘，甚至为了多采而折断古茶树枝、砍倒古茶树的现象，这不仅令老人们备感痛心，而且使古茶林面临着因过量采摘或破坏性采摘而被毁坏的危险。而古茶是芒景布朗族祖先叭哎冷留下的衣食之源，是布朗族世代赖以为生的主要资源，同时也是凝聚布朗族民族文化与精神的主要象征。古茶的存在与否，可以说直接关系到芒景布朗文化的兴衰存亡，同时也关系到芒景布朗族的世代生业大计。所以苏国文及芒景村委会把对古茶树的保护及古茶文化的振兴放在了首位，率先恢复了对祖先和茶魂的缅怀与祭祀。

继建盖哎冷寺、恢复茶祖节之后，2006年2月26日，芒景村成立了芒景布朗族古茶保护协会，使古茶的保护有了合法的民间组织，为古茶的保护进一步创造了条件。

随着茶祖节的恢复和古茶保护协会的建立，村委会和村中以苏国文为首的老人们加大了对布朗族传统茶文化的收集与整理，并进一步加强了对村中青少年传统文化的教育与培训。如有关芒景布朗族祖先哎冷带领族人在芒景山安营扎寨，建房盖屋，训化野生茶，种植古茶树的历史，现在在芒景的村民中几乎是耳熟能详；叭哎冷为族人留下的遗训："我要给你们留下牛马，怕遭自然灾害死光；要给你们留下金银财宝，你们也会吃光用光；就给你们留下茶树吧！让子孙后代取之不完、用之不竭。你们要像爱护自己的眼睛一样爱护茶树，不要乱砍乱摘，不要让火烧着茶树，要一代传给一代，继承发展"。在芒景不仅年纪大的村民熟知能详，一般年轻人也大多有所了解了，这是值得欣慰的结果。

芒景布朗族恢复和振兴民族文化的努力得到了来自社会各方的支持和帮助。昆明三宇工贸有限公司董事长王力赓先生就对芒景布朗族文化的恢复与发展给予了热心的支持与帮助，不仅出资帮助，还帮助宣传策划，组织讲座，以激发布朗青年的民族文化意识与民族自信心自豪感；联合国教科文组织于2005年3月在芒景开始了"古茶的保护与发展"扶助项目，通过组织妇女参与式培训，培训了20余名妇女骨干，在村中宣传带动村民实施对古茶的保护，倡导村民不折枝采摘古茶，古茶不用农药，不破坏性除草，不砍伐古茶林内的树种，古茶林内不放牧牛羊，出售时不以外来茶冒充古树茶。这些要求首先由妇女骨干在自己家中带头执行，同时宣传带动其他村民，在村民中尤其是妇女中起到了一定的作用，有利于提高村民保护古茶的意识。此外，妇女骨干们还组织妇女学习传统歌舞布朗调和民族舞蹈，缝制布朗民族服装，村委会倡导在全村正式集会时村民要穿戴民族服饰。芒洪村还组织培训布朗族传统的武术、刀棍等民族艺术；美国福特基金会于2006年在芒景开展了"保茶还林"的扶助项目，利用布朗族植茶的传统知识和经验，即以林养茶的"林下种植法"，通过林茶的相互作用实现台地茶的纯天然种植，减少或完全杜绝目前以化肥和农药保证台地茶产量的做法，使台地茶逐渐转变为有机茶，以此提高台地茶的经济价值，从而为古树茶的发展和保护创造条件。对台地茶实施保茶还林改造，每一亩台地茶园里种植38棵树，所植树种必须在5种以上，以此促使台地茶的生长环境逐渐恢复到生物多样性的有利生态环境条件下，实现台地茶的生态改造。通过这些活动和项目的开展，在整个芒景村形成了有利于恢复和振兴民族文化的氛围，村民对本民族文化的保护与振兴意识已大为增强。调查组在调查中了解到，村民对于是否要保护和恢复本民族文化的问题，答案几乎都是完全肯定的，有的年轻村民说：我对民族传统文化过去什么都不知道。只因为有古茶、有茶祖节，我才对自己民族的历史和文化有了一些了解，才为自己的民族感到自豪，所以应该保护和恢复我们的民族文化；有的村民说得更好：不保护继承自己民族的文化，就是对自己民族的背叛。要像保护自己的母亲一样保护民族文化。没有母亲就没有孩子，没有民族文化就没有布朗族。[1]

---

[1] 入户问卷访谈记录：村民小钟选访谈记录。记录人：张晓琼，2006年10月19日上午。

芒景布朗族传统茶文化的振兴与发展，不仅使村民对自己民族的文化产生了自豪感，从而对本民族自身的发展增强了自信心，在观念文化上对于强化民族意识、增强民族发展自信起到了明显的作用；同时更为重要的是，通过观念意识的灌输与保护项目的培训与实施同时并举，使村民在现实生产生活中加强了对古茶的保护意识，形成了有利于古茶保护的社会舆论氛围，一定程度上起到了保护古茶树的作用。如农户古茶园中茶魂树的确立与祭祀、茶祖节的全民参与及重温民族祖先保护古茶的训诫，都在一定程度上形成了对滥采古茶行为的遏制。因此，芒景布朗族传统茶文化的振兴所希望达到的对古茶的保护目的，实际上也是对布朗族传统文化的保护与弘扬，这是布朗族传统智慧运用于当代以有利于布朗族经济社会文化可持续发展的典型案例，这对于少数民族传统社会文化如何应对市场化、现代化浪潮的冲击，做出了有益的尝试与创新。

四、民族文化的振兴与发展过程中存在的问题

尽管芒景村民和村委会为布朗族文化的恢复与振兴做出了努力，社会各方也对此给予了帮助和支持，芒景布朗族的民族文化意识和对古茶的保护观念和行动都有所增强，但在振兴民族传统文化以保护古茶树的过程中还存在着一些问题，需要得到重视与关注。

第一，村民对本民族文化的保护与振兴意识虽已大为增强，但现实生产生活中存在的困难制约着把这种意识转化为有效的保护行动。芒景布朗族村虽然由于古茶价格的逐年上涨，近两年收入增长幅度较大，群众生活水平已经有了较大的提高，但从总体上看，芒景布朗族村仍然是一个尚未解决贫困问题的民族村寨。在对村民进行的户访调查中了解到，村民的收入来源主要靠种植业，其中又以粮食和茶叶种植为主，部分人家还种植甘蔗。粮食主要用于自己家庭消费，茶叶和甘蔗出售。由于地处山区半山区，旱涝保收的水田很少，所以粮食产量并不高，如条件较好的芒景上下寨，人均占有保水田面积只有0.25亩，2005年农民人均占有口粮只有253公斤；芒洪自然村人均有粮只有216公斤，条件较差的翁基自然村人均有粮则只有168公斤。许多人家的经济支出中，以用于生活消费为大宗，而生活消费中又以食品的支出为多，主要用于购买粮食、肉食及其他副食品；其次以医药费和教育费的支出为多，一年下来，收入与支出能够持平的家庭算是比较好的，但积蓄有限，一旦遇到天灾人祸或是家人生病不愈，则往往容易陷入贫困；有部分家庭收不抵支，经济处于拮据状态；还有少部分家庭依然没有解决温饱问题。在这样的状况下，受经济利益的驱动和现实生活的需求，大多数

人家往往不能够有意识地按照保护古茶的要求合理采摘，而是尽可能多摘，以换取较高的经济收入；对古茶协会为了保护古茶不允许采摘的寄生在古茶树上的"螃蟹脚"，仍然有村民偷采偷卖；为了获得较高的收入，一些村民尤其是较为年轻的村民仍然弄虚作假，以台地茶冒充古树茶出售，直接对布朗族的传统道德和诚信经营提出了挑战。以恢复和振兴古茶文化以保护古茶的行动和意识在与经济利益发生矛盾时，显得无力和无奈，难以在现实中转化为有效的保护行动，同时也难以发挥有效的约束作用。

第二，由于芒景布朗族的生产方式还处于比较粗放的状态，生产力水平相对较低，产业结构单一。在古茶价格尚未大幅度上涨的时候，对古茶的管理、养护无需更大的投入，古茶的采摘和加工也十分有限，村民的主要精力大多用于粮食和其他经济作物如甘蔗的种植，劳动力相对比较充足。随着古茶行情上涨，出售古茶几乎成了大多数人家增加经济收入的主要渠道，于是对古茶的采摘量和加工量大大增加，随之出现了在采摘季节劳动力匮乏的局面，尤其是采摘春茶和秋茶时，正好与春耕大忙和秋收时节相冲突，许多人家顾了春耕就误了摘茶，顾了摘茶又往往误了农时，不得不请工或换工，而往往这个时候请工也非常不容易；而大量采摘下的鲜叶村民大多只能进行粗加工，经济附加值较低，为了获得较高的收入，只能以多采来弥补。由于精力与体力都较为分散，在劳动力有限的情况下，既不利于村民搞好粮食种植，也不利于搞好茶叶的采摘与加工，生产、加工技术技能水平都难以得到提高，对古茶的管理、养护和合理采摘也难以落到实处。

第三，各级政府对于布朗族传统文化的保护和发展关注不够，投入有限。由老人们积极宣传和倡导的恢复与振兴本民族传统文化的各种活动和设想，一般能够得到村委会的积极支持，但由于村委会的经济能力十分有限，因此除给予组织上的支持外，难以有实质性的帮助。如村中老人们强烈要求建盖被捣毁的佛寺，为恢复布朗族的传统文化提供条件，但这一愿望一直没有能够实现，布朗族文化的恢复和振兴因此也受到了一定的影响。在调查中，老人们对此反映都比较强烈。而由政府有关部门在芒景村开展的扶持人口较少民族的发展项目，如以少数民族发展资金实施的扶持人口较少民族整村推进发展项目，大多从基础设施的改善、生活水平的提高、农民收入的增加方面设立扶助项目，直接涉及古茶保护的项目基本没有，提高村民收入、改善村民生活的项目主要是增加茶地（台地茶）的开挖和新植面积，改良老茶园主要是改良20世纪60年代的有机茶；涉及文化项目的只有文化室的建盖，很少有从恢复民族文化振兴民族精神以推进民族社会经济文化协调发展方面所设立的项目。因此，调查中，许多村民对政府在民族文化的保护与发展方面包括对古茶树的保护方面所做的工作表示不太满意，认为关注和投入都不够，并且认为由于关注和投入不够，导致对布朗族文化的组织和宣传力度都十分有限，对古茶的保护没有强制性措施，以至破坏性采摘仍然难以遏制。

五、对策建议

由上述可以看出，芒景布朗族传统文化的保护与发展不仅仅是一个文化的保护与发展问题，它与芒景布朗族经济社会的协调发展有着直接的关系，同时也受芒景布朗族社会经济的现实发展程度的制约。因此，要切实有效地保护和发展布朗族文化，从而切实有效地达到保护和合理开发布朗族持续发展资源的目的，应该从芒景布朗族社会经济的整体发展角度去考虑。只有从根本上改变布朗族社会经济发展滞后、至今仍处于贫困状态的现状，才能使民族文化植根于理性的基础上，得到切实的保护与发展，布朗族持续发展资源也才能得到合理开发。这样做的关键，在于充分尊重和听取广大布朗族群众的发展愿望与要求，并让布朗族群众直接参与到发展的决策和实施过程中来。让他们以主人翁的姿态去为本民族的发展进行思考和努力，发挥他们的聪明与智慧以及多年积累下来的对当地自然资源和条件的利用经验，集中解决布朗族社会经济发展的主要突破点。而不是如目前所实施的扶持项目那样，扶持计划由政府及有关部门拟定，扶持项目点多面广，有限的资金分散使用，结果难以突破重点，从根本上解决布朗族社会的发展问题。

要实现从根本上解决布朗族社会的发展问题，可以考虑先从改变芒景布朗族较为低下的生产力水平和分散的小农生产方式入手。改变单一产业结构，以专业化和集约化的生产方式调整现有产业结构，采取专业种养殖调整的方法，让精于种植粮食的农户承包种植全村农田集中从事粮食生产，让精于养殖的农户专业从事养殖，让精于古茶的管理、养护与加工的农户，专业从事古茶的采、收和加工以及台地茶的改造等。对此政府可通过相应的形式给予扶持，以促进对茶产品的深加工。通过对茶产品进行深加工，既可以发展加工业，开发多品种、多层次的茶产品，以提高原材料的附加值，同时又可以达到提高生产力水平、增加村民经济收入的目的。这样，以专业化、集约化的生产来实现生产率的明显提高和产业结构的合理调整，从而避免目前的粗放式生产与低水平生产率所造成的人力短缺和资源浪费，解决劳动力不足及粗加工质量不高而浪费较大、收益不高的状况。要做到这一点，需要政府在考虑布朗族的发展扶助项目时进行仔细论证，科学决策，并给予相应的资金和技术的投入与支持。

其次，对于村民反映比较强烈的恢复宗教活动场所、建盖佛寺的要求，有关民族宗教部门应给予认真考虑。这不仅仅是满足村民宗教活动的愿望，同时也是满足布朗族恢复和振兴民族文化的现实需求。在傣文化环境中，上座部佛教不仅具有宗教的功能，同时也具有调节民族关系、保持社会安定、凝聚民族团结、传承民族历史文化、维系传统道德、维系社会与自然和谐关系与良性循环发展等多方面的重要功能。这些功能，与社会主义精神文明建设是相容的，而且有助于在少数民族农村建设社会主义和谐社会。调查中，村民尤其是中老年村民对当代年青一代缺乏民族传统道德教育、缺少民族历史教育、无视传统道德约束的状况不仅深感痛心，同时也深感对年青一代进行传统教育与熏陶的紧迫性。而佛寺的建盖及传统宗教活动的正常恢复，是对芒景布朗族传统文化的保护与发展的最有感召力、同时也是最能激发村民民族感情的一项重要工作，不仅可以满足布朗族群众宗教信仰的需求，而且可以提供对年青一代进行教育与熏陶的承载体，应该给予重视和考虑。

其三，芒景布朗族村所具有的万亩古茶园的自然风光与布朗民族人文风情，使芒景布朗族村成了许多人神往的地方。布朗族至今还留存的人与自然和谐共处的生活状况，正在为越来越多不堪现代生活压力的人们所向往。而云南省依托多民族文化打造文化产业的成功经验，使许多少数民族社会的发展因之大为受益。有鉴于此，思茅市委市政府对于市内风光秀美、民族风情独具特色而尚未为人所知如芒景村这样的地方，开始构思利用社会资源开拓民族风情旅游、打造民族文化产业、推动当地少数民族社会进步的发展思路，初步设想打造西盟佤族、孟连傣族、澜沧拉祜族和布朗族的黄金旅游线路，而澜沧县的布朗族就以芒景村为主要景点。为此，市委市政府于日前带领有关部门和主要意向投资者前往芒景村召开了现场办公会，初步议定了开发三地少数民族风情旅游的决策。这一由思茅市委市政府直接决定的开发思路，对于芒景布朗族社会的发展确实是一个机遇，但对于布朗族传统文化的保护与发展也带来了挑战。旅游业的开发将有利于改变目前芒景布朗族单一的产业结构，增加收入来源，转变传统的生产生活方式和经营观念，但同时对于布朗族传统文化的保护和发展也会带来一些不利的影响。随着旅游业的开发，现代文化对民族传统文化的冲击和影响会日渐增强，交通、通讯条件的改善与商品经济意识的强化，有可能会对当地的生态环境尤其是古茶林的生长环境带来一定的影响，布朗族传统的价值观也会随着商品经济意识的强化而逐渐改变，芒景布朗族文化所依托的古茶文化及祖先崇拜等传统文化的保护会面临更大的挑战。尽管芒景村的旅游开发目前还没有具体的策划和实施方案，但一些地方开发既破坏的前车之鉴值得认真吸取。

此外，利用芒景布朗族自然人文风光开发旅游，如何使当地的布朗族从中受益、使布朗社会的发展与进步由此得到切实有益的推动，也是值得策划者和开发实施者认真思考的问题。毕竟，芒景布朗族村的山山水水、田园茶林，都是布朗族祖祖辈辈辛勤劳作的结果，是布朗族世世代代创造的物质和精神财富，是布朗民族物质与精神文化的积淀。开发芒景，发展芒景，最重要的是要使世代生息在这块沃土上的布朗人民能够使祖先留下的文化和资源能够世代传承下去，并发扬光大；使布朗民族能够以富裕文明的新形象走向现代社会。这是我们对芒景布朗族的真诚希望与祝愿！

跋：人口较少民族文化困境与中国民族文化生态建设

"文章信口雌黄易，思想椎心坦白难。"村夫困顿犹护短，何况国富不差钱！

关于本书的缘起、项目发起单位、参与人、撰稿人和编者的贡献，建民兄前言之述备矣，无须画蛇添足。但笔者终不忍见读者掩卷于人口较少民族文化的濒危处境，不忍逆睹中国文化生态在"新四化"（市场化、城镇化、信息化和全球化）的席卷下花果飘零，未来国人找寻精神家园"绕树三匝无枝可依"的前景，遂举意做此跋文，吁请国人在享受物质小康时，勿忘居安思危之情和唇亡齿寒之义，抓紧从尊重弱势群体尊严和振兴少数民族文化做起，凝聚"从社会发展史到文化生态学"的改革共识，确保中国人口较少民族文化延续，确保中国民族文化生态平衡，确保中华民族千秋基业不在我辈手中化为云烟使后代无所承传。

今日中国人口较少民族的文化衰退如此急剧，原因非止一端。但从主要矛盾和矛盾的主要方面求之，则主流社会对少数民族及其文化的地位承认不够，价值尊重不足和归宿安置不妥实为首因。具体讲，就是中国在过去60年里，对于1949年的《建国纲领》、1954年的国家《宪法》和1984年制订的《民族区域自治法》关于少数民族权益的条款未能"唯精唯一"地实施贯彻，从而对少数民族及其文化在中国的历史地位、现实价值和未来归宿在认识上首鼠两端，在实践上二三其德，才使得今日中国人口较少民族的文化形势危如累卵且大有积重难返之势。

笔者不否认中国主流社会在过去60年的不同时期里，对少数民族采取过很多很有力的帮扶措施。正是这些措施使得中国人口较少民族在人口数量、物质生活方面都较之中华人民共和国成立和改革开放以前有巨大改善，从而起到了为今天的民族文化恢复建设"把根留住"的作用。新中国一直倡导民族团结，改革开放中更发展出"各民族你中有我、我中有你、一损俱损、一荣俱荣"的话语，近年还开始讲"两个共同"，即各民族共同团结奋斗和共同繁荣发展。由于有这些原则和口号，所以中国每个人喊的"中华各民族大团结万岁"都发自肺腑。这种认识和共识达到的精神境界不仅堪与任何时代和任何国家媲美，而且有过之而无不及。倘使我们能对这些口号原则的坚持"唯精唯一"，或者哪怕是"允执厥中"，那么包括人口较少民族在内的各民族文化和整个中国的世道人心都断然不会落到今天这步田地。遗憾的是，中国除了有这些口号原则，还有一套与此平行的实践：那就是至今仍在国民教育体系"很猛很另类"地向一代又一代的学生灌输西方现代化早期的"古典进化论",即那套带有很强欧洲中心论、社会达尔文主义、民族沙文主义和文化优生学因素的"社会发展史"。按照这部既是直线又是阶梯状和断裂型的社会发展史,所有人类都要经历前后不同而且互不相容的社会发展阶段。民族文化跟宗教信仰都是特定阶段的产物,因而终将被更高的阶段代替而消亡。

如果从实践和逻辑两个角度检验,这套理论可以说是既无经验事实基础又无逻辑连贯性。例如,它在逻辑上不说"两个共同"跟"民族消亡"是什么关系,在实践上不说多样的民族文化会如何消亡,包括是大家同时消亡还是先后消亡,后消亡的民族对于先消亡的民族又该负些什么责任,如此等等。但中国的读书人多半都对它笃信不疑而且还能无师自通。能的办法就是不假思索地拿出一条自然规律,即弱肉强食的丛林法则 jungle law 来做说辞:谁弱小就是落后,谁落后谁就先消亡。

中国有两句老话:一句是《尚书》里的"人心惟危,道心惟微"。一句是《孟子》里的"人之异于禽兽者几稀"。意思是说人性里的美好事物即道德良知要不断砥砺培植才能成长壮大。但在少数民族文化领域,两个共同的"道心"与消亡论的"人心"相互扞格,社会上流行核心利益多于核心价值,所以少数民族,特别是人口较少民族文化的日子就越过越难。举例讲,在计划经济时代,森林直接归国家所有。国家就还能让鄂伦春族在森林里狩猎或让鄂温克人在森林里放养驯鹿。现在国有林场也讲市场经济,也要实行森林承包责任制,那各家林场工人就不会让这些少数民族到自己承包的山林里来采集、狩猎或放养驯鹿等,少数民族就非得离开山林去定居不可。他们的传统生计资源就这样被剥离,民族文化的生态基础也就因此"被丧失"。接下来还会有很多社会工程:再定居、再扶贫、再教育和再发展。只要主流社会在学校里有"消亡论"又在社会上有经济至上论,而没有执行民族政策法规和维护少数民族文化权益的强制手段,那么整个中国的民族文化多样性生态也会"相当的"不乐观。

但中国社会毕竟在向更文明的方向挺进。温家宝总理在 2010 年的全国人大《政府工作报告》里就鲜明地提出了"让人民生活得更加幸福,更有尊严,让社会更加公正,更加和谐"的目标,并且把这个目标跟"促进民族团结,实现共同进步"放在一段里讲,还把它特意放在"努力建设人民满意的服务型政府"这一条下面。我们相信温总理是看出了少数民族文化处境这步棋,因此要在政府工作上下工夫,努力把先前经济手段与文化目的之间被颠倒了的关系再颠倒回来。我们因此又对中国少数民族的文化前景大可乐观。

从学科角度来看人之大欲,里面除了有自然的饮食男女,还有人文上的民族文化价值公平传承的需求。国家面对这些人之大欲都要有所安顿。司马迁《史记·货殖列传》提出的安顿忠告是:泰上者因之,其次利导之,其次教诲之,其次整齐之,最下者与之争。我们用过去 60 年的事实来印证:中国共产党主持各党派各民族政治协商出来的《共同纲领》和全国人大制订《宪法》都规定中国要实行民族区域自治制度和尊重少数民族权益，那就是"因之"。中国因此就达成了全国各民族的空前团结。到了"反右"和"大跃进"时，国家虽然还有"因之"的法规框架，但在实践上已是"利导和教诲之"。改革开放后，国家对少数民族的主导思想是"利导和教诲之"，但在行动上，特别是1990年代中期以来的行动上已是"整齐之"了。这样在当今主流社会的实践层面，就处处显示出"最下者与之争"的倾向。民族关系和少数民族文化的处境就到了一个需要改革创新的关键点上。这个关键点还与一种国际机遇相重合，那就是中国需要通过调整发展观来争取更长更好的发展机遇。笔者认为，今天的主观客观和国际形势都要求中国把发展理念从自强不息转向厚德载物，中国对待少数民族文化的眼光也应该从社会发展史转为文化生态学。

社会发展史又称单线进化论，它是西方18世纪启蒙运动中形成的社会发展观。其特点是用单一的历时发展阶段来解释共时的文化多样性，即历时地排列共时文化。后来经过苏联执政党的打造，社会发展史成为阐释社会变迁的主导范式。它认为人类社会有一个共同的进步方向和归宿，从而把各民族当前的文化都当成现代化的障碍或改造对象。回首中国现代史，我们在1950年代也曾用单线进化论指导少数民族社会变革，结果留下许多消极后果：

其一是把各民族之间的文化差别归类为发展阶段差别并期待这些差别最终会随着各民族经济和物质生活趋同而消失。现在的事实是：民族认同随着时代变化而保持活力，物质生活趋同没有导致民族意识消失。生活水平提高也没有导致民族意识降低。相比之下，倒是国家对少数民族的经济优惠措施因为离开了计划经济的支撑而难以为继。

其二是用西方现代工具理性否认中国传统文化的价值理性，使少数民族文化蒙受话语歧视（例如落后论、活化石论和原生贫困论），进而削弱他们维护自身权益的能力和地位，同时又为地方政府官员的工作失误提供了借口。这在主观上会助长主流文化的盲目自大心理，在客观上有剥夺少数民族对当地资源开发、生态保护的平等参与权的作用。

有鉴于此，我们为建立和维护新型民族关系和保护少数民族地区生态环境和民族文化，就要果断抛弃这种版本的社会发展史而提倡文化生态学。文化生态学又称多线进化论。它是1950年代产生于西方的人类学分支。文化生态学用文化与生态环境的相互适应来解释文化差别。推而广之，它可以成为民族学人类学解释文化差别和社会变迁的范式。文化生态学的科学基础跟社会发展史一样，也是进化论。但与社会发展史相比，它多了一个辩证观点：即文化相对论。文化相对论主张衡量每种文化的标准都在该文化内部而不在外部，因而没有一种文化是衡量其他文化的绝对尺度。中国在国际政治上主张的多极多边世界，用的就是这条原理。结合国内的情况，我们学科今后的任务就是根据文化生态学原理对各民族间的文化特点做出解释，为少数民族在中国经济和社会发展中的主体地位立论。

抽象看，社会发展史和文化生态学各有道理。前者讲生存发展之道，后者讲人性的尊严和发展的可持续之道。但结合中国实际，我们从社会发展史中推论出的是中国各民族传统文化消亡说，民族工作的任务就是对迟早消亡的民族文化进行关怀和发扬；从文化生态学中，我们可以推论出中国民族学人类学在中国当前的应用领域为"两个保护和一个维护"，即保护生态环境，保护各民族文化遗产和维护（advocate）少数民族、弱势群体权益。

为体现这种转变，我们的认识论、指导思想、行动日程和价值观念都要做出调整：认识论上，从主客两分法调整到互主共生论；指导思想上，从社会发展史调整到文化生态学；行动日程上，从推动经济发展改造客观世界调整到两个保护和一个维护。学界同仁要用研究成果来推动这场社会意识改变，协助中国社会平稳回归中国传统文化本位，立于不败的根基。

从中国文化本位的角度看，中国即使实现现代化，世界即使实现全球化，人类个体的生命周期与人类追求尊严的天性将使人类的各种利益，特别是文化利益关系永远需要调整，人类社会文化也因此而需要持续的变革和创新。因此，民族关系维护和民族文化保护都将永葆青春而不会一劳永逸。对于学界政界的有识之士来讲，用文化生态学理念来协和万邦，在承认自强不息的同时强调厚德载物，乃是当今中国赋予我们的使命和提供给我们的启示。我们希望这种启示能为读者投身于少数民族权益保护和人口较少民族文化振兴重建提供动力！是为心愿是跋！

中央民族大学中国少数民族研究中心　张海洋

2010-3-16